KB122326

한 줄 사회학

노명우의

한 줄 사회학

노명우 지음

무엇보다 사회학을 알려준 고등학교 3학년 여름방학 때의 그 어느 날에 감사합니다. '클럽 하우스'에서 낭독으로 퇴고하기라는 새로운 실험을 함께해주셔서 『한 줄 사회학』을 완성할 수 있도록 도와주신, 출간 전 첫 독자이자 생활 속의 사회학자인 강원일, 김대규, 김지용, 김현남, 박용희, 박재윤, 백정민, 이승아, 이해린, 정보배, 정상돈, 클레어(허수정), 한보경 님에게 감사의 말 또한 전합니다.

차례

낫 놓고 기역 자도 모른다

01

"대화는 전문적인 일에 불과했던 사회학을
끝없이 지속되는 발견의 여행으로 탈바꿈시켰다."•

─────

안녕하세요. 사회학자 노명우입니다. 여러분은 처음 만나는 사람에게 자신을 소개할 때, 어떤 정보를 알려주시나요? 직함이나 직업을 강조하거나 나이를 내세울 수도 있지만 호감을 얻고 싶은 사람에게 자기소개를 할 때는 마음가짐이 다릅니다. 마음이 통하고 싶은 사람과의 만남에서는 내면을 꾸밈없이 드러내야 하지요. 그래서 저는 여러분에게 교수라는 직함이 아니라 사회학자라고 제 마음을 담아 소개했습니다.

제가 '사회학'을 시작한 경위부터 알려드릴게요. 사회학과는 문과 계열 학생이 선택하는 전공인데요, 저는 고등학교 때 이과였어요. 제가 고등학교를 다니던 1980년대는 남자는 이과, 여자는 문과라는 성별 이분법을 당연하게 여기던 살짝 촌스러운 시대였기에, 보통 남학생은 상경 계열이나 법과대학에 진학할 생각이라면 문과를 선택했고, 그렇지 않다면 이과를 선택했지요. 저는 법학과나 상경

• 지그문트 바우만, 『부수적 사회』, 정일준 옮김, 민음사, 2013, 266쪽.

계열에 갈 마음이 없었기에 이과를 선택했습니다.

"대학교 가면 어느 과에 갈래?"라고 선생님이 물어보시면 의대를 생각하고 있다고 말씀드렸지요. 동네 어른에게 "의대 갈래요"라고 말하면 모두 기특하다고 칭찬하셨습니다. 그러던 중 고 3 여름방학 때 공부에 지쳐 오랜만에 방바닥에 팔베개를 하고 누웠습니다. 이런저런 생각을 하다가 "너는 정말 의사가 되고 싶니?"라고 자문해보니 의사는 제가 진심으로 좋아하는 직업이라기보다는 부모님과 선생님이 흐뭇해하고 주변 사람이 좋아하는 선택일지도 모른다는 생각이 머리를 스쳐 지나갔습니다.

당혹스러웠습니다. 마음을 가다듬고 결심했습니다. 대학에 가면 제가 진심으로 하고 싶은 공부를 해야겠다고 다짐했습니다. 사회학이 뭔지는 잘 몰랐지만 왠지 사회학이라는 학문이 저를 부르고 있는 듯한 느낌이었습니다. 고등학교 때는 막연한 느낌에 끌렸지만 독일 유학 시절 '포 넌 블론즈(4 Non Blondes)'가 부르는 노래를 듣다가 유년 시절 제가 돌발적인 결심을 한 까닭을 알 수 있었습니다. '포 넌 블론즈'라는 그룹 이름이 특이하지요? 굳이 그룹 이름을 번역하자면 '금발 머리가 아닌 네 명'이라는 뜻입니다. 서양에서 금발 머리가 메인 스트림을 상징한다면 '금발 머리가 아니다'라는 그룹 명칭은 자신들이 인사이더가 아닌 아웃사이더라는 선언으로 들립니다.

이 그룹의 노래 중에서 〈What's up?〉을 제일 좋아합니다. 정확한 번역인지는 모르겠지만 저는 이 노래 제목을 '대체 뭔 일이야?'라고 번역하면 노래의 느낌이 더 사는 것 같습니다. 노래 속 화자는 "희망이라는 이름의 큰 언덕에 오르려고 애쓰고 있는(Trying to get up that great big hill of hope)" 25세 여성입니다. 세상은 마음에 들지 않는 것 투성이입니다. "저놈의 세상은 지들끼리 남자의 우정이라고 자화자찬하는 것으로 이루어져(That the world was made up of this brotherhood of man)" 있으니까요. 25세 여성은 아침에 일어나면 들판에 나가 못마땅한 세상을 향해 "대체 무슨 일이 일어나고 있는 거야?(What's going on?)"라고 소리 지릅니다. 그리고 자신의 간절한 소망을 이야기하는 부분을 들을 때마다 저는 언제나 소름이 돋는데요, 이 대목입니다.

난 애써요 오 하느님 난 진짜 애쓰고 있다고요

이따위 사회 제도 안에서 늘 애쓰고 있어요

그리고 기도해요 오 하느님 진짜 기도해요

매일 하루도 안 빼고 기도해요

혁명이 벌어지기를

And I try, oh my god do I try

I try all the time, in this institution

And I pray, oh my god do I pray

I pray every single day

For a revolution

이게 사회학이거든요. 세상을 향해 "What's going on?"이라고 소리 지르는 게 사회학자의 심정입니다. 제가 유년 시절 사회학에 강렬하게 끌렸던 이유도 당시 세상에서 말도 안 되는 일들이 끊임없이 일어나는 이유를 간절하게 알고 싶었기 때문일 것입니다. 사회학이라는 학문의 지향과 저의 개인적 관심사가 정확히 일치했던 것이죠. 사회학을 선택한 것은 제 인생의 행운이었습니다.

사회학과를 선택하고 나서 저한테 놀라운 일이 벌어졌습니다. 저는 사실 고등학교에 다닐 때만 하더라도 공부를 좋아하지는 않았습니다. 공부를 좋아해서 공부를 한 게 아니라 오로지 공부는 대학에 가려고 한 거였죠. 어쩔 수 없이 해야 하는 공부였기에 공부하면서도 마음속으로는 재미없고 따분하다고 비명을 질렀습니다. 그런데 사회학과에 갔더니 공부가 갑자기 재미있어졌어요. 맙소사! 제 인생에서 가장 잘한 선택을 꼽아보라고 누군가 요청하면 저는 주저하지 않고 어른들이 독려하고 선생님이 좋아한다고 의사가 되지 않고 제가 하고 싶었던 사회학을 전공으로 선택한 것을 꼽고 싶습니다.

사회학과를 졸업하고 어쩌다, 아니 다행스럽게 사회학자가 되었습니다. 사회학자가 된 후 다른 사람에게 사회학자라고 소개하면 가장 많이 듣게 되는 질문은 이렇습니다. "사회학자는 사회에서 일어나는 일을 잘 알고 계시죠?" "이런 현상은 사회학적으로 어떻게 설명할 수 있을까요?" 이런 질문도 심심치 않게 듣습니다. 그럴 때마다 등에서는 식은땀이 흐릅니다. 사회학자라고 해도 사회에서 일어나는 모든 일을 경험한 게 아니니 세상에서 일어나는 일을 제가 다 알고 있다고 말할 수 없고, 또한 일개 사회학자가 어떻게 그토록 다양한 사회 현상을 다 설명할 수 있겠어요?

제가 사회학자인 건 분명하지만 남보다 사회를 더 잘 알고 있다고 말할 수는 없습니다. 저는 아주 작은 시골 마을에서 태어나 자랐습니다. 그 당시 시골에는 유치원이 없었어요. 동네에서 같이 놀던 아이들이 저보다 두 살 위였는데, 어느 날 전부 초등학교에 입학했습니다. 갑자기 저는 외톨이가 되었죠. 같이 놀아줄 동네 친구가 다 학교로 가버렸으니까요. 너무 심심해서 그랬는지, 학교에 보내달라고 울면서 떼를 썼다고 합니다. 요즘은 불가능하겠지만 당시에는 가능했던 비공식적 방법으로 입학 통지서를 발급받아 여섯 살에 학교에 들어갔습니다. 제가 쉰 살이 넘었는데요, 제가 여섯 살에 학교를 들어갔으니까 제 인생 중 50년, 무려 반백 년이 오로지 학교와 관련 있습니다. 저는 학교라는 울타리를 벗어나지 못한 '우물 안 개구리'에 불과합니다.

학교는 사회를 구성하고 있는 하나의 부분이지만 학교에서 일어날 수 있는 일의 종류는 사회에서 벌어지는 사건 사고의 다양함에 비하면 단순하기 그지없지요. 이런 관점에서 보자면 저는 나이 먹은 것에 비해 세상 물정을 잘 안다고 말할 자신이 없습니다. 제가 경험한 사회는 학교라는 제한적 틀 안에 갇혀 있기에, 세상 사람들이 "당신 사회학자라고 하는데 세상 물정을 잘 아시겠지요?"라고 말하면 저는 "글쎄요……"라고 말을 흐리며 하염없이 먼 산을 바라보기만 할 뿐이지요.

이런 곤란한 상황에 처할 때마다 현진건(1900~1943)의 단편 소설 「술 권하는 사회」가 떠오릅니다. 국어 교과서에도 실린 워낙 유명한 소설이니 기억을 되살리는 차원에서 줄거리를 간단하게 설명드릴게요. 소설의 시간·공간적 배경은 1920년대의 서울입니다. 남편은 아내를 서울에 남겨두고 도쿄(동경) 유학을 떠났습니다. 남편은 당시의 최고 엘리트 코스를 밟고 있는 것입니다. 반면 아내는 남편처럼 교육받은 사람이 아니어서 남편이 공부하러 유학을 갔다는 것은 알지만 남편이 한다는 그 공부가 무엇인지는 잘 모릅니다. 결혼하자마자 남편의 유학으로 인해 생이별을 한 아내는 온갖 고생을 다합니다. 소설의 일부를 읽어드릴게요.

아내는 이 모든 고생을 이를 악물고 참았었다. 참을 뿐이 아니라 달게 받았었다. 그것은 남편이 돌아오기만 하면! 하는 생각이 그에게 위로를 주고 용기를 준 까닭이었다. 남편이 동경에서 무엇을 하고 있나? 공부를 하고 있다. 공부가 무엇인가? 자세히는 모른다. 또 알려고 애쓸 필요도 없다. 어찌하였든지 이 세상에 제일 좋고 제일 귀한 무엇이라고 한다. 마치 옛날이야기에 있는 도깨비의 부자 방망이 같은 것이어니 한다. 옷 나오라면 옷 나오고, 밥 나오라면 밥 나오고, 돈 나오라면 돈 나오고…….*

오매불망 기다리던 남편이 도쿄에서 돌아왔는데요, 서울로 돌아온 남편은 뭔가 이상합니다. 사람이 먹고살려면 돈이 필요한데도 남편은 도통 돈벌이 고민이 없어 보입니다. 한술 더 떠서 매일 밖으로 나갔다가 오밤중이 되어서야 돌아오는데 하루도 술을 마시지 않고 맨정신으로 돌아오는 날이 없습니다. 아내는 도쿄에서 그 대단한 공부를 하고 온 남편의 행동을 이해할 수 없습니다. 공부를 하고 왔으니, 공부를 하지 않은 사람에게서는 찾을 수 없는 뭔가 대단한 구석이 있을 줄 알았는데요, 아내의 기대에 미치지 못할 뿐만

---

* 현진건, 「술 권하는 사회」, 『운수 좋은 날』, 문학과지성사, 2008, 64쪽.

아니라 "공부 아니한 사람보다 조금도 다른 것"이 없는 거예요. 아!
뭔가 다른 구석이 있긴 했습니다. 소설의 한 대목을 읽어볼게요.

다르다면 다른 점도 있다. 남은 돈벌이를 하는데 그의 남편은 도리어 집안
돈을 쓴다. 그러면서도 어디인지 분주히 돌아다닌다. 집에 들면 정신없이
무슨 책을 보기도 하고, 또는 밤새도록 무엇을 쓰기도 하였다.*

남편이란 사람이 돈은 안 벌어오고 돈만 쓰고 있습니다. 바깥에 나
갔다 들어오면 집에서는 책을 보거나 뭔가를 끄적입니다. 아내는
남편의 이런 행동을 이해할 수 없었습니다. 그래도 아내는 자신이
모르는 뭔가가 있으리라 믿으며 참고 또 참았습니다. 그런데 남편
이 어느 날, 그전에도 그랬던 것처럼 술을 엄청나게 마시고 들어왔
습니다. 그날 아내는 짜증을 더 이상 참을 수 없었습니다. "원 참,
누가 술을 이처럼 권하였노." 남편에게 화가 나서 이렇게 혼잣말로
불평하니 남편이 이렇게 대답합니다.

"내게 술을 권하는 것은 화중도 아니고, 하이칼라도 아니요, 이 사회라는 것
이 내게 술을 권한다오."

• 현진건, 『운수 좋은 날』 64쪽.

아내는 남편의 이 대답을 이해하지 못합니다.

아내에게는 그 말이 너무 어려웠다. 그만 묵묵히 입을 다물었다. 눈에 보이지 않는 무슨 벽이 자기와 남편 사이에 가리는 듯하였다. 남편과 말이 길어질 때마다 아내는 이런 쓰디쓴 경험을 맛보았다. 이런 일은 한두 번이 아니었다.[*]

아내는 대체 알아들을 수 없는 변명을 늘어놓는 남편이 싫습니다. 게다가 남편은 자신의 말을 알아듣지 못한다고 아예 대놓고 아내를 무시까지 합니다.

"흥, 또 못 알아듣는군, 묻는 내가 그르지. 마누라야 그런 말을 알 수 있겠소? 내가 설명을 해드리지. 자세히 들어요. 내게 술을 권하는 것은 화중도 아니고, 하이칼라도 아니요, 이 사회란 것이 내게 술을 권한다오."^{**}

아내와 남편은 동문서답을 이어가다 남편이 버럭 화를 내고 집을 나가버립니다. 그리고 아내는 "절망한 어조로 소곤"거리지요. "그

• 현진건, 『운수 좋은 날』, 73쪽.
•• 현진건, 『운수 좋은 날』, 73쪽.

몹쓸 사회가, 왜 술을 권하는고!" 여기서 포인트가 되는 건 "이 사회라는 것이 내게 술을 권한다오"라는 남편의 말입니다. 아내는 남편이 사용하는 사회(社會)라는 단어의 뜻을 알아듣지 못합니다. 아내는 사회가 어떤 사람이나 술집의 이름이라고 오해합니다.

지금은 사회라는 단어가 많이 사용되기 때문에 우리는 사회가 오래된 한국어 단어라고 간주하기 쉬운데요, 사회는 영어에서 사회라는 뜻을 지닌 society를 일본어로 번역하면서 만들어진 신조어입니다. society의 번역어로서 사회라는 단어는 일본에서도 1920년대에야 보급되었다고 합니다. 현진건의 「술 권하는 사회」는 1921년 11월 『개벽』지에 발표되었습니다. 도쿄 유학을 했던 남편은 일본에서 쓰이기 시작한 번역어인 사회를 잘 알고 있기에, 술을 마시는 이유가 "사회가 술을 권하기 때문이오"라고 답을 합니다. 아내는 사회라는 단어를 알지 못합니다.

남편이 술 마시는 이유를 둘러싼 남편과 아내의 동문서답 해프닝은 사회라는 신조어를 아는 사람과 모르는 사람 사이에서 벌어진 소동입니다. 이 해프닝이 소설 「술 권하는 사회」의 맛이자 웃음 포인트입니다. 그런데 「술 권하는 사회」를 읽으면 사회학자인 제가 소설 속 남편을 빼닮았다는 생각을 떨칠 수 없습니다.

세상 물정을 모르는 사람이 과연 누구일까요? 남편일까요? 아내일까요? 여러분 생각에도 세상 물정을 모르는 건 아내가 아니라 당연히 남편 아닌가요? 사회라는 신조어를 모르지만 아내는 책상머리 지키고 앉아 술이나 마시면서 세상 한탄을 늘어놓는 남편보다 이 세상을 훨씬 더 잘 알고 있습니다. 아내는 남편이 유학하는 동안, 그리고 남편이 돌아오고 난 후에도 술이나 마시며 돌보지 않는 가정 살림을 도맡아 하느라 산전수전 다 겪은 생활인이니까요.

반면 남편은 사회라는, 엘리트만 쓰는 단어는 알고 있는지 모르겠지만, 아내보다 세상 물정을 모르지요. 세상 물정도 모르는 주제에 남이 사용하지 않는 신조어 혹은 학자만 사용하는 전문 용어를 더 많이 알고 있다고 그게 그렇게 자랑스레 내세울 훈장은 아니지요.

사회라는 단어를 아는 것과 세상 물정 파악 여부는 아무 관계가 없습니다. 사회학의 언어를 모른다고 해서 세상 사람이 세상 돌아가는 이치를 모른다고 할 수는 없죠. 사회학 용어에 능통한 사회학자는 단지 사회학자들만의 언어인 전문 용어(jargon)를 잘 알고 있을 뿐이지 세상을 잘 알고 있다고 말할 수 없는 것처럼요. 우리는 세상을 살면서 온갖 일을 겪게 되고, 자신의 경험에 근거해 세상일이 돌아가는 이치를 깨칩니다. "산전수전 다 겪었다"라는 표현은 심심

찮게 들을 수 있지요? 산전수전을 겪은 사람은 사회학자보다 세상 물정의 이치를 속속들이 알고 있을 겁니다.

사회학자이지만 제가 여러분보다 세상 물정을 더 잘 알고 있다고 말할 자신은 없습니다. 속담 "낫 놓고 기역 자도 모른다"는 어찌 보면 사회를 연구한다고 잘난 척하지만 정작 세상 물정의 이치는 안다고 할 수 없는 사회학자의 처지를 설명하는 속담일 수도 있습니다.

사회학이 연구 대상으로 삼는 사회와 실제로 사람들이 삶을 살아가는 사회 사이에는 간극이 있습니다. 물론 인간이 존재하는 것을 언어로 완벽하게 재현하는 일은 불가능하기에, 사회학이 재현하는 사회와 실제 사회 사이에 간극이 있다고 해서 그 자체를 문제 삼을 수는 없습니다. 하지만 사회학자의 사회와 실제로 사람들이 살고 있는 사회 사이의 간극이 화성과 금성의 거리만큼이나 멀다면 심각한 문제이지요. 만약 그렇다면 사회학이라는 학문의 존재 이유가 의심받게 되니까요.

사회학이 사람이 모여 사는 사회를 연구하는 학문이라는 사실은 변함없습니다. 우리가 사회를 사실 그대로 제대로 파악한 상태를 진리라고 한다면 그 진리는 누가 잘 알고 있을까요? 사회학자는 사회학이 사회를 연구해온 역사, 즉 사회학사에 통달한 전문가입니다. 전문 용어를 배워서 사회를 전문 용어로 표현하는 능력을,

학자가 되기 위해 준비하는 오랜 훈련 기간을 통해 익혔습니다. 사회학사를 통해 기존의 이론을 익히고 훈련을 받는 기간 동안 사회학자는 실제의 사회와 일정한 거리를 두고 있을 수밖에 없습니다. 그러니까 사회학자는 사회를 경험이 아닌 책을 통해 배우는 것이지요.

한 식물학자가 있습니다. 대학에서 오랜 기간 동안 식물을 분류하는 방법과 라틴어로 된 학명을 다 익혔습니다. 그리고 대학에 있는 식물원에서 식물 하나하나의 속성을 모두 머리에 담았습니다. 그리고 우수한 성적으로 졸업했습니다. 그 식물학자가 현장에 투입되었습니다. 그런데요, 현장에서 오랜 기간 동안 일해온 사람이 식물학자에게는 생소한 풀을 척척 구별해내는 겁니다. 식물원을 통해서만 식물을 연구한 식물학자가 빠진 하나의 함정이 있는데요, 식물원에는 식물이 아주 많지만 세상에 존재하는 모든 식물을 식물원이 수용하지 못한다는 격차에서 오는 함정입니다. 사회학자 역시 동일해요, 사회학사 책 속에 사회가 담겨 있기는 하지만 사회 전체가 사회학 책 속에 담기진 못합니다. 사회학의 크기보다 항상 사회 그 자체는 더 크고 광대하고, 사회학 이론의 다양성보다 사회에서 일어나는 일의 종류는 훨씬 더 많지요.

이런 함정에 빠지지 않기 위해 "어떤 장소에 토박이가 되려면 그 언어를 배워야 한다"* 는 한 인디언 식물학자의 이야기를 참고하려

찰리 채플린이
호보로 등장하는
영화 〈키드〉.

합니다. 사회학자는 자신이 연구하는 사회의 토박이가 되어야 합

니다. 토박이 언어의 한 사례를 호보(Hobo)가 사용하던 기호 체계

에서 찾아봅니다. 혹시 호보 기호라는 걸 알고 계신가요? 호보가

사용하는 언어인데요, 호보는 1890년대경 미국 서부와 북서쪽에서

일자리를 찾아 부랑하던 떠돌이 노동자를 지칭하는 단어입니다.

1921년 영화 〈키드(The Kid)〉에서 찰리 채플린(Charlie Chaplin)은 떠돌

이 호보 역할로 등장하지요. 떠돌이 호보는 집이 없습니다. 가난합

• 로빈 월 키머러, 『향모를 땋으며』, 노승영 옮김, 에이도스, 2020, 79쪽.

23

니다. 일자리를 찾아 떠돕니다. 노숙을 해야 하는 경우도 있습니다. 노숙해보면 어떤 곳이 안전한 곳인지 아닌지 알 수 있지요. 때로 먹을 것을 해결하기 위해 상냥한 사람의 선의에 의지해야 합니다. 마셔도 안전한 물은 어디서 구할 수 있을까요? 호보를 위협하는 위험한 사람과 동물은 어디에 있을까요? 떠돌이 노동자 호보는 배운 사람이 아닙니다. 그래서 글을 쓸 줄 모릅니다. 하지만 호보는 또 다른 호보에게 자신이 경험을 통해 배운 것을 알려주고 싶어합니다. 그래서 그림문자 방식으로 또 다른 호보에게 메시지를 전합니다.

어디에 사나운 개가 있는지, 어느 방향으로 가면 마실 수 있는 물을 구할 수 있는지, 떠돌이 호보에게 먹을 것을 기꺼이 나누어 주는 사람은 어느 동네에 있는지, 떠돌이 생활을 하는 사람에게 정말 필요한 세상 정보를 그들은 그림문자로 표현했고 이를 서로 공유했습니다. 호보 기호에서는 그들의 간절함과 생생한 삶의 경험이 느껴집니다.

저는 호보 기호가 그림문자로 표현된 세상 물정이라면, 속담은 문장으로 표현한 민중적 세상 물정의 사회학이 아닌가 싶습니다. 직접 경험을 한 사람은 세상이 어떻게 돌아가고 있는지 너무나 잘 알고 있지요. 실제로 돈을 벌어본 사람은 돈을 번다는 게 얼마나 힘든지 자신의 생생한 경험을 통해 잘 알고 있습니다. 그래서 사

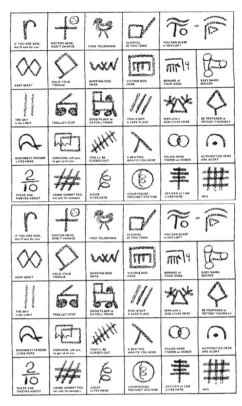

호보가 메시지를 서로
전달하기 위해
사용한 호보 기호.

회학자가 아닌 사람도 세상에 대한 해석을 내립니다. 세상 사람들
이 살아가면서 내린 해석이 모여 문장으로 표현되면 그게 속담이
됩니다.

속담은 한 사람의 창작품이 아닙니다. 속담은 구전으로 전해지는
설화나 서사시처럼 집단 창작의 결과물입니다. 한 명의 경험이나
해석이 아니라 집합체의 경험과 공유된 해석이 하나의 문장으로

표현된 것이지요. 속담은 사회학자보다 세상 경험을 더 많이 했고, 그래서 사회를 구석구석 더 잘 알고 있고, 직접 경험했기 때문에 생생한 지식을 가지고 있는 평범한 사람이 만들어냈고 평범한 사람들 사이에 전수된 지식 체계라는 점이 장점입니다. 속담은 학문적 언어가 아니라 민중의 언어로 표현된 사실상의 사회학이라 할 수 있습니다.

사회학이라는 학문이 대학교에 학과로 설치되기 이전에도, 사회학과 교수라는 직업을 지닌 사람이 등장하기 이전에도, 평범한 사람들은 사회학자가 하는 일을 이미 해오고 있었던 것이지요. 이름 모를 수백만, 수억 명의 사람이 삶을 살아냈습니다. 그리고 무엇인가 깨달았지요. 삶을 살아내면서 얻은 어떤 깨달음을 사람들은 '이야기'로 들려줍니다. 사람의 숫자만큼이나 '이야기'도 많을 수밖에 없습니다. '이야기'가 '이야기'로 전해지고, '이야기'에 '이야기'가 보태지고, 그 과정에서 '이야기'가 거대해지면서 집단 창작 형태의 서사시가 되기도 하지만 언제든 '이야기'를 꺼내볼 수 있도록 축약된 형태로 집적되기도 합니다.

속담은 집적된 '이야기'입니다. 속담의 출발점은 어떤 특별한 사연일지도 모르지만, 그 사연이 속담으로 자리 잡으려면 많은 사람에 의해 회자되어야 합니다. 특별한 사연은 타인의 공감을 얻어야 특별한 '이야기'임에도 불구하고 널리 공유됩니다. 설득력의 가장 큰 원천은 보편성입니다. 그 '이야기'가 나의 '이야기'와 겹쳐질 때, 그 '이야기'가 나의 삶을 설명할 수 있을 때 그 '이야기'는 퍼져나가고 전수됩니다. 속담은 이 과정을 통해 살아남은 '이야기'입니다.

━━━

생생한 경험은 장점이 되기도 하지만 그 생생함은 세상을 객관적으로 이해하는 데 방해 요소가 되기도 합니다. 예를 들어 젊은 세대가 가장 싫어한다는 그 무서운 말이 "나 때는 말이야"인 거 알고 계시죠? 말하는 사람은 진심을 다해 설명하고 있는데 왜 "나 때는 말이야"를 듣는 사람은 덜컥 겁을 먹을까요?

기성세대가 "우리 때는 말이야, 열심히 한 5년만 바짝 일하면 집 한 채 살 수 있었어"라고 말한다고 합시다. 그건 사실입니다. 그분의 직접 경험에서 그 일은 실제로 일어났습니다. 그런데 20년 전에 가능했던 특정한 경험은 사회 조건이 변화하면 되풀이되지 않을 수 있습니다. 그러니 그분의 직접 경험에서 유래한, 성실하면 부자가 될 수 있다는 결론은 "그때는 맞았고 지금은 틀리다"라고 말할 수밖에 없습니다. "그때 맞았던" 경험이 지금도 항상 맞을 수는 없습니다. 그때 맞았기에 지금도 맞을 것이라 단정 짓는 사람은 자신의 직접 경험을 객관화하는 데 실패한 것이죠. 직접 경험의 생생함이

27

정확한 현실 인식을 막아서는 것입니다. 그래서 우리가 세상을 제대로 이해하기 위해서는 직접 경험과의 거리 두기가 필요합니다.

사회학자 게오르크 지멜(Georg Simmel, 1858~1918)은 이방인은 오히려 이방인이기 때문에 토착민보다 사회를 객관적으로 보기에 유리하다고 했습니다. 토착민은 실제로 일어나고 있는 일 중에서 어떤 것은 습관의 안경에 의해 제대로 보지 못합니다. 반면 이방인은 모든 것을 놀라움과 호기심의 눈*으로 바라봅니다. 비사회학자를 토착민에 비유한다면 사회학자는 토착민의 세계에 도착한 이방인으로 비유할 수도 있습니다. 토착민의 세계로 들어가려는 이방인 사회학자는 토착민이 자신의 언어와는 다른 언어를 사용하고 있음을 발견합니다. 그래서 이방인으로서 자신이 해야 할 첫 번째 일은 토착민의 언어를 배우는 것이라 생각합니다. 그리고 토착민의 언어를 속담을 통해 배웁니다. 토착민의 언어인 속담에 어느 정도 익숙해지자 이방인 사회학자는 이방인으로서의 장점을 극대화하려고 토착민의 속담을 사회학 이론과 연결시킵니다. 사회학자는 학자의 세계와 생활인의 세계를 연결하고 매개하는 역할을 하는 것이지요.

질경이 풀 다 아시죠? 앞에서 잠시 소개했던 '인디언' 출신 미국인

• 리처드 세넷, 『장인』, 김홍식 옮김, 21세기북스, 2010, 32쪽.

식물학자의 경험을 들려드릴게요. 질경이는 지금은 아메리카 대륙 어디에서나 볼 수 있는 친숙한 식물인데요, 본래 토종 식물이 아니라고 합니다. 백인이 아메리카 대륙으로 이주하면서 함께 따라 들어온 외래종이라고 해요. 토착민 인디언은 자신의 땅을 침범하는 백인만큼이나 질경이를 미심쩍어했습니다. 오죽했으면 인디언은 백인을 따라온 풀이라고 해서 질경이에 '백인의 발자국'이라는 인디언식 이름을 붙였을까요?

의심하는 눈으로 '백인의 발자국'을 바라보던 인디언들은 '백인의 발자국'이 "잎을 말거나 씹어 찜질약으로 쓰면 베거나 데거나 벌레 물렸을 때 응급 처치용으로 좋다는 사실을 알게 되자 질경이가 늘 곁에 있는 것에 감사"하기 시작했습니다. 질경이를 의심하던 인디언은 '백인의 발자국'이 "버릴 게 하나도 없음"도 알게 되었습니다. 그들은 '백인의 발자국'의 작은 씨앗이 소화제로 안성맞춤이고, 잎은 출혈을 멈추게 하고 상처를 덧나지 않게 치유할 수 있는 쓸모가 있음을 알게 되었지요. '백인의 발자국'은 점차 인디언의 신뢰를 얻었고, 시간이 지나면서 인디언은 이 '백인의 발자국'이 외래종이라는 사실을 잊었다고 합니다. 인디언 출신 식물학자는 토착민에게 수용될 수 있었던 질경이의 전략을 이렇게 해석합니다.

질경이 님은 그렇지 않다. 그의 전략은 쓰임새를 지니고, 좁은 곳에 비집고

들어가고, 마당에서 남들과 공존하고, 상처를 치유하는 것이었다. 어찌나 널리 퍼지고 잘 섞여 들었던지 우리는 그가 토종인 줄로 안다. 그는 우리 것이 된 식물에 식물학자들이 붙이는 이름을 얻었다. 그래서 토종 식물이 아니라 귀화 식물이다. 이것은 외국에서 태어나 우리 국민이 된 사람에게 쓰는 용어와 같다.•

사회학은 질경이가 되고 싶어요. 여러분에게 사회학은 '백인의 발자국'처럼 보일 수도 있겠지만, 사회학은 비록 토종 식물은 아니라도 귀화 식물이 되어 토착민의 세계에 여러분과 함께 거주하고 싶어 합니다.

사회학자와 사회학자가 아닌 사람은 각자 장점을 갖고 있습니다. 이 둘 중 어느 한 사람만이 진리를 독점할 수는 없지요. 사회학자는 학자로서의 장점을 지니지만 세속인으로서의 세상 경험이 부족하다는 것이 단점이고, 생생한 경험이 풍부하다는 비사회학자의 장점은 주관적인 과장에 빠질 수도 있다는 단점을 피해갈 수 없습니다. 그렇기 때문에 현명한 선택은 양자택일이 아니라 각자의 장점을 교차함으로써 각자의 단점을 극복하는 것이 되겠지요. 장점이 교차할 수 있는 유일한 방법은 서로 다른 세계에 살고 있던 사

• 로빈 월 키머러, 『향모를 땋으며』, 315쪽.

람이 만나는 것입니다. 서로 교류하지 않고, "샌님 같은 사회학자가 세상을 얼마나 알겠어"라고 단정한다든가, "속담으로 어떻게 세상의 이치를 표현할 수 있겠어"와 같은 속단은 피해야겠죠? 서로를 비웃고 믿지 않아 교류 없이 지낸다면, 서로가 갖고 있는 단점을 보완할 수 있는 기회를 잃게 되지 않겠어요?

인간사의 모든 것을 꿰뚫는 단 하나의 진리를 파악할 수 있는 사람은 없습니다. 여기 우리가 살고 있는 세상에는 전지전능한 하나의 신이 없습니다. 사회는 각자 삶을 살아내며 삶을 해석하는 다양한 인간이 군집을 이루고 있는 곳입니다. 사회학은 진리를 깨달은 자가 사람들을 앞에 두고 행하는 연설이 아니라 모닥불 주위에 둘러앉아 서로 깨달은 바를 이야기하고 듣는 대화의 장소입니다. 사회학자는 연설하는 사람이 아니라, 대화가 벌어지는 그곳에서 사회를 보는 사람이에요. 사회학자들이 모이면 "저는 사회, 즉 MC를 전공하지 않았습니다"라는 농담을 던지곤 하는데, 이 말이 그저 농담거리가 아니어야 한다고 생각해요.

저는 사회학자로서의 제 단점을 극복하기 위해 사회학자가 아닌 사람과의 만남이 매우 중요하다 생각했습니다. 학교 안에만 있으면 안 되겠다고 결심했습니다. 캠퍼스를 벗어나 세상이 어떻게 돌아가는지 생생한 해석을 들을 수 있는 곳을 향해 걸어갔습니다. 그리고 그 발길이 닿은 서울시 은평구 연신내 골목길에 '니은서점'이라는 작은 서점을 차렸습니다. 니은서점은 제가 세상 사람에게 책을 추천하는 사회학자의 공간이자 사회학자가 토속민의 언어, 골목길의 언어를 익히며 세상 사람과 교류하는 곳이기도 합니다.

사회학자 리처드 세넷(Richard Sennett, 1943~)은 전문가를 비전문가와 '같이 노는' 전문가와 폐쇄적이고 반사회적인 '따로 노는' 전문가로 구별했는데요, '같이 노는' 전문가 모델이 약화되고 전문가가 자기들끼리만 공유하는 공간과 언어 체계에 갇히게 되면서 전문가와 비전문가를 포괄하는 공동체가 없어졌다고 우려 섞인 진단을 내리기도 했습니다. 저는 지금은 희미해진 '같이 노는' 전문가 모델을 니은서점에서 되살리고 싶었습니다.*

니은서점에서 저는 사회학 이론서에서는 찾아볼 수 없었던 진짜 사람들의 '생활 세계'와 마주했습니다. 그 생활 세계 속에는 개인이 직접 겪은 진짜 세상이 들어 있었습니다. 니은서점에서 저는 사회학자로서 재교육을 받았습니다. 자신이 세상에 대해 비판적 독해를 할 수 있음을 알지 못한 채 세상을 해석했지만, 기회가 없어서 혹은 겸연쩍어서 표현하지 못했던 생활 세계의 생생한 풍경을 사회학 이론과 만날 수 있도록 하는 대화의 기술을 배우기 시작했습니다.

• 리처드 세넷, 『장인』, 392~393쪽.

니은서점에는 많은 사람이 모입니다. 저는 그분들로부터 많은 것을 배웁니다. 제가 직접 경험할 수 없었던 세상 이야기를 그분들로부터 들을 수 있고, 또한 저는 주관적인 해석을 거리를 두고 냉철하고 분석적으로 설명할 수 있는 이론적 틀을 그분들에게 전달할 수 있는 기회를 맞이하게 되죠. 니은서점에서 저는 다양한 사람을 만났습니다. 서점을 방문한 고등학생에게서 요즘 아이들의 고민을 들을 수 있었고, 세상을 오래 사신 노인은 인생 이야기를 들려주셨어요.

손님들은 제가 사회학자라는 걸 알게 되면 "사회학 그거 알면 뭐에 씁니까?"라는 질문을 하시기도 해요. 매우 당혹스러운 질문입니다. 저는 심호흡을 한 후 이렇게 대답하곤 합니다. "음…… 어떻게 설명드려야 할까요. 아! 아주 잘 알려진 이분법이 있죠? '배부른 돼지'가 될 것이냐, 아니면 '배고픈 소크라테스'가 될 것이냐 하는 이분법 말입니다……." 이렇게 운을 떼고 나서 저는 최선을 다해 사회학의 '쓸모'를 설명합니다.

사람에게 먹고사는 문제는 매우 중요합니다. 먹지 않으면 죽으니까요. 사람은 죽지 않기 위해서는 먹어야만 합니다. 사회학은 절실한 배고픔을 해결해주지는 못합니다. 돈 버는 방법을 알려주지도 못합니다. 사회학은 출세의 비법을 탐구하지도 않습니다. 만약 여러분이 돈을 벌고 싶다면, 인생의 목적이 돈 벌기라면 주식 투자 고수가 운영하는 유튜브를 구독해야겠죠. 사회학자의 이야기를 들을 필요는 없습니다. 사회학은 돈을 잘 벌 수 있는 방법, 출세할 수 있는 방법을 전달하는 학문은 아닙니다.

먹지 못해서 죽을 지경에 놓였을 때 인생의 무조건적인 목표는 당연히 굶주림 탈출이어야 합니다. 너무나 당연합니다. 이런 상황에서는 사회학 따위는 필요 없습니다. 필요한 것은 굶주림에서 벗어날 수 있는 방법이지요. 지금 굶주림으로 인해 고통받고 있는 사람에게 절실하게 요구되는 도움은 고상한 듯 보이지만 쓸모없는 사회학의 고담준론(高談峻論)이 아니라 그 사람이 더 이상 굶주리지 않도록 그에게 돈과 먹을 것을 제공해주는 일이지요. 그게 우선입니다.

우리가 그 문제를 해결했다고 합시다. 배가 매우 고팠습니다. 그래서 배고픔에서 벗어나는 것이 가장 중요했는데 배고픔에서 벗어났습니다. 배가 부릅니다. 배가 부르니 기분이 좋아졌습니다. 배고팠다가 배부르면 세상을 다 얻은 것 같습니다. 잠시 후 그런 생각이 들 수도 있습니다. "인간이 먹고만 사나?"라는 자문이지요.

나는 짐승이 아니라 사람인데. 그러면 짐승과 사람이 다른 점은 무엇일까? 배부른 돼지와 배부른 인간의 차이는 무엇일까? 이런 질문이 자연스레 떠오를 수 있습니다. 사실 '먹는다'는 것은 사람을 짐승과 구별시켜주는 행위는 아닙니다. 짐승도 먹어야 살고 사람 역시 먹어야 사니까요. 먹어야 한다는 건 생명체로서의 필요조건일 뿐이지 인간을 인간답게 만들어주는 요소는 아니죠. 그러면 인간과 동물이 구별되는 점은, 인간은 배고프면 먹어야 하지만 배가 부르면 배고픔을 면했다는 사실에 만족하지 않는다는 겁니다. 그 순간 인간은 질문을 던지지요.

산다는 게 뭘까? 어떻게 사는 것이 살맛 나는 걸까? 나는 어떻게 살아야 할까? 나는 어떤 사람이 되어야 할까? 우리가 사는 사회는 어떻게 해야 더 좋아질까? 이런 것을 생각할 수 있는 건 인간만이 가지고 있는 특권입니다. 사회학은 먹고사는 문제를 해결해줄 수도 없고 출세하는 방법을 알려주는 학문은 아니지만, 먹고사는 문제를 해결한 뒤 보다 인간이고 싶을 때, 산다는 것의 의미를 파악하고 싶을 때, 어떻게 살아야 내가 올바르게 살 수 있을지 궁리할 때 도움을 줄 수 있습니다.

사회학자인 저는 "낫 놓고 기역 자도 모르는" 사람일 수도 있습니다. 여러분은 속담을 통해 저에게 도움을 주시고, 저는 사회학의 렌즈를 통해 세상에 대한 더 풍부한 해석을 여러분에게 제공하면서 우리가 함께 『한 줄 사회학』을 완성할 수 있으리라 기대합니다.

알리기에리 단테(Alighieri Dante, 1265~1321)는 『신곡』을 당시 학자만의 언어였던 라틴어가 아니라 그가 "고귀한 속어"라고 불렸던 토스카나어로 집필했습니다. 라틴어로 표현된 학문적 지식은 많았지만 피렌체 사람은 라틴어가 아니라 토스카나어를 사용하기에 단테의 입장에서 『신곡』은 학자만 이해할 수 있는 라틴어가 아니라 피렌체 사람이라면 누구나 아는 토스카나어로 써야 했던 것이지요.

『한 줄 사회학』은 「술 권하는 사회」의 지식인 남편과는 달리 '대화'를 통해 세속에 대한 지식을 함께 완성해가는 '기획'입니다. 그러니 당연히 『한 줄 사회학』은 학자만 알고 있는 학문 언어인 사회학의 용어로만 써서는 안 되고, "고귀한 속어"로 구성된 속담에서 영감을 받아 질경이의 언어로 써야겠지요? 『한 줄 사회학』에서 질경이의 언어가 된 사회학의 언어를, 그리고 사회학의 언어를 만나 더 풍부해진 속담이라는 "고귀한 속어"로 표현된 사회학을 만나보세요. 지금부터 시작합니다.

자리가 사람을 만든다

02

온 세상은 무대이며, 모든 남자 여자는 배우에 불과하오.

저들 모두 퇴장과 등장이 있으니

한평생 한 사람이 여러 역을 맡는데…….*

저는 사회학은 조금 알지만 사회는 잘 모르는 사회학자입니다. 사회학을 몰라도 사회 경험이 저보다 풍부한 여러분과 함께 생활 세계의 지혜를 모아『한 줄 사회학』을 완성해보려 합니다. 이번에 여러분과 함께 생각해볼 속담은 "자리가 사람을 만든다"입니다.

제게는 고민이 있는데요, 캠퍼스 밖에서 저는 대학 교수라는 걸 굳이 다른 사람에게 알리고 싶지 않다는 것입니다. 저는 평범한 사람이 세상을 살며 마음에 품고 있는 생각을 염탐(?)하고 그들의 이야기를 듣는 걸 너무 좋아하는데 사람들이 제가 교수라는 걸 알면, 그것도 사회학 교수인 걸 알면 말을 하다가 자꾸 눈치를 보며 멈칫하기 때문입니다. 옹기종기 모여 세상 사는 이야기를 나누는 풍경을 떠올려봅니다. 언제나 핫이슈가 있지요. 핫이슈를 둘러싸고 이런

• 윌리엄 셰익스피어, 「좋으실 대로」 제2막 제7절, 『셰익스피어 전집』, 이상섭 옮김, 문학과지성사, 2016, 1274쪽.

저런 갑론을박이 벌어지면 저는 귀를 쫑긋 열고 열심히 듣는데 마냥 듣고만 있을 수는 없어서 제 생각을 몇 마디 말했더니 어떤 사람이 "그런데요, 혹시 가르치는 분이세요?"라고 묻습니다. 그런 말을 들으면 속으로는 깜짝 놀라죠. '아니, 어떻게 알았지?' 더 이상 숨길 수 없는 상황이 된지라 "사실은요……"라고 말을 꺼내곤 "그런데 어떻게 아셨어요?"라고 되묻지요. 그러면 대부분 "아니! 말투가 꼭 가르치는 사람 같아서요"라고 대답해주십니다. 그렇군요. 뭔가 티가 나는군요. 숨기고 싶었는데, 티가 났던 거예요. 왜 티가 났을까요? 어떻게 사람들은 말투에서 제 직업을 추론한 것일까요? 저는 본래 매우 내성적인 성격입니다. 정확하게 말하면 내향성이 강한 성격입니다. 내향성이 강한 사람 대부분이 그렇듯, 저는 남 앞에 나서는 걸 싫어합니다. 그리고 사람들이 모인 자리에서 남의 이야기를 듣는 걸 더 좋아합니다.

그런데 사람들은 제가 그런 성격인 줄 몰라요. 왜냐고요? 저는 교수라는 '자리'를 차지하고 있는 사람이니까요. 저는 가르치는 '자리'에 있습니다. 이 '자리'에 있는 사람은 학생을 가르쳐야 할 의무가 있습니다. 강의 시간에 저는 저의 강한 내향성을 드러낼 수 없어요. 강의는 제가 주도적으로 이끌고 나가야 원활하게 이뤄지니까요. 저는 남들 이야기를 듣는 걸 더 좋아하지만 적어도 강의를 할 때는 제가 말을 많이 해야 합니다. 제가 말을 아끼면 강의가 진행되지 않으니까요. 교수라는 '자리'는 수줍은 성격을 요구하지 않기 때문에 저도 변했습니다. "자리가 사람을 만든다"는 속담이 이때 이런 상황을 설명하라고 있는 게 아니겠어요?

사실 "자리가 사람을 만든다"는 긍정적인 의미로도, 부정적인 뜻으로도 사용될 수 있습니다. 긍정적인 변화를 의미하는 사례부터 살펴볼까요? 제가 어렸을 때 좋아했던 노래, 김추자 씨가 불렀던 〈월남에서 돌아온 김 상사〉 이야기로 시작해보겠습니다. 저는 기억을 못 하는데 저희 돌아가신 부모님이 말씀하시기를, 라디오에서 〈월남에서 돌아온 김 상사〉가 흘러나오면 제가 일어나서 개다리춤을 추기도 했답니다.

이 노래의 내용은 이렇습니다. 김 상사가 있습니다. 상사는 군대의 계급이자 일종의 '자리'죠. 김 상사라는 사람이 월남에서 돌아왔습니다. 노래 가사로 미루어보면 월남에 가기 전의 김 상사는 긍정적인 평판을 받는 사람이 아니었던 것 같네요. "말썽 많은 김 총각 모두 말을 했지만"이라는 가사가 있는 것을 보면요. 말썽만 피우고, 언제 철이 들지 부모님도 걱정이 많았고 동네 사람도 우려했던 사람입니다. 그런데 그 말썽 많은 김 총각이 월남에 갔다 오더니 김 상사가 되어서 왔는데 완전히 변했습니다.

노래는 이렇게 말합니다. "의젓하게 훈장 달고 돌아온 김 상사"라고요. 김 상사가 돌아온 날 어머니는 기뻐서 춤을 추고 동네 사람들은 마을 잔치를 벌입니다. 가수는 노래합니다. "동네 사람 모여서 얼굴을 보려고 모두가 기웃기웃"한다고요. 모두가 기웃거리며 김 상사라는 '자리'를 차지한 옛날 김 총각이 얼마나 의젓해졌는지 확인합니다. 그리고 감탄하지요. 김 총각이 얼마나 긍정적으로 변했는지 가수는 마지막 부분에서 "폼을 내는 김 상사 돌아온 김 상사 내 맘에 들었어요"라고 슬쩍 고백까지 하네요. "자리가 사람을 만든다"라는 속담은 이렇게 '월남에서 돌아온 김 상사'처럼 긍정적인 변화를 뜻하기 위해 사용될 수도 있습니다만 모든 '자리'가 긍정적인 변화를 불러일으키는 것은 아닙니다.

———

스탠퍼드대학교의 감옥 실험부터 시작해보겠습니다. 워낙 유명한 실험이어서 영화로도 만들어졌는데요, 2001년에 '엑스페리먼트(Das Experiment)'라는 제목으로 독일에서 제작되었습니다. 이 실험을 주관한 스탠퍼드대학교의 심리학과 교수인 필립 짐바르도(Philip George Zimbardo)는 이 실험의 의미를 분석해『루시퍼 이펙트』라는 책으로 출간하기도 했습니다. 1971년 짐바르도 교수는 실험을 실시했습니다. 실험 참가자를 구하기 위해 짐바르도 교수 팀은 "감옥 생활에 관한 심리학적 연구에 참가할 남자 대학생을 찾습니다. 하루에 15달러가 1~2주간 지급될 예정이며, 실험은 8월 14일부터 시작할 것"이라는 내용으로 신문 광고를 냈습니다.

여러분이 실험 진행 과정을 생생하게 이해할 수 있도록 영화 〈엑스페리먼트〉의 주요 장면과 실제 실험을 진행하면서 찍은 사진을 소개하면서 실험의 경과를 살펴보겠습니다. 적지 않은 사람이 이 실험에 지원했습니다. 하루 15달러라는 일당은 지금은 작은 돈이지만 50여 년 전에는 부족하다고는 할 수 없는 돈이었을 것입니다. 그래서 그랬는지 무려 70명이 실험에 참가하겠다고 지원했습니다. 짐바르도 교수 팀은 지원자 중 24명을 뽑았습니다. 지원자가 많아서 실험에 참가할 사람을 아주 까다롭게 선발할 수 있었습니다. 짐바르도는 선발 과정을 이렇게 설명합니다.

우리의 광고를 보고 연락해온 약 100명가량의 자원자들 중…… 우리는 명백하게 괴짜 같은 친구들, 과거에 체포된 기록이 있는 친구들, 의학적 정신적 문제를 가진 친구들은 모두 가려냈습니다. 그리고 약 한 시간가량 심리 검사를 실시한 다음 조교인 크레이그 해니와 커트 뱅크스와의 심층적 인터뷰를 거쳐서 스물네 명의 자원자를 우리 연구의 피험자로 선발했습니다.•

• 필립 짐바르도, 『루시퍼 이펙트』, 이충호·임지원 옮김, 웅진지식하우스, 2007, 63쪽.

(위) 스탠퍼드대학교의 피실험자 모집 신문광고.
(아래) 피실험자에게 실험 진행 과정을 설명하는 연구팀,
영화 〈엑스페리먼트〉.

최종적으로 선발된 사람들은 미국과 캐나다의 중산층 이상의 가족
출신으로, 동시에 교육 수준도 상당히 높은 사회경제적 배경을 지
녔습니다.

영화의 한 장면을 보면, 선발된 실험 참가자를 모아두고 실험 설계
교수 팀이 앞으로의 실험 진행을 설명합니다. 실험 내용은 단순합
니다. 실험 참가자들은 모의 감옥에서 각각 교도관과 죄수 역할을

교도관 제복을 입은 스탠퍼드대학교 실험 참가자.

맡을 사람으로 나누어 감옥 생활을 하게 됩니다. 실험 참가자들의
얼굴은 밝습니다. 그들은 '모의' 감옥이라는 실험 상황을 호기심이
가득한 표정으로 기다립니다.

짐바르도 교수 팀은 대학 안에 모의 감옥을 만들었습니다. 그리고
실험 참가자를 교도관 역할과 죄수 역할로 나누었습니다. 두 집단
으로 나눌 때 편견이 개입하지 않도록 동전을 던져서 "자원자들을
무작위로 교도관이나 수감자 중 하나로 배치"* 했습니다. 모의 감
옥이지만 실제 감옥이라는 느낌이 들도록 죄수 역할을 하는 실험
참가자의 머그샷을 찍고 죄수복도 입혔습니다. 물론 교도관 역할
을 맡은 사람은 교도관 제복을 입었고요, 곤봉도 소지하게 했습니

• 필립 짐바르도, 『루시퍼 이펙트』, 64쪽.

죄수로 실험에 참가하는 피실험자.

다. 진짜 감옥의 교도관처럼요. 죄수가 교도관의 표정을 읽지 못하
도록 교도관 역할을 맡은 사람은 선글라스를 끼게 했습니다. 조금
전까지 강의실에서 각자의 옷을 입고 실험 진행 상황을 설명 들었
던 사람들이 두 패로 나뉘어 각자가 맡은 '자리'에 걸맞은 옷을 입
었습니다. 교도관 역할을 맡은 사람은 세 명씩 3개 조로 나뉘어 하
루에 여덟 시간씩 교대 근무를 했습니다.

죄수 역할을 하는 사람들은 세 개의 감방에 각 세 명씩 수용되었
습니다. 실험이 시작됐습니다. 죄수는 실제 죄수가 아니죠. 이들
은 범죄를 저지른 사람이 아니니까요. 그리고 교도관도 실제 교도
관이 아닙니다. 죄수 역할을 해야 하는 사람은 죄가 있어서 감옥에
들어온 것이 아니기 때문에 자기가 어떤 역할을 해야 할지 감을 잡
을 수가 없었습니다. 교도관 역시 마찬가지였습니다. 제복을 입고

선글라스를 끼고 손에 곤봉을 들었지만 그들은 교도관이었던 적이 없었기 때문에 죄수를 다루는 방법을 숙지하지 못한 상태였지요. 처음에는 자기 역할을 파악하지 못해서 다들 헤맸습니다. 죄수 역할을 하는 사람이 허둥거리는 교도관을 놀리기도 했죠. 첫째 날에는 이렇게 어리숙한 일이 다반사로 벌어졌습니다. 그러다가 점점 시간이 흘러 하루가 지나고 이틀이 지나고 사흘이 지나자 각자의 본래 성격은 어디론가 사라지고 성격 대신 그 사람이 차지한 '자리', 즉 죄수는 죄수라는 '자리', 그리고 교도관은 교도관이라는 '자리'가 요구하는 역할에 점점 충실해집니다. 성격이 여려서 죄수를 거칠고 위압적으로 다루지 못했던 한 사람이 있었습니다. 이 사람은 본래 성격 때문에 죄수에게 "좌에서 우로 이동"이라고 명령조로 말하지 못하고, "이쪽으로 가주시겠어요?"라고 존댓말을 해서 죄수로부터 놀림을 받기도 했습니다. 그런데 시간이 지나자 교도관 역할을 맡은 사람의 본래 여린 성격이 사라지고 권위적인 교도관으로서의 역할이 그 자리를 차지합니다.

어떤 '자리'를 차지한 사람은 그 '자리'를 내적으로든 외적으로든 표현해야 합니다. 사회학자 어빙 고프만(Erving Goffman, 1926~1982)은 그래서 어떤 '자리'(사회학의 전문 용어로 표현하자면 지위, 직위, 사회적 위치)는 "적절하게 다듬어진 품행"*을 요구한다고 표현했습니다. 사람은 특정한 자리에 있는 한 그 '자리'에 걸맞은 품행을 "매끄럽든 어설프든, 의식적인 것이든 아니든, 교활하든 진실하든, 공연으로 실현해야 하고 표현"** 해야 합니다. 실험 참가자들은 그들이 수행하는 역할에 맞는 '처신 예절'을 익히게 됩니다. 교도관은 죄수를 어떻게 다루어야 자연스러운지 '몸가짐'을 익히고 '자리'에 걸맞은 '겉모습'도 제법 근사하게 연출합니다. 고프만이 일터에서 지켜야 할 중요한 '처신 예절'의 도구적 측면이라고 했던 "갖추어야 할 복장, 허용되는 목소리 크기, 금지된 오락·방종·감정 표현 따위"*** 를 익히게 된 것이죠.

'처신 예절'을 갖춘 교도관은 점점 더 권위적이고 폭력적으로 죄수를 다루게 되었습니다. 반면 죄수 역할을 하는 실험 참가자들은 "멍한 눈빛에 덥수룩하고 꾀죄죄한 몰골로 변해가고, 교도소는 뉴욕 지하철역의 남자 화장실과 같은 냄새"가 나기 시작했어요. 하루가 지나고 이틀이 지나고 사흘이 지나면서 모든 사람들이 각자의 '자리'에 충실하다 보니, 모의실험이 진행되고 있는 감옥 안에서는 폭력적인 움직임이 수시로 발생했습니다. 교도관 역할을 맡은 사람의 3분의 1 정도가 실제로 죄수들을 잔혹하게 다루는 경향을 보이기 시작했습니다. 교도관 역할을 제대로 수행하기 위해 교도관

• 어빙 고프만, 『자아 연출의 사회학』 진수미 옮김, 현암사, 2016, 101쪽.
•• 어빙 고프만, 『자아 연출의 사회학』 101쪽.
••• 어빙 고프만, 『자아 연출의 사회학』 144쪽.

교도관으로서의
처신 예절을 익힌 피실험자.

으로 실험에 참가하는 사람들은 자신의 본래 성격을 "자신이 타인
의 눈에 어떻게 보이는가를 중시"하는 '위신 감각'으로 대체하기 시
작한 것입니다.

실험이 지속될수록 가상의 감옥은 실제의 감옥처럼 변해갔습니다.
교도관은 잔혹해졌고, 죄수는 반란을 일으켰습니다. 이 실험은 2주
동안 진행될 예정이었지만 폭력적인 경향이 너무 심각해지면서 실
험을 끝까지 할 수 없다는 판단에 따라 6일 만에 종료됩니다.

개인에게는 그만의 고유한 성격이 있지요. 그리고 또한 우리는 사
회 속에서 자신이 수행해야 하는 사회적 역할과 관련된 어떤 '자리'
를 가지고 있습니다. 어떤 '자리'는 개인이 가지고 있는 성격을 그
대로 유지해도 무리 없이 역할을 수행할 수 있지만, 어떤 '자리'는

그 사람이 본래 가지고 있는 성격을 인위적으로 바꾸지 않으면 도 저히 그 역할을 수행할 수 없는 경우도 있습니다. 교도관으로 실험 에 참가했던 한 사람은 자신의 경험을 이렇게 털어놓았습니다.

처음 실험을 시작할 때는 적절한 방식으로 행동할 수 있을 것이라 생각했습 니다. 그러나 실험이 진행되면서 스스로 저 자신에게 부과했던 감정에 완 전히 압도되는 것에 놀랐습니다. 저는 실제로 교도관이 된 것처럼 느끼기 시작했어요. 진짜로 제가 그런 행동을 할 수 있을 것이라고 생각하지 못했 습니다. 예전 같으면 꿈도 꾸지 못했을 방식으로 행동하는 저 자신을 발견 하고 놀랐습니다. 아니 당황했어요.*

"자리가 사람을 만든다"라는 속담은 이런 놀라운 진실에 대한 통찰 을 우리에게 전해줍니다. 스탠퍼드대학교 실험이 있기도 전에 생 활 세계의 사람들은 이 이치를 세상 경험을 통해 이미 알고 있었던 것이지요.

---

* 필립 짐바르도, 『루시퍼 이펙트』 260쪽.

그다음으로 1961년에 진행된 예일대학교의 밀그램 실험(Milgram Experiment)을 살펴보겠습니다. 스탠퍼드대학교의 모의 감옥 실험에 영감을 준 실험인데요, 실험의 큰 틀은 스탠퍼드대학교의 모의 감옥 실험과 유사합니다. 지역 신문에 실험에 참가할 사람을 모집하는 다음과 같은 내용의 광고를 냈습니다.

공고. 시간당 4달러 제공. 기억 연구를 위한 피험자 구함. 기억과 학습에 관한 연구를 수행하기 위해, 뉴헤이번에 사는 주민 500명을 모집합니다. 이 연구는 예일대학교에서 실시하는 것입니다. 참가자에게는 시간당 4달러 (주차 요금 50센트 추가)를 지불하며 약 1시간이 소요됩니다. 어떤 특별한 훈련이나 교육, 경험 등이 필요하지 않습니다.*

선발된 피실험자의 직업은 우체국 직원, 고등학교 교사, 회사원, 기술자, 노동자 등 다양했고 학력 또한 고등학교를 마치지 않은 사람부터 박사나 전문 학위를 받은 사람에 이르기까지 폭이 매우 넓었습니다. 연령에 의한 실험 편견을 방지하고자 20대와 30대, 40대를

---

* 스탠리 밀그램, 『권위에 대한 복종』, 정태연 옮김, 에코리브르, 2009, 42쪽.

Public Announcement

WE WILL PAY YOU $4.00 FOR
ONE HOUR OF YOUR TIME

Persons Needed for a Study of Memory

*We will pay five hundred New Haven men to help us complete a scientific study of memory and learning. The study is being done at Yale University.
*Each person who participates will be paid $4.00 (plus 50c carfare) for approximately 1 hour's time. We need you for only one hour: there are no further obligations. You may choose the time you would like to come (evenings, weekdays, or weekends).

*No special training, education, or experience is needed. We want:

Factory workers	Businessmen	Construction workers
City employees	Clerks	Salespeople
Laborers	Professional people	White-collar workers
Barbers	Telephone workers	Others

All persons must be between the ages of 20 and 50. High school and college students cannot be used.
*If you meet these qualifications, fill out the coupon below and mail it now to Professor Stanley Milgram, Department of Psychology, Yale University, New Haven. You will be notified later of the specific time and place of the study. We reserve the right to decline any application.
*You will be paid $4.00 (plus 50c carfare) as soon as you arrive at the laboratory.

- -

TO:
PROF. STANLEY MILGRAM, DEPARTMENT OF PSYCHOLOGY, YALE UNIVERSITY, NEW HAVEN, CONN. I want to take part in this study of memory and learning. I am between the ages of 20 and 50. I will be paid $4.00 (plus 50c carfare) if I participate.

NAME (Please Print). . . . .

ADDRESS . . . .

TELEPHONE NO. . . . . Best time to call you . . . .

AGE . . . . OCCUPATION . . . . SEX . . . . . .
CAN YOU COME:

WEEKDAYS . . . . EVENINGS . . . . . . WEEKENDS . . . .

예일대학교의 밀그램 실험
참가자 모집 공고.

각각 20퍼센트와 40퍼센트씩 나눠 배치했습니다. 피실험자에게는

실험 목표가 기억력 향상 방법을 찾는 것이라고 안내합니다. 피실

험자에게 설명한 공식적인 실험 목표는 이렇습니다.

심리학자들은 사람들이 다양한 형태의 내용을 어떻게 학습하는지를 설명

하기 위해 여러 가지 이론을 개발했습니다. (…) 그중 한 가지 이론은 실수

할 때마다 처벌을 하는 것이 올바른 학습에 도움이 된다는 것입니다. 이러

한 이론의 한 가지 흔한 적용은 아이들이 어떤 잘못을 저질렀을 때 부모가 체벌을 하는 것입니다.*

이런 설명을 한 후 실험 진행자는 피실험자가 기억력 향상을 위해 처벌을 담당하는 '교사'라는 역할/자리와 '학습자'라는 자리는 랜덤 추첨 방식에 의해 배당될 것이라고 알려주지요. 그리고 제비를 뽑게 합니다. 밀그램 실험에는 하나의 트릭이 숨어 있었는데요, 모든 피실험자가 '교사' 역할을 담당하도록 설계되었다는 것입니다. 피실험자는 자신에게 배당된 '교사'라는 자리가 우연에 의해 결정된 것으로 알고 있지만 실험 설계자는 참가자가 뽑는 제비에 '교사'만 써놓았습니다.

'교사'라는 자리를 맡게 된 피실험자가 실험실에 들어갑니다. 실험실에는 세 명이 앉게 됩니다. '교사' 역할을 맡은 피실험자 이외에 전체 실험을 관장하는 실험 진행자가 있고, '학생' 역할을 하는 사람이 있습니다. '학생' 역할은 미리 잘 훈련된 연기자가 맡았습니다. 하지만 피실험자는 '학생' 역할을 맡은 사람이 자신처럼 피실험자인데 제비뽑기로 '학생' 역할을 맡았다고 오인하고 있습니다.

교사 역할을 맡은 사람은 암기력 테스트를 위한 문제를 학생에게

• 스탠리 밀그램, 『권위에 대한 복종』, 45쪽.

제시합니다. 만약 학생이 오답을 말하면 교사는 암기력 향상을 위해 학생에게 전기 충격을 주어 처벌합니다. 교사 역할을 맡은 사람들은 전기 충격에 대한 감을 얻기 위해 실험이 시작되기 전에 전기 충격을 실제로 체험합니다.

실험 진행자는 '학생' 역할을 하는 참가자의 손목에 전극을 붙이고 피부에 전극봉을 붙일 것이며, 학생이 단어를 암기하지 못하고 실수할 때마다 교사는 전기 충격기 스위치를 눌러 학생에게 충격을 준다고 설명합니다. 교사가 조작하는 전기 충격기는 15볼트부터 시작하여 450볼트까지 매 단계마다 15볼트씩 전기 충격이 증가하도록 설계되어 있고, 전기 충격기에는 각 단계를 선택할 수 있는 30개의 스위치가 부착되어 있습니다. 심각한 충격을 주는 마지막 두 개 스위치에는 불길하게 보이도록 XXX라는 라벨을 붙였습니다.

교사는 자신이 전기 충격기를 조작하면 전기 충격이 '학생'에게 전달된다고 알고 있지만 사실은 '학생'에게는 전기 충격이 전달되지 않습니다. '학생'은 잘 훈련된 연기자였기에 교사가 보다 높은 전기 자극을 선택하면 전기 자극을 받은 것처럼 연기합니다. 전기 충격의 강도가 높아질수록 연기하는 학생은 더 심하게 몸을 비틀고 고통스러운 소리를 냅니다. 실험 진행자는 학생이 문제를 틀리면 '교사'에게 이렇게 명령을 내립니다. "계속하세요. 실험을 위해 계속

해야 합니다. 반드시 계속해야 합니다. 당신은 어떤 선택권도 없습니다. 계속해야만 합니다."

실험이 시작됐습니다. 처음에 전기 자극을 줄 때는 전기 자극의 정도가 굉장히 낮기 때문에 연기를 하는 배우가 살짝 놀라는 정도의 반응을 보입니다. 그런데 교사 역할을 맡은 사람이 선택해야 하는 전기 자극의 강도는 점점 높아집니다. 처음에는 그 정도 자극은 그냥 찌릿하는 정도여서 깊이 고려하지 않고 선택할 수 있었지만, 강도가 높아질수록 학생 역할을 맡은 배우는 사색이 되어가고 전기 충격으로 인한 고통 때문인지 몸을 부르르 떨며 비명을 지르는 연기를 합니다.

어떤 실험 참가자는 전기 충격을 받은 학생이 몸을 비비 틀면서 소리 지르는 모습을 더 이상 볼 수 없어 실험 진행을 거부하려 합니다. 학생 역할을 하는 사람에게 더 강한 전기 충격을 가할 수 없다는 것이지요. 실험을 관장하는 사람은 '교사' 역할을 하는 사람이 처벌을 망설이면 "당신은 실험을 계속해야 합니다. 다른 선택이 없습니다"라는 말을 반복합니다. 교사가 학생 역할을 맡고 있는 사람에게 건강상의 문제가 발생하면 책임은 누가 지는지 따져 물으면, 실험 진행자는 그 책임은 자신에게 있으니 걱정하지 말라고 교사 역할을 맡은 사람을 안심시키며 "당신은 실험을 계속해야 합니다"라고 말합니다.

밀그램의 실험 결과는 충격적이었습니다. 교사 역할로 실험에 참가한 40명 중 26명이 전기 충격의 최종 단계 단추까지 눌렀습니다. 40명 중 26명이 학생에게 최대 강도의 전기 충격을 주어야만 하는 '자리'를 박차고 일어서지 않고, 상황의 압력에 굴복한 것입니다. 그들은 그 자리에서 수행해야 하는 일의 비인간성을 문제 삼지 않았습니다. 상당수의 사람은 자신이 버튼을 누르면 상대방이 기절할 정도로 강한 전기 자극을 받는다는 것을 알고 있음에도 그 자리를 맡은 사람에게 요구되는 임무를 수행한 것입니다. 실험 진행자가 전기 자극을 높여야 한다는 상황 압력을 거부하려는 사람에게 불복종 경로를 허용하지 않았다 하더라도, 사람들은 그 자리가 요구하는 압력을 피하기는커녕 적극적으로 수용했습니다. 폭력적인 성향이 없는 아주 평범한 사람도 상황 압력에 굴복하면 잔인한 일을 아무렇지도 않게 할 수 있음을 이 실험이 증명한 것입니다.

인간의 잔인성은 어디에서 기인하는 것일까요? 인간이라면 차마 할 수 없는 일을 아무렇지도 않게 하는 사람은 개인적 특이성 때문에 그럴 수 있을까요? 물론 예외적으로 야만적인 행동을 한 개인의 특이한 성향에서 비롯된 것이라고 해석할 수도 있겠습니다만, 밀그램 실험은 평범한 사람도 어떤 자리를 맡느냐에 따라 예상하지 못했던 일을 할 수도 있음을 보여줍니다. 사회학자 지그문트 바우만(Zygmunt Bauman, 1925~2017)의 해석처럼 "잔인성은 수행자의 인격의 특성이나 다른 개인적 특이성보다도 훨씬 더 특정한 유형의 사회적 상호작용과 긴밀한 상관관계"[*]에 있는 것이지요.

밀그램 실험은 비인간성은 개인의 특이 성향이 아니라 비인간적 행동을 하도록 압력을 행사하는 '자리'라는 사회관계의 문제임을 보여줍니다. 이 실험은 "자리가 사람을 만든다"라는 속담으로 생활 세계의 사람이 파악한 비정한 사례를 과학의 언어로 증명한 것이라고 볼 수 있습니다. 밀그램 실험은 실험실에서 벌어진 것이니 설명력이 다소 떨어지는 게 아니냐고 생각할 수도 있을 것 같아서 이번에는 "자리가 사람을 만든" 역사적 사례를 살펴보도록 하겠습니다.

제2차 세계대전 동안 나치 독일 치하에서 수백만 명의 유대인들이 희생됐습니다. 그들은 어느 날 유대인이라는 단 하나의 이유만으로 수용소로 끌려갔고, 수용소에서도 오로지 유대인이라는 단 하나의 이유로 가스실에서 죽임을 당했습니다. 유대인 학살, 즉 홀로코스트를 설명하는 가장 쉬운 방법은 히틀러의 광기를 문제 삼는

• 지그문트 바우만, 『현대성과 홀로코스트』, 정일준 옮김, 새물결, 2013, 279쪽.

이스라엘 예루살렘에서 열린 재판에서 증언하는 아이히만.

것이지요. 물론 히틀러의 비정상적 성향이 홀로코스트와 무관하다고 할 수 없겠으나 홀로코스트를 히틀러의 정신 착란으로 환원하여 설명할 수도 없습니다. 히틀러 혼자 수백만 명의 유대인을 다 체포했을까요? 히틀러 단독으로 수백만 명의 유대인들을 수용소로 옮겼을까요? 그렇지 않죠. 하나의 시스템에 의해 이뤄진 일입니다. 그리고 그 시스템은 수많은 역할을 요구하는 체계화된 '자리'의 집합체라 할 수 있습니다.

시몬 비젠탈(Simon Wiesenthal)은 유대인 수용소에 갇혔던 유대인입니다. 그는 살아남았습니다. 생존자 비젠탈은 유대인 수용소에서 일어난 일을 증언할 수 있는 몇 안 되는 사람 중 한 명입니다. 전쟁 동안 89명의 일가친척을 잃은 그는 전쟁이 끝난 후 미국전쟁범죄조사위원회(American Commission for War Crimes)에서 활동하면서 1946년 다른 생존자들과 함께 유대역사기록센터(Jewish Historical Documentation Center)를 설립해 운영하며 숨어 있는 나치 범죄자를 찾아내 법의 심판을 받게 했습니다. 비젠탈은 유대인 절멸 작전의 실무 책임자로 패전 후 남미로 도주해 숨어 살던 아돌프 아이히만(Otto Adolf Eichmann)도 찾아내 법정에 세웠습니다.

만약 아이히만이 당시에 맡았던 실무를 거부했다면, 아이히만과 같은 자리를 차지하고 있던 수많은 사람이 홀로코스트를 거부했다면 수백만 명의 유대인이 희생되는 일은 일어나지 않았을 수도 있었습니다. 밀그램의 실험에서 밝혀진 것처럼, 아이히만은 그 자리에 있는 사람에게 할당된 임무를 죄의식을 느끼지 않고 수행했습니다. 재판을 받으면서도 아이히만은 줄곧 "아무것도 몰랐다"고 주장했습니다. 자신은 그저 해야 할 일을 했을 뿐이며, 유대인 살해와 관계되어 있는지 몰랐다는 주장을 반복했습니다.

재판에 회부된 아이히만은 악마와 같은 얼굴을 하고 있지 않았습니다. 아이히만은 지극히 평범하게 생긴 사람이었습니다. 이 재판을 참관했던 한나 아렌트(Hannah Arendt, 1906~1975)는 아이히만을 보고 "악의 평범성"이라는 유명한 명제를 생각해내기도 했지요.* 아이히만을 체포해 법정에 세우는 데 결정적 역할을 한 시몬 비젠탈

• 한나 아렌트, 『예루살렘의 아이히만』, 김선욱 옮김, 한길사, 2006.

자신이 수용소에서 만났던 사람들의 평범성에 대해 언급했습니다. 그는 증언합니다. 그를 유대인 수용소에 가뒀던 개개인은 살인 충동에 빠져 있는 사이코패스가 아니었다고요. 시몬 비젠탈은 자신의 수용소 경험을 토대로 책을 썼습니다. 이 책에 나오는 내용 중 일부분을 읽어보겠습니다.

나는 많은 나치 살인자들의 생애를 매우 자세히 알고 있다. 그들 중에서 그야말로 타고난 살인자라 할 수 있는 사람은 극히 일부에 지나지 않았다. 나머지는 대부분 농부, 노동자, 점원, 관리 등 우리가 일상생활에서 흔히 볼 수 있는 평범한 사람들이었다. 또한 그들은 모두 어린 시절에 기독교 교육을 받았고 이전까지 아무런 전과 기록도 없었다. 하지만 그들은 훗날 살인자, 그것도 확고한 신념을 지닌 전문적인 살인자가 되었다. 민간인 복장을 벗어 던지고 SS의 제복을 입는 순간 내면의 양심조차 뒤바뀌어버린 것처럼 말이다.*

아이히만이 법정에 출두했을 때 많은 사람들은 그가 저지른 일보다도 아이히만의 생김새 때문에 놀랐습니다. 그가 한 일의 야만성을 생각해보면 아이히만은 범죄자 같은 얼굴을 하고 있으리라 추

• 시몬 비젠탈, 『모든 용서는 아름다운가』, 박중서 옮김, 뜨인돌, 2019, 155쪽.

측했는데, 그는 길거리에서 마주친다 하더라도 그의 위험성을 파악하지 못한 채 그냥 지나칠 정도로 지극히 평범한 외모였거든요. 악마의 모습을 하고 있지 않았던 그들이, 지극히 평범한 과거를 지닌 그들이 어쩌다 후에 "확고한 신념을 가진 전문적인 살인자"가 되었던 것일까요? 비젠탈은 그 질문에 대한 답을 우리에게 넌지시 알려줍니다. 그들이 "민간인 복장을 벗어 던지고 SS(Schutzstaffel, 나치 친위대)의 제복을 입는 순간", "내면의 양심"이 바뀌었다는 것이죠. SS의 제복은 SS의 '자리'를 의미합니다. 시몬 비젠탈은 "자리가 사람을 만든다"라는 것이 얼마나 끔찍한 결말을 가져다줄 수 있는지 증언하는 셈입니다.

홀로코스트는 미치광이 폭도가 벌인 일이 아닙니다. 홀로코스트는 규칙을 준수(밀그램 실험 참가자처럼)하는 평범한 사람들에 의해 이뤄졌습니다. '제복'을 벗고 일상의 개인의 자리로 돌아가면 그들은 악마가 아니었습니다. 그들은 아내를 사랑하고 자식을 귀여워하고 친구를 위로할 줄 아는 인간이었습니다. 그러던 그들이 '제복'을 입으면 "수많은 다른 사람들을 총으로 쏘거나 가스실로 보내 죽이고 또 그렇게 하는 것을 지휘"*하는 사람이 되었습니다. 홀로코스트는 매우 체계적으로 이뤄졌고, 홀로코스트의 체계는 수많은 평범한

• 지그문트 바우만, 『현대성과 홀로코스트』, 257쪽.

사람들이 차지한 자리의 연속으로 이뤄졌습니다. 각 자리를 차지한 사람들은 정상적이고 평범했으며 그들의 일상은 평온했습니다. 비록 그 자리의 체계는 야만적이고 흉폭했고, 인간이 취할 수 있는 야만성의 극한을 보여주었지만요.

───

어떤 개인도 자신만의 의지와 선택으로 구성된 삶을 살 수 없습니다. 사회적 상호 연관성으로부터 완벽하게 무관한 독자적인 개인은 실제로는 존재하지 않는 환상에 불과합니다. 사회라는 맥락을 초월할 수 있는 사람은 없습니다. 영웅과 천재조차도 한 시대의 산물입니다. 만약 독립된 개인이라는 의미가 타인에게 의존하지 않으려는 의지의 표현이라면 독립된 개인이라는 표현은 성립될 수 있지만, 사회적 맥락을 초월한 개인이라는 뜻으로 독립된 개인이라는 표현을 사용한다면 저는 그 주장을 받아들일 수 없습니다.
만약 여러분이 자신을 설명하려 한다면, 여러분은 자신을 어떻게 설명할 수 있을까요? 여러분이 자신을 설명할 때 오로지 여러분만의 것, 그러니까 다른 말로 표현하자면 우리가 보통 '내면'이라고 부르는 것만으로 설명할 수 있을까요? 당신의 내면에 불안이 있습니다. 어라! 분노도 보이네요. 물론 충실한 마음도 보입니다만 억울한 심정도 엿보입니다. 당신의 마음속에 왜 불안과 분노가 만족 곁에 도사리고 있을까요? 당신이 품고 있는 불안한 감정은 혹시 주변 사람에 대한 불신으로부터 생겨나지 않았나요? 당신 마음속의 분노는 여러분이 자신에 만족하지 않아서가 아니라 '술 권하는 사회' 때문은 아닌가요?

사과가 썩었습니다. 썩은 사과는 썩은 사과 상자 안에 들어 있습니다. 이 현상을 어떻게 해석해야 할까요? 해석할 수 있는 방법은 두 가지입니다. 첫 번째, 개인에 주목하는 거죠. 원래 어떤 상자에 썩은 사과가 있었고, 썩은 사과가 상자 안에 있는 다른 사과를 썩게 만들었고 급기야 상자마저 썩게 만들었다. 이것이 가능한 첫 번째 해석입니다. 다른 해석도 가능합니다. 본래 상자 안에 있는 사과는 모두 멀쩡했는데, 단지 사과 상자만 썩어 있었다는 두 번째 해석도 배제할 수 없습니다.

썩은 사과 상자 안에 썩지 않은 사과가 있었는데 세월이 흐르면서 상자가 썩었기 때문에 상하지 않았던 사과도 결국에는 상자로 인해 썩게 된 거죠. 그럼 "자리가 사람을 만든다"라는 속담을 썩은 사과 상자와 썩은 사과 이야기에 대입해보겠습니다.

가끔 우리는 사회에서 정말 악마 같은 사람을 만나게 됩니다. "인간이 어떻게 저럴 수 있을까?" "저건 인간이 아니야. 악마야." "어떻게 저런 사람을 살려둘 수 있어?" 이런 이야기를 하면서 우리는 쉽게 썩은 사과에 모든 책임을 돌릴 수도 있습니다.

물론 악마 같은 사람이 있을 수도 있지요. 그런데 우리가 잊지 말아야 할 것, 바로 "자리가 사람을 만든다"라는 속담에서도 이야기하고 있는 것처럼, 썩은 상자라는 자리에 놓이면 멀쩡하던 사과도 썩을 수밖에 없습니다. 그렇다면 사과가 썩지 않도록 하기 위해서 필요한 것은 무엇일까요? 썩은 사과만 탓할 것이 아니라 썩은 사과가 들어 있는 자리도 살펴봐야겠지요.

혹시 우리가 살고 있는 사회는 썩은 상자가 아닐지 의심해야 합니다. 만약 우리가 살고 있는 사회가 썩은 상자라면, 그리고 우리가 그 상자 안의 사과라면, 벌레 한 마리도 죽이지 못하고 법 없이도 살 것 같은 사람이 맡은 자리가 밀그램의 실험실과 같은 상황이라면, 아이히만을 만들어낸 홀로코스트의 체계를 이루고 있는 자리 중 하나라면, 그 사람 역시 상자처럼 썩어들어가겠지요. 좋은 사회는 상자 자체가 혹시 썩지 않았는지를 늘 자기 점검하는 사회이겠지요.

썩은 사과를 찾아내 그 사과를 비난하기는 쉽습니다. 그러나 그 사과만 도려내면 썩은 사과는 더 이상 생겨나지 않을까요? 만약 상자가 썩지 않았다면 썩은 사과만 도려내도 됩니다. 그런데 상자가 썩지 않았다고 단언할 수 없다면 썩은 사과만 도려내서는 한계가 있겠지요. 오늘 우리가 살펴본 속담처럼 자리가 사람을 만드는 것이

니까요. 자리가 썩어 있다면 부패한 사람을 그 자리에서 몰아낸다
하더라도 그 자리를 이어받은 다음 사람 역시 언젠가는 전임자의
한계를 벗어나지 못할 것입니다. 이렇게 해석해보니 "자리가 사람
을 만든다"는 매우 오싹한 진실을 표현하는 속담이네요.

서울 가서 눈 감으면 코 베어 간다

03

전차가 커브를 돌자 나무와 집들이 그 사이로 들어왔다. 생동하는 거리들이 모습을 드러냈다. 호반 거리, 사람들이 타고 내렸다. 그때 그의 내면에서 뭔가가 깜짝 놀라 소리쳤다. '조심조심, 이제 시작이야.' 코끝이 얼얼하고 뺨 위로 뭔가 휙 스쳐 지나갔다. (…) 혼잡한 군중. 왜 이리 복잡할까. 저 움직이는 모습들이 다 뭐야. 내 머릿속은 지방분이 하나도 없고 다 말라버린 것 같군.•

━━━━━

서울에서 태어나 서울에서 자란 분은 느끼시지 못할 수도 있지만, 서울이 고향이 아닌 분은 서울이라는 대도시에 처음 발을 디뎠을 때 받았던 충격을 다들 기억하실 겁니다. 저는 중학교부터는 서울에서 학교를 다녔지만 어린 시절은 시골에서 보냈습니다. 시골에서 초등학교를 다니다 중학교 2학년 때 서울로 전학을 갔습니다. 서울은 모든 것이 달랐습니다. 제가 살았던 동네는 자동차의 통행량이 그다지 많지 않았어요. 동네에 있는 길은 인도와 차도의 구별이 없었고요, 도로가 교차되는 삼거리에도 신호등이 설치되어 있지 않았습니다.

• 알프레드 되블린, 『베를린 알렉산더 광장』, 권혁준 옮김, 을유문화사, 2012, 14쪽.

새 학교로 처음 등교하던 날이 생각납니다. 서울의 찻길은 너무 넓었어요. 제가 자란 시골에서는 볼 수 없었던 노란색 중앙선이 도로에 그어져 있었고 도로가 어느 방향을 향하는지 목적지도 바닥에 글씨로 쓰여 있었지요. 도로 표지판은 왜 그리 많은지요. 길이 넓어서 그런지 차들은 빠른 속도로 달렸습니다. 길을 건너야 했는데, 제게 익숙한 길 건너기와 달랐습니다. 시골에서는 길을 건널 때 몇 발짝만 옮기면 건너편에 도착했지만, 서울에서는 길을 건너려면 꽤나 걸어야 할 정도로 도로의 폭이 넓었습니다. 신호등의 신호에 따라 건널지 말지를 결정해야 한다는 규칙도 낯설기만 했고요. 저는 대도시가 보행자에게 요구하는 새로운 기술을 하나씩 배워야 했습니다.

학교 분위기도 많이 달랐습니다. 아이들 말투가 제가 자란 시골 학교의 아이들과 뭔가 달랐습니다. 말의 속도는 매우 빨랐고 살짝 냉정한 어투였죠. 저는 경기도에서 자랐기에 제가 느낀 언어의 이질감은 표준어와 지역 언어 사이의 차이는 아니었습니다. 억양이 문제가 아니라 말을 하는 방식, 즉 말본새의 차이였어요.

제가 자랐던 시골 학교에서는 누군가 전학을 오면 전학생은 곧 학교 전체의 화젯거리가 되었습니다. 심지어 학교뿐만 아니라 동네 사람들도 며칠 전부터 전학생을 궁금해하며 수군거렸지요.

전학생이 오면 선생님들이 나서서 전학생이 학교에 잘 적응하도록 세심하게 돌봐줬기 때문에 저도 전학을 가면 그런 대접을 받을 줄 알았습니다. 담임 선생님이 제 소개를 자세히 해주시리라 기대했는데 "오늘부터 이 반에서 같이 공부하게 된 노명우라고 해"라는 단 한 문장이 전부였습니다. 실망스러웠지만 어쩔 수 없이 담임 선생님이 알려주신 자리에 가서 앉았습니다. 그래도 살짝 기대를 했죠. 쉬는 시간이 되면 아이들이 제게 와서 호기심 어린 눈빛으로 "너 어디서 전학 왔니?" "집은 어디니?"라고 물어보리라 예상했는데 누구 하나 제게 아무것도 묻지 않았어요. 단어로만 알고 있던 '서울 깍쟁이'라는 게 이런 거구나. 이래서 사람들이 서울 사람들을 깍쟁이라고 부르기 시작했구나 하는 생각이 절로 들었지요.

서울 깍쟁이는 아주 오래전부터 있었던 것 같습니다. 박완서 선생님도 어린 시절 서울로 전학을 와서 서울 아이들을 처음 겪고 느꼈던 특이함을 한 수필에서 이렇게 쓰셨어요.

나는 두메에서 읍이나 면 소재지도 못 나와보고 여덟 살까지 자랐다. 그러다가 어느 날 갑자기 서울로 끌려와 국민학교에 입학했다. 그때 본 서울 애들이 너무나 똑똑하고 예뻐 보여 내가 위축되던 기억은 지금도 생생하다. 그런 애들하고 나하고 친구가 될 것 같지가 않았다.*

• 박완서, 『꼴찌에게 보내는 갈채』, 세계사, 2002, 267쪽.

나중에 알게 되었는데 아이들이 보여준 '서울 각쟁이' 같은 모습은 아이들이 특별하게 못됐거나 불친절해서 그런 게 아니었어요. 제가 다니던 시골 학교에서 전학은 어쩌다 한 번 있을까 말까 한 드문 사건이었는데 서울 학교에는 전학 가고 전학 오는 일이 흔했어요. 그러니까 '전학생' 노명우는 '희소성'이 없는, 1년에도 수차례 등장하는 전학생 중 하나였던 겁니다. 희소성이 없기에 전학 간 학교의 아이들은 저와 사회적 상호작용할 필요성을 강력하게 느끼지 못했던 것이지요. 상호작용은 무엇을 서로 교환하는 것입니다. 교환하려면 자신이 가지고 있는 무엇인가를 상대방에게 내주어야 합니다. 일종의 '희생'이지요. 아이들은 생각했겠지요, 그리고 판단 내렸을 것입니다. 저는 희귀한 존재가 아니므로 시간을 희생하면서까지 상호작용을 하는 데 에너지를 쓸 필요가 없다고 말입니다.

"서울 가서 눈 감으면 코 베어 간다"라는 속담은 서울 사람은 뭔가 다름을 극단적으로 표현한 거죠. 서울 사람이 다 무시무시하게 칼을 들고 다니며 낯선 사람이 등장하면 그 사람의 코를 실제로 베어 가는 칼부림을 한다는 뜻이 아니라, 이 속담이 표현하려 했던 건 "서울 사람은 다르다" "서울은 뭔가 다르다" "서울 사람은 특이하다"는 것이었을 겁니다. 왜 서울과 그곳에 사는 사람은 다른 지역에서는 볼 수 없는 특이점을 지니게 되었는지를 본격적으로 분석해보기 전에 인간의 변화하지 않은 속성, 즉 인간의 본질에 대해 먼

저 이야기해볼까 합니다. 그런 다음에 다시 서울 깍쟁이 이야기를
이어가볼까요?

―――――

호모 사피엔스(Homo sapience)인 우리는 사람속(Homo)에 속한 종(種)
중에서 유일하게 살아남았습니다. 호모 사피엔스, 즉 현생 인류는
대략 지금으로부터 30만 년 전에서 35만 년 전 사이에 지구에 나타
났다고 추론됩니다. 30만여 년 전에 살았던 우리의 공통 조상도 호
모 사피엔스이고, 21세기를 살고 있는 우리 또한 호모 사피엔스입
니다. 30만 년 전의 우리 조상과 현재의 우리 사이에 유사점이 있
을까요? 만약 우리가 유사점을 찾아낼 수 있다면 그것을 인간의 변
하지 않는 특징, 즉 본질이라 명명할 수 있을 것입니다.

그 가능성을 찾아 우리는 먼저 현재까지 알려진 호모 사피엔스의
가장 오래된 활동 흔적을 찾아가보도록 하겠습니다. 인간이 문자
로 자신의 활동을 기록하기 시작한 역사 시대 이전의 세계, 즉 선사
시대에 살았던 호모 사피엔스의 흔적을 우리는 어디에서 찾을 수
있을까요?

문자를 사용하기 훨씬 이전에 인간은 그림을 그렸습니다. 이른바
동굴벽화라고 부르는, 문자 사용 이전의 호모 사피엔스가 남긴 흔

찰스 나이트, 〈동굴벽화를 그리는 크로마뇽인〉, 1920.

적은 전 세계 곳곳에서 발견되는데요, 현재의 스페인 북부와 프랑스 남부 프로방스를 통틀어 일컫는 프랑코칸타브리아(Franco-Cantabrian) 지역에서 발견된 알타미라(Altamira) 벽화(3만 6,000년 전으로 추정)와 라스코(Lascaux) 벽화(1만 7,000년 전으로 추정) 그리고 쇼베(Chauvet) 동굴의 벽화(3만 7,000년 전으로 추정)가 유명하지요.

찰스 나이트는 선사 시대를 상상하며 그림을 그리는 화가인데요, 그가 동굴벽화 제작 과정을 상상해서 그린 그림을 함께 살펴볼까요? 찰스 나이트는 동굴벽화 제작 과정을 상상했고 그 장면을 그림으로 옮겨놓았어요. 그림을 그리고 있는 사람은 한 명이네요. 어떤 뛰어난 능력을 갖고 있는 사람이 매머드로 추정되는 동물을 동굴 벽에 그리고 있습니다. 그런데요, 매머드를 그린 이 사람 한 명만으로 동굴벽화가 완성될 수 있었을까요? 불가능했을 겁니다. 왜일까요? 동굴은 어두우니까요. 이 사람이 그림을 그리기 위해서는 이 사람이 그림을 그릴 수 있도록 불을 밝혀주는 누군가가 필요했습니다. 찰스 나이트는 상상도에서 매머드를 그리고 있는 사람 곁에 쭈그리고 앉아 불을 들고 어두운 동굴을 밝혀주는 또 다른 사람을 묘사하고 있습니다. 오른쪽에 두 사람이 있는데요, 그중 한 명은 불을 밝혀주고 있고 다른 한 명은 밑그림을 그리고 있습니다. 동굴 속에는 이렇게 상호 의존적인 호모 사피엔스가 모여 있었던 것입니다.

이것이 호모 사피엔스의 본질입니다. 능력에서는 개인마다 차이가 있을 수 있어도, 아무리 출중한 능력의 소유자도 단독으로는 존재할 수 없기에 개인의 출중한 능력은 다른 호모 사피엔스와의 상호 의존을 통해서만 발휘될 수 있습니다. 호모 사피엔스가 호모 네안데르탈렌시스에 비해 물리적으로 힘이 약했음에도 살아남았던 것도 상호 의존의 불가피함을 깨닫고 협력해왔기 때문입니다.

호모 사피엔스가 얼마나 오랜 기간 동안 상호 의존성을 일종의 윤리로 발전시켰는지를 확인할 수 있는 다른 사례를 하나 보도록 하겠습니다. 인류학자 마거릿 미드(Margaret Mead, 1901~1978)에게 한 학생이 "문명의 첫 증거는 무엇입니까?"라고 물었더니 마거릿 미드는 1만 5,000년 전 인간의 넓적다리뼈라고 답했다고 합니다. 미드가 증거라고 말한 1만 5,000년 전 한 인간의 넓적다리뼈에는 부러졌다가 다시 붙은 흔적이 보입니다. 넓적다리뼈가 다시 붙으려면 최소 6주간이 필요하다고 하지요. 1만 5,000년 전 어떤 사람의 넓적다리뼈가 부러졌습니다. 넓적다리뼈가 부러진 사람은 제대로 움직일 수 없었겠지요. 그런데 이 사람은 살아남았습니다. 이 사람이 6주 동안 혼자 누워 있기만 했다면 굶어 죽었을 것입니다. 그런데 이 사람은 굶어 죽지 않았습니다. 뼈가 붙었고 뼈가 붙은 이후 나중에 죽었습니다. 누군가가 이 사람을 최소한 6주 동안 돌보지 않았다면 불가능했을 일입니다. 인간은 이렇게 서로를 돌보고 협력한 덕분에 비록 물리적 힘은 다른 동물에 비해 형편없이 부족했음에도 불구하고 지구에서 살아남아 현재 지구를 지배하는 생물 종이 되었네요.

상호 의존성은 인간을 현재의 인간으로 만들어준 바탕입니다. 인간의 진보 역시 상호 의존성 능력 때문에 가능했습니다. 만약 인간이 상호 의존하여 한계를 극복하지 않고 홀로 생존 전략을 고수했다면 인간은 현재에 이르지 못하고 멸종되었을 것입니다.

인간의 상호 의존성을 두 가지 형태로 나누어볼 수 있습니다. 첫 번째의 상호 의존성은 기술 수준이 낮기 때문에 어쩔 수 없이 상호 의존해야 하는 경우입니다. 생산력이 현대처럼 발달하지 못했을 때 인간이 행해왔던 상호 의존 형식이 여기에 해당되겠지요. 기중기가 없었기에 무거운 돌을 옮기려면 여러 명의 상호 의존만이 유일한 해법인 경우처럼요.

인간은 아주 오랜 기간 동안 이런 형태의 상호 의존에 따라 살아왔습니다. 공동체의 규모도 아주 작았습니다. 서로가 서로를 잘 아는 아주 작은 규모의 공동체를 유지했고, 수십 킬로미터 떨어진 곳에 다른 공동체가 있어도 공동체끼리 굳이 교류할 필요성을 느끼지 못한 채 살아왔습니다. 자급자족 경제가 주된 살림살이 방법이었던 이 시기, 사람들 사이에는 익명성도 없었고 차이도 없었습니다. 하지만 자연과학 혁명이 일어나고, 증기기관을 발명하고 전기를 발명하고 기계가 발명됨에 따라 인간의 오래된 상호 의존성 형식에 큰 변화가 생겼습니다. 이른바 산업혁명의 시대가 열렸습니다.

산업혁명이 일어나면서 인간의 상호 의존성 형식도 변화합니다. 근대 이전의 사회에서 익명성은 그 개념조차 없었습니다. 서로 누군지 알고 있었습니다. 그리고 상호작용에 참가하는 사람의 수도 제한적이었습니다. 하지만 산업혁명의 결과로 공장은 도시에 밀집되고, 공장이 도시에 있기에 사람들이 도시로 이주하는 이른바 도시화가 함께 일어나지요. 산업화와 도시화가 함께 이뤄지면서 인간 사이의 상호작용 형식에 중대한 변화가 발생합니다.

도시는 사람이 밀집해 있는 곳입니다. 서로가 서로를 모릅니다. 누군지 모르는 사람이 이웃해 있습니다. 사람들의 얼굴 생김이 다른 만큼 사람들의 직업도 다릅니다. 거의 모든 사람이 농부이거나 어부였던 과거의 공동체와는 완전히 달라졌습니다. 사회학자 에밀 뒤르켐(David Émile Durkheim, 1858~1917)은 인간이 상호 의존적임은 변함없는 사실이지만 공동체의 인간이 동질성을 기반으로 상호 의존했다면 현대 사회의 특징은 이질성에 기반을 둔 상호 의존이라고 말하고 그것을 유기적 연대라 했습니다.* 대도시는 뒤르켐이 말한 유기적 연대를 위한 적절한 장소입니다.

서울뿐만 아니라 대도시에 살고 있는 사람은 평균적인 그 나라 사람에 비해 뭔가 다른가 봅니다. 그래서인지 뉴욕에 사는 사람은 자신을 굳이 '뉴요커'라 부르고 파리에 사는 사람은 '파리지앵(Parisien)', '파리지엔(Parisienne)'이라고 부르는데 파리 출신이 아닌 사람에게 이 단어는 거만하고 잘난 척하는, 그래서 인간미가 떨어지는 사람이라는 뉘앙스를 풍긴다고 해요. 프랑스식 서울 깍쟁이에 가까운 느낌이라고 할 수 있겠지요.

---

* 에밀 뒤르켐, 『사회분업론』, 민문홍 옮김, 아카넷, 2012.

"서울 가서 눈 감으면 코 베어 간다"는 속담은 서울 사람의 유별남을 강조하는 표현일 텐데요, 여기서 서울을 다른 단어로 바꾸어볼까요? 서울은 서울이라는 특정 도시를 지칭하는 것일 수도 있지만, 속담에서 이야기하는 서울은 사람들이 아주 많이 몰려 사는 곳, 즉 대도시라는 단어로 대체해도 무방할 겁니다.

프랑스의 사회학자 피에르 부르디외(Pierre Bourdieu, 1930~2002)는 파리가 아니라 프랑스 남서부의 피레네 지방에서 태어났고, 파리의 고등 사범학교에 입학하면서 파리에 왔는데요, 그 역시 저처럼 파리에서 강한 충격을 받았습니다. 그는 파리에 살고 있는 사람의 특이성에 주목하게 되었고, 파리에서 처음 받은 강한 첫인상은 '아비투스(habitus)'라는 개념을 발전시키는 동력이 되었다고 합니다. '아비투스'는 습관 혹은 관행이라는 개념과 연결시켜 생각하면 이해하기 어렵지 않은데요, 오랜 시간에 걸쳐 특정한 위치로부터 형성된 습관화된 생활 방식이 아비투스입니다. 아비투스는 사회 계급에 따라 달라지기도 하고, 사람들이 거주하는 공간의 특성에 따라 달라지기도 합니다.

'서울러(Seouler)'뿐만 아니라 뉴요커, 파리지앵, 파리지엔이 다른 지역 출신 사람으로부터 유별나다는 인상을 받는 이유는 그들 고유의 '아비투스' 때문입니다. 대도시에 살고 있는 사람에게서만 나타나는 독특한 특징, 즉 호모 사피엔스로서의 보편적 특징 말고 대도시에 살면서 만들어진 독특한 특징을 하나씩 찾아보겠습니다.

도시는 이질적인 사람이 모여 사는 곳입니다. 도시가 다양성을 전제로 한다는 점은 이미 아리스토텔레스(Aristoteles, 기원전 384~322) 시대에도 인정되었는데요, 아리스토텔레스는 국가/폴리스를 다룬 책 『정치학』에서 이렇게 말하기도 했습니다.

국가(폴리스)는 본성적으로 하나의 복합체다. 따라서 국가는 복합체에서 점점 더 통일체가 되어갈수록 국가 대신 가정이 되고, 가정 대신 개인이 될 것이다. 가정은 국가보다 더 통일체이고, 개인은 가정보다 더 통일체라고 할 수 있기 때문이다. 따라서 국가를 그런 통일체로 만들 수 있다 하더라도 그렇게 해서는 안 된다. 그럴 경우 국가는 파괴되고 말 것이기 때문이다. 국가는 다수의 사람들뿐만 아니라 여러 종류의 사람들로 구성되어 있다. 서로 같은 사람들로는 국가가 만들어질 수 없기 때문이다.[*]

사회학자 리처드 세넷은, 도시는 다양한 성분의 이주자로 가득 차 있어서 비틀려 있다고 표현하기도 했습니다. 날씬하고 세련된 여성들이 점심 식사를 하는 장소에서 멀리 떨어지지 않은 곳에 지친 청소부가 있는 곳이 도시라는 거죠.[**]

• 아리스토텔레스, 『정치학』, 천병희 옮김, 숲출판사, 2009, 65~66쪽.

공공 영역은 도시의 이질적 요소가 극단적으로 혼재되어 있는 대표적 장소입니다. 대중교통 수단을 예로 들어볼까요? 대도시의 상징 중 하나가 지하철입니다. 지하철이 있느냐 없느냐에 따라 대도시와 중소 도시가 구별될 정도로, 지하철은 대도시가 품고 있는 그 모든 것이 전시되는 공간입니다. 지하철의 좌석은 기차나 버스와 달리 승객이 앉아서 마주 보게 배치되어 있어요. 대도시는 당연히 지리적 범위도 넓어서 지하철 노선의 종점과 종점 사이의 거리가 상당하지요. 어떤 노선은 두 시간 이상 되는 거리를 운행하기도 합니다.

기차의 좌석은 서로 등을 보도록 배치되어 있습니다. 그래서 누군지 모르는 사람이 앞줄에 앉아 있고, 그 사람과 서울에서 부산까지 함께 이동해도 전혀 불편하지 않습니다. 그런데 지하철은 앉으면 서로 얼굴을 마주 보게 되어 있으니, 사실 상당히 불편합니다. 누군지 모르는 사람과 마주 보고 있으니까요. 그런데 대도시 환경에 익숙한 사람은 그 상황을 전혀 불편해하지 않습니다. 그런 상황 속에서 어떻게 행동해야 하는지 이미 삶의 경험을 통해 익혔기 때문입니다.

지하철의 그와 같은 상황에서 가장 예의 바른 행동은 뭘까요? 사람

●● 리처드 세넷, 『짓기와 거주하기』, 김병화 옮김, 김영사, 2020, 11쪽.

을 똑바로 쳐다보는 행동은 예의 바르지 않습니다. 그건 매우 도발적인 행동이 될 수 있습니다. 그래서 우리가 대도시에서 시비가 벌어질 때 "뭘 봐?" "왜 쳐다봐?"라는 말은 한판 붙어보자는 선전 포고와 다름없죠. 대도시에 살고 있는 사람은 공공장소에서 상대방의 눈을 똑바로 쳐다보면 공격적인 행동으로 받아들여진다는 것을 알고 있기에 예의 바르게 행동하기 위해 눈은 앞을 향하고 있지만 앞사람과 눈 마주치기를 피하는 기술을 몸에 익힙니다.

유사한 상황이 엘리베이터 안에서도 벌어집니다. 엘리베이터, 매우 좁은 공간입니다. 좁은 공간에 누군지 모르는 사람과 함께 있으면 매우 불편합니다. 엘리베이터에서 어떻게 행동해야 예의 바른 사람이라는 인상을 같은 엘리베이터에 있는 익명의 타인에게 전달할 수 있을까요? 만약 여러분이 친절한 인상을 주려고 같은 엘리베이터 안에 있는 사람에게 "안녕하세요! 오늘 날씨가 참 좋네요!"라고 말을 건네면 상대방이 기뻐할까요? 아니면 당황할까요? 후자일 가능성이 매우 높습니다.

엘리베이터에서는 서로 아는 척하지 않는 게 상대방을 편안하게 만들어줍니다. 오히려 아는 척하는 게 상대방을 배려하기는커녕 경계심을 불러일으킬 수도 있음을 도시 생활자는 알고 있죠. 그래서 '일부러' 무관심해집니다. 엘리베이터 안에 있는 사람은 서로 '예의 바르게' 행동하기 위해 타인을 응시하지 않고 서로 마주치지 않기 위해 애써 다른 방향을 쳐다봅니다. 한 사람이 이쪽을 보고 있으면 옆에 있는 사람은 저쪽을 보고, 또 다른 사람은 아래를 보고 또 다른 사람은 위를 보지요. 각자의 시선이 서로 분산되면 서로 모르는 사람과 엘리베이터 안에 몇 분 동안 함께 있어도 전혀 불편하지 않습니다. 이런 독특한 태도를, 베를린에서 태어났고 베를린을 거의 떠나지 않았던, 뼛속까지 메트로폴리스 사회학자인 게오르크 지멜은 '대도시적 무관심'으로 불렀습니다. 저는 이것을 '예의 바른 무관심'으로 바꿔 정의하고 싶습니다.

익명성이 보장되지 않는, 모두가 모두를 알고 있는 전통적인 공동체 생활에 익숙한 사람은 도시적인 '예의 바른 무관심'을 이해하지 못합니다. '예의 바른 무관심'은 외려 정 없는 쌀쌀한 행동처럼 느껴집니다. 모두가 모두를 알고 있는 상황에 익숙한 사람은 누군지 모르는 사람을 어떻게 해서라도 아는 사람의 범주로 넣고 싶어 합니다. 그 사람이 전철을 타고 서울역에서 인천까지 갑니다. 건너편에 누군가 앉아 있는데 그 사람 역시 인천까지 갑니다. 그 둘은 꽤 오랜 기간 동안 서로를 마주 앉아 있을 수밖에 없는 상황입니다. '예의 바른 무관심'을 탑재한 사람은 대도시적 무관심을 끝까지 유지합니다. 건너편에 누가 앉아 있든 개의치 않습니다. 대도시적 무관심에 익숙지 않은 사람은 이 상황이 매우 불편합니다. 어떻게 긴 시간을 같은 공간에 있으면서도 서로 인사도 나누지 않고 아는 척도

하지 않냐며, 세상이 너무 각박하다고 혀를 끌끌 찰 수도 있습니다. 사실 '예의 바른 무관심'을 보이고 있는 건너편 사람은 각박한 인심을 증명하고 있는 게 아니라 "형식적 측면에서 속내 감추기"*를 유지하고 있음을 공동체에서 통용되는 관행에만 익숙해 있는 사람은 모르는 것이지요.

사람들은 대도시에서 출퇴근하기 위해 매일 대중교통을 이용하면서 대도시만의 예법을 익힙니다. "통근은 많은 상이한 기술들을 요구"**합니다. 대도시 생활에 익숙한 사람은 지하철을 타면 큰 소리로 떠들지 않거나, 일행이 있더라도 일행과 수다를 길게 떨어서는 안 된다는 걸 경험을 통해 알고 있습니다. 서로의 몸이 닿지 않도록 하는 기술, 상대방을 똑바로 쳐다보지 않는 기법, 서로 적당한 거리를 유지하는 기술 등등을 도시 생활을 통해 익히지요.

대도시에서 사람들은 무언의 방식으로 무엇인가를 교환합니다. 교환은 "인간의 삶을 구성하는 가장 순수하면서도 동시에 가장 고양된 상호작용"***인데요 대도시에 살고 있는 사람은 상호 '무관심'을 교환합니다. 도시 생활자는 '따로 또 같이' 기술의 달인입니다. 또한

• 게오르크 지멜, 「대도시와 정신적 삶」, 『짐멜의 모더니티 읽기』, 김덕영·윤미애 옮김, 새물결, 2005, 43쪽.
•• 데이비드 비셀, 『통근하는 삶』, 박광형·전희진 옮김, 앨피, 2019, 93쪽.
••• 게오르크 지멜, 『돈의 철학』, 김덕영 옮김, 길, 2013, 71쪽.

도시 생활자는 개입 방어막(involvement shields)의 달인입니다. 개입 방어막이란 서로가 서로를 투명 인간으로 만들어주기 위해 나와 주변 사이의 연결망을 인위적으로 차단하는 기술입니다. 붐비는 지하철에서 사람들이 가장 많이 적용하는 개입 방어막은 이어폰으로 음악을 들으며 공공장소 안에서 자신만의 개인화된 소리-환경을 만들어내는 것이지요. 스마트폰에 코를 박고 있는 것도 썩 괜찮은 개입 방어막 기술입니다.

개입 방어막은 나를 보호하는 수단입니다. 여러분, 집을 나온 후 바깥일을 보고 집으로 돌아가기 전까지 길거리에서 몇 명의 사람과 마주쳤는지를 한번 생각해보세요. 셀 수 없이 많은 사람과 마주쳤습니다. 타인과의 마주침 그 하나하나가 자극이죠. 그런데 만약에요, 길거리에서 스쳐 지나간 한 명 한 명에게 각별히 신경을 쓰면 어떻게 될까요? 한 명 한 명에게 일일이 신경을 쓰면 뇌에 과부하가 걸립니다. 아마 뇌가 터져나갈 겁니다. 그러니까 대도시에 사는 사람은 자기를 지키기 위해 독특한 기술을 익혀야 정신착란에 빠지지 않고 살아갈 수 있습니다.

내 눈으로 들어오는 시각적 정보에 매번 반응하지 않고 그냥 흘려보내는 것도 좋은 방법입니다. 대도시에 사는 사람은 자신도 모르는 사이에 신경 시스템이 적절하게 다룰 수 없을 만큼 과다한 정보 자극이 주어져 시스템 자체가 파괴되는 '정보 과잉'을 피하려 합니다. '대도시적 무관심'은 '정보 과잉'을 피하려는 도시인의 "자기 방어 메커니즘"*인 셈이죠. 요즘은 그런 표현을 잘 안 쓰지만 한때 유행했던 차도남, 차도녀, 도시적 시크함은 '방어 메커니즘'의 다른 표현이라 할 수 있습니다. 대도시적 무관심으로 똘똘 뭉쳐 있는 사람을 대도시에서는 예의 바른 행동일 뿐만 아니라 오히려 더 나아가 멋있는 행동, 즉 시크한 행동이라고 여기는 것이지요.

대도시에 사는 사람은 말투도 다릅니다. 뭔가 따박따박 따지는 느낌이라고나 할까요? 생활 세계에서 우리는 "말로는 당해낼 수 없다"는 표현을 종종 씁니다. '서울 깍쟁이'가 "말로 당해낼 수 없는" 사람의 한 유형이죠. 대도시의 공기가 '서울 깍쟁이'를 변호사처럼 말을 잘하게 만들지는 않았을 테니, 어떤 환경적 조건의 차이가 '서울 깍쟁이'에게 '따박따박' 따지는 듯한 말투를 구사하게 만들었을까요?

30년 이상을 함께 산 부부가 있다고 가정해보지요. 오랜 세월을 함께 보내서 그런지 이 부부는 손발이 척척 맞습니다. 서로 눈짓만으

• 게오르크 지멜, 『짐멜의 모더니티 읽기』, 37쪽.

83

로도 상대방의 의사를 알아챕니다. 이들은 오랜 세월을 함께했기에 공동의 경험이 풍부하고 서로의 속사정과 속내를 미주알고주알 다 알고 있습니다. 무언가를 감추려 해도 감출 수 없는 사이가 되었습니다. 이 부부는 어떤 방식으로 대화할까요? 언어학자 바실 번스타인(Basil Bernstein, 1924~2000)이 가족들 간에 이뤄지는 대화를 분석했더니 가정에서 친근한 사람끼리 사용하는 언어에서는 "단어와 문장이 붕괴되고 단축되며 언어의 음소적 구조마저도 파괴되어 어휘뿐만 아니라 개개의 음절도 점차 하나로 녹아"• 든다고 합니다. 예를 들어 가족 사이에는 "그거 있잖아, 내가 좋아하는 그거, 그거 좀 갖다줘" 이런 식으로 말해도 '그거'를 가져다줍니다. 서로 맥락을 공유하고 있기 때문이지요. 대도시 환경이 아닌 공동체 환경에 놓여 있는 사람들도 이런 말 습관을 지닌다고 합니다. 단순한 사회, 동질성이 높은 사람끼리 오랜 기간 동안 교류를 반복한 사회에서는 시시콜콜 정보를 늘어놓지 않아도 서로 어렵지 않게 이해합니다. "대화를 나누는 사람들끼리는 상대방이 고려하는 바와 고려하지 않는 바를 충분히"•• 알고 있기 때문이지요.

대도시 환경은 다릅니다. 내가 마주치는 사람이 살아온 삶의 배경

• 에드워드 홀, 『문화를 넘어서』, 최효선 옮김, 한길사, 2000, 134쪽.
•• 에드워드 홀, 『문화를 넘어서』, 131쪽.

을 알지 못합니다. 같은 직장에서 일한다 해도 서로의 사정과 삶의 맥락을 공유할 필요가 없으니 서로 잘 모르고, 과잉으로 타인의 삶에 대해 알려고 하면 직장 예절에도 어긋나지요. 같은 직장에서 일하지만 서로 구체적인 삶의 맥락을 모르는 채 일해도 사무를 처리하는 데는 전혀 문제가 생기지 않습니다. 오히려 동료의 삶 속으로 치고 들어오면 예의에서 어긋난, 들이대는 행동입니다.

에드워드 홀(Edward Hall)은 번스타인의 연구를 바탕으로 의사소통의 종류를 '맥락' 공유의 폭과 깊이에 따라 고맥락과 저맥락으로 구별했는데요, 30년을 같이 산 부부, 쌍둥이, 서로의 사정을 잘 알고 있는 공동체에 속한 경우가 고맥락의 사례입니다. 반면 서로 공유하는 맥락이 적으면 저맥락이지요. 전통 사회 그리고 공동체적 관계가 지배적인 집단에서는 조정해야 하는 갈등이 생겼을 때 명문화된 규칙이 없어도 서로를 배려하거나 혹은 체면 차리기 등을 통해 조정하는 게 가능합니다. 대도시에 살고 있는 사람은 이런 방식으로 문제를 해결할 수 없습니다. 에드워드 홀의 이야기를 잠시 들어볼까요?

인간의 모든 교제(상호작용)는 맥락도에 따라 구분할 수 있다. 맥락도가 높은 교제의 특징은 수신자와 그 배경에 정보가 이미 프로그램되어 있고 전달된 메시지에는 최소한의 정보밖에 없다는 점이다. 맥락도가 낮은 교제는 그와 정반대이다. 맥락(내재적 및 외재적)에서 누락된 부분을 보충하기 위해서는 전달된 메시지에 대부분의 정보를 집어넣을 수밖에 없다.*

아! 그렇군요. 대도시에 살면 우리는 서로 맥락을 공유하지 못한 채 상호작용을 해야 하고, 별수 없이 맥락상 설명되지 않는 것을 보완하기 위해 전달하는 메시지에 정보를 촘촘하게 넣을 수밖에 없는 것이군요. 그래서 대도시에 사는 사람은 뭔가 '따박따박', '조목조목' 메시지를 일러주거나 확인하는 습관이 있고, 그래서 그들의 말투가 '서울 깍쟁이'처럼 느껴지는군요.

쌀쌀맞다고 느끼게 만드는 대도시 사람만의 또 다른 특징이 있습니다. 대도시 사람은 늘 '거리'를 유지하려 합니다. 처음 보는 사람이 '훅 치고 들어오는 것'을 아주 싫어하지요. 대도시는 사람이 밀집되어 있는 곳입니다. 대도시에서 예의 바른 사람이 되기 위해서는 사람과 사람 사이의 거리가 갖고 있는 성격을 잘 파악하고 적절하게 행동해야 합니다. 에드워드 홀은 인간의 공간 사용법을 프록세믹스(proxemics)라고 불렀는데요, 대도시에 살고 있는 인간의 공간 사용법을 알아볼까요? 에드워드 홀은 사람 사이의 거리를 네 가지 유형으로 분류했습니다.

• 에드워드 홀, 『문화를 넘어서』, 146쪽.

첫 번째는 밀접한 거리입니다. 대략 15.24~45.72센티미터에 해당하는 거리인데요, 냄새, 체온, 숨소리까지 느낄 수 있는 거리입니다. 이 거리를 유지하고 있어도 편안한 사람은 누구일까요? '밀접한 거리'는 친밀한 관계에서만 가능하지요. 사랑하는 사이는 서로 체온을 느끼고 싶어 합니다. 상대방의 냄새도 싫어하지 않습니다. 사랑하는 사람을 안았을 때 느껴지는 심장의 박동 소리, 그거 아시죠? '밀접한 거리'는 친밀한 사람, 서로 사랑하는 사람 사이에서만 편안함을 느낄 수 있는 거리입니다. 누군지 모르는 사람이 이 거리로 '치고 들어오면' 여러분은 어떠신가요? 그것처럼 불쾌한 경험이 없을 것입니다. 만원 지하철이나 버스에서 느끼는 불편함은 누군지 모르는 사람인데 나와 '밀접한 거리'에 치고 들어왔기 때문에 생깁니다.

누군지 모르는 사람인데, 사랑하는 사람도 아닌데 옆 사람의 냄새가 느껴지고 그 사람의 체온이 느껴지고 그 사람의 숨소리가 느껴진다면 소름 끼치지요. 그 불쾌함을 알고 있는, 대도시에서 오래 산 사람은 자신과 '밀접한 거리'를 유지해도 되는 사이가 아니라면 상대방을 '밀접한 거리'로 몰아넣지 않아요. 그게 예의 바름이니까요.

두 번째 거리는 '밀접한 거리'보다는 조금 먼 '개인적 거리'입니다. 76센티미터에서 1.2미터 정도가 여기에 해당됩니다. 이 거리를 유지하면 냄새도 체온도 느껴지지 않지만 상대방의 얼굴은 자세히 들여다볼 수 있습니다. 보통 우리가 친구 사이 그리고 지인과 두는 거리입니다. 친구와 애인의 차이가 그런 거잖아요. 친구하고는 스킨십을 안 합니다. 친구하고는 개인적 거리를 유지하지요. 그런데 친구와 개인적 거리를 유지하다 그 거리가 붕괴되면 당연히 어색해집니다. 물론 그러다 친구라고만 생각했던 사람이 연인으로 바뀌기도 합니다만.

세 번째 사회적 거리는 개인적 거리보다 조금 더 간격이 유지되는 거리입니다. 1.2미터에서 3.5미터 정도입니다. '사회적 거리'는 연인이 아닌 사이, 친구가 아닌 사이, 즉 회사에서 함께 일하는 동료 사이에서 편안함을 느끼는 거리입니다. 속삭이면 들리지 않는 거리, 하지만 목청 높여 소리쳐 의사소통할 필요가 없는 거리, 상대방의 체온이나 체취를 느낄 수 없고 상대방의 얼굴을 조목조목 살펴볼 수 없는 거리가 바로 '사회적 거리'예요.

마지막으로 3.5미터 이상 거리를 유지하는 '공적인 거리'가 있습니다. 권위를 표현하거나 사람 사이의 위계를 표현하기에 적합한 거리지요. 행사식장에서 VIP와 VIP가 아닌 사람들 사이의 거리를 멀찌감치 띄워놓는 것도 '공적인 거리'를 유지함으로써 VIP의 권위를 표현하기 위해서입니다.

대도시 사람은 공간 활용법, 즉 프로세믹스를 마스터한 달인입니다. 슬기로운 도시 생활은 다름이 아니라 옷을 Time(시간), Place(장소), Occasion(상황)에 따라 적절히 입어야 하는 예법처럼 관계에 적절한 거리를 유지하는 능력입니다. 내가 이 사람과 어떤 관계인지에 따라 어느 정도 거리를 지켜야 하는지를 잘 아는 사람이 도시 사람입니다.

대도시 사람은 자기만의 방식으로 타인에게 '예의'를 지킵니다. 거리를 두는 이유도 상대방을 무시해서가 아니라 적절한 거리를 두어야 오히려 상대방을 편안하게 해줄 수 있다는 판단을 따르는 것이지요. 하지만 대도시 환경에 익숙지 않은 사람에게는 대도시 사람의 예의 바름이 예의 바름으로 느껴지지 않고 까칠하고 차갑게 느껴집니다. "서울 가서 눈 감으면 코 베어 간다"는, 서로의 이런 차이를 반영하고 있는 속담이 아닐까 싶습니다.

대도시의 무관심은 '예의 바른 무관심'이지만 모든 무관심이 긍정적일 수는 없습니다. 대도시적 냉혹함을 표현하는 무관심도 있으니까요. "내 코가 석 자다"라는 표현이 있습니다. 주르륵 흘러내리는 내 콧물이 석 자, 도량법으로 환산하면 90.9센티미터나 된다고 생각해보세요. 다른 사람의 곤란한 상황에 관심을 기울일 겨를이 없겠지요. 내 콧물이 90.9센티미터나 흐르고 있다면 말입니다. 일단 내 코부터 처리해야겠지요? 콧물이 흐르고 있거나 용변이 너무 급해서 다른 사람에게 신경을 쓸 수 없는 경우를 '상황적 회피'라고 합니다. 응급 상황에서 너무 당연한 '상황적 회피' 말고, 응급 상황이 아님에도 불구하고 '상황적 회피'가 하나의 태도이자 삶의 철학으로 굳어버린다면 어떻게 될까요?

길거리에서 어떤 사람이 쓰러졌습니다. 그런데 어느 누구도 선뜻 그 사람을 구하러 나서지 않습니다. 모두가 다 "내 코가 석 자"라고 생각하면 어떤 일이 벌어질까요? 내가 누군가의 도움을 필요로 할 때, 누군가 내가 위험한 상태에 처해 있어서 다른 호모 사피엔스가 그 순간 '대도시적 무관심'을 깨고, 대도시적 무관심이 아니라 호모 사피엔스적 관심을 가지고 저를 구해줘야 하는 상황이 생길 때 모두가 다 "내 코가 석 자다"라고 나 몰라라 하면 정말 큰일이 벌어질 수도 있겠지요.

'대도시적 무관심'이 예의 바른 처신을 위한 방법이라면 모르겠지만, 인간에게 일어난 어떤 일을 마치 물체나 사물에서 일어난 일인 것처럼 반응한다면, 우리가 사는 세상은 어떻게 될까요? '예의 바른 무관심'과 구별되는 나 이외의 다른 사람에게서 일어나는 일에 대한 무관심한 태도, 즉 윤리적 마비 상태를 아디아포라(adiaphora)라고 합니다. 학자들이 '아디아포라'라고 부르는, 입에 잘 달라붙지 않는 외국어로 표현한 것을 생활 세계의 언어로 가장 적절하게 옮기면 "내 알 바 아님"이 되지 않을까 싶네요. UMC/UW의 노래 중에서 〈사람들을 착하게 만들어놓았더니〉에 이런 가사가 등장합니다.

옆동네 반도체 공장에서 일하던 민경이가

백혈병 환자가 되어서 죽어도 아무도 몰랐다

같은 공장 같은 보직의 선영이 지영이도

같은 병으로 차례로 죽어도 아무도 몰랐다

옆집 베트남 출신 새댁이 한국 남편에게

맞다 지쳐 죽어갈 때에도 아무도 몰랐다

집값 떨어지니까 비밀에 부쳐두고자 했던

반상회 회의 내용에 따라서 모르는 척을 해주었다

강제로 퇴거당한 1층 슈퍼의 김씨가

투신자살을 했지만 집주인이 알 바는 아니다.

집값 떨어지니까 비밀에 부쳐두는 게 어떨까

반상회 회의 할 때 말하니 모두가 수긍을 했다

사람들을 착하게 만들어놨더니 (내 알 바 아님!)

사람들을 착하게 만들어놨더니 (내 알 바 아님!)

사람들을 착하게 만들어놨더니 (내 알 바 아님!)

사람들을 착하게 만들어놨더니 (난 상관없음!)

사람들을 착하게 만들어놨더니 (나 걔 모름!)

사람들을 착하게 만들어놨더니 (씨발 내가 죽였음?)

사람들을 착하게 만들어놨더니 (님 오지랖 쩔어!)

사람들을 착하게 만들어놨더니 (꺼지셈)

인간을 인간으로 만들어준 힘은 아디아포라적인 태도가 아니라 인간 상호 의존성에 대한 윤리적 감각이었습니다. 수십만 년 동안 호모 사피엔스가 생존할 수 있었던 비결은 바로 우리는 각자 홀로는 아무것도 아님을 깨달았던 윤리적 감각이지요.

마지막으로 존 던(John Donne)의 시를 같이 읽어볼까 합니다. 그의 시 중에서 「사람은 섬이 아니다」라는 시가 있는데요, 이 시의 한 구절인 "누구를 위하여 종은 울리나"는 헤밍웨이 소설의 제목이 되기도 했지요. 존 던은 인간 상호 의존성의 윤리적 감각에 대한 호소를 시로 멋지게 표현했습니다.

누구든 그 자체로서 온전한 섬은 아니다. 모든 인간은 대륙의 한 조각이며 전체의 일부이다. 만일 흙덩이가 바닷물에 씻겨 내려가면 유럽의 땅은 그만큼 작아진다. (…) 어느 누구의 죽음도 나를 감소시킨다. 왜냐하면 나는 인류 전체 속에 포함되어 있기 때문이다. 그러니 누구를 위하여 종이 울리는지를 알고자 사람을 보내지 말라. 종은 그대를 위해서 울리는 것이니.

아무리 대도시적 예의 바름을 지키기 위해 '대도시적 무관심'을 몸에 탑재한다 하더라도 우리가 결코 잊지 말아야 할 것은 사람과 사람은 연결되어 있다는 점입니다. "눈 감으면 코 베어 가는" 서울에 살아도 거기에 사는 사람 역시 "사람은 섬이 아니다"라는 명제를 피해갈 수 없을 테니까요. 좋은 서울 깍쟁이를 위해서도 울립니다.

발 없는 말이 천 리 간다

04

전화벨과 함께

전화가

데려온 사람들

시간을 보낼 줄 모르는

그들은

멀리에서도

이 전염병을

퍼뜨리지 못해

안달복달이다

전화는 원래

급한 일에만 필요한 것이다.

급한 일이 없는

사람들, 이들은

재앙이다.*

─────

발음은 같은데 뜻은 전혀 다른 동음이의어(同音異義語, homonym)는
모든 언어에 있습니다. 동음이의어는 언어유희를 즐기는 작가에
게는 아주 좋은 재료이지요. 발음의 길고 짧음으로 동음이의어를

구별하는데요, 국어 시험에 장음과 단음으로 동음이의어를 구별하는 문제가 종종 출제되었는데 늘 헷갈려서 자주 틀렸던 기억이 납니다. 사물을 보는 감각기관인 '눈'과 하늘에서 내리는 '눈'은 뜻은 완전히 다른데 우연히 동일한 발음이 나는 단어를 사용합니다. 정확하게 말하려면 하늘에서 내리는 눈은 길게, 즉 장음으로 발음해야 한다고 하죠? 그럼 동물 '말'과 언어라는 뜻의 '말'은 어느 '말'을 길게 발음해야 할까요? 동물 말이라는 의미를 전달하려면 '말'을 짧게 발음해야 한다고 합니다. 구별이 쉽지 않아서인지 국어사전에는 장음으로 발음해야 하는 단어에 별도의 발음 기호 (ː)를 덧붙여 적기도 합니다.

여러분과 함께 사회학으로 풀어보고 싶은 생활 세계의 속담 "발 없는 말이 천 리 간다"의 '말'은 동물 '말'일까요, 아니면 언어 '말ː'일까요? 그렇습니다. 이 속담 속의 '말'은 언어라는 뜻의 '말ː'이지요. 팔이 아닌 몸뚱어리의 '발'도 있고 가리개 '발ː'도 있는데 "발 없는 말"의 '발'은 가리개 '발ː'이 아니라 단음으로 발음하는 팔다리의 '발'이라고 합니다. 그렇다면 정확하게 표기하면 이 속담은 "발 없는 말ː이 천 리 간다"가 되겠네요. '천 리'는 아주 먼 거리라는 뜻으로 사용된 것이니 "발 없는 말ː이 천 리 간다"는 동물 말과 달리 언어 말ː은 다

• 찰스 부코스키, 『망할 놈의 예술을 한답시고』, 황소연 옮김, 민음사, 2019, 26쪽.

리가 없는데도 마치 천리마처럼 천 리까지 말:이 퍼진다고 풀어볼 수 있겠습니다.

인간은 얼굴을 맞대는, 즉 대면을 통해 '말:'을 주고받습니다. '말'에는 시간적·공간적 제약이 있지요. '말'은 흘러갑니다. '말'을 주고받는 그 순간이 지나면 '말'은 사라지지요. '말'을 하는 사람이 세상을 떠나면 더 이상 우리는 그 사람과 '말'을 주고받을 수 없습니다. '말'을 아주 먼 곳에 있는 사람에게 전하려면 그곳까지 직접 가야 합니다. 아주 먼 곳까지 '말'이 전달되려면 시간도 많이 걸리겠지요. '말'을 저장하여 시간적 제약으로부터 벗어나고 공간적 한계도 뛰어넘을 수 있도록 돕는 미디어가 등장하기 이전에 '말'은 천 리는커녕 십 리도 가지 못했습니다. 그런데 인간이 누군가요? 한계에 도전해 한계를 보완할 방법을 찾아내는 게 인간이지요. '말'의 이러한 한계에서 벗어나기 위해 인간은 '문자'를 만들었고, '문자'를 편리하게 담을 수 있는 도구인 '책'을 만들었고, '책'을 대량 생산하기 위해 '인쇄술'을 발명했습니다.

서울 남산 정상에는 남산 봉수대가 있는데요, 1394년 태조가 한양을 수도로 정하고 설치한 것이라고 하지요. 한양을 수도로 정하자마자 남산에 봉수대를 설치한 게 매우 인상적인데요, 그만큼 당시 봉수대는 필수 불가결한, 국가 방위를 위한 국가 기반 시설 중 하나였습니다. 남산의 봉수대는 전국에 설치되어 있는 673개의 봉수대로부터 전해지는 신호가 최종적으로 집결되는 센터였다고 합니다. 봉수대는 연기가 나오는 다섯 개의 굴뚝으로 구성되어 있는데요, 불을 지피거나 연기로 신호를 보내는 굴뚝의 숫자에 따라 서로 다른 의미를 전달했다고 합니다. 평상(평화)시에는 하나, 적이 나타나면 둘, 적이 경계에 접근하면 셋, 적이 침범하면 넷, 적과 아군이 충돌하면 다섯이었다고 합니다. "발 없는 말이 천 리"를 갈 수 있도록 고안해낸 장치입니다.

문자 발명부터 시작된 이른바 '미디어'의 발전은 근대로 접어들며 가속화되었습니다. '말'을 저장할 방법이 없어 문자로 기록했는데 음성 녹음 기술이 생기면서 '말'을 그 자체로 저장해 전달할 수 있게 되었지요. 전화가 발명되어 직접 대면하지 않고도 미디어를 통해 '말'을 주고받을 수 있는 시대가 열렸지만, 그 말을 유선으로만 전달할 수 있는 한계에 부딪히자 '말'을 무선으로 전달할 수 있는 기술에 도전했고 그 결과 모스 부호가 등장했습니다.

1912년 4월 15일 호화 유람선 타이태닉호가 침몰하던 바로 그날, 타이태닉호로부터 650킬로미터나 되는 거리에 있는 캐나다 뉴펀들랜드의 무선 전신국에 'SOS'라는 긴급 메시지가 전달되었다고 합니다. 이 긴급 메시지는 곧 AP 통신의 텔렉스를 통해 뉴욕까지 순식간에 전달되었죠. 20세기 초반의 일입니다.

이제는 누구나 손에 스마트폰을 쥐고 다니는 세상을 살고 있습니다. 스마트폰만 있으면 지구에 있는 누구와도 시간과 공간의 제약 없이 '말'을 주고받을 수 있습니다. "발 없는 말이 천 리 간다"가 판타지적 상상 혹은 과장적 표현이던 시대가 있었다면, 우리가 살고 있는 시대에서 "발 없는 말이 천 리 간다"는 일상적 사실이 되었습니다. 우리는 지금 사회생활의 대전환기, 아니 이미 시작된 새로운 시대에 살고 있습니다. "서울 가서 눈 감으면 코 베어 간다"가 농업 사회에서 산업 사회로의 이행과 그로 인해 공동체가 소멸되고 대도시 기반 이익 사회가 지배적인 사회 유형이 되어가는 19세기에서 20세기의 전환기를 표현하는 속담이라면, "발 없는 말이 천 리 간다"는 사회학자의 관점으로는 21세기 현재를 예견한 속담으로 해석됩니다.

미디어는 수단입니다. 먼 거리에 있는 사람에게 '말'을 직접 전달할 수 없기에 우리는 '전화'라는 미디어를 사용합니다. 그런데 미디어가 늘어나고 타인과의 상호작용이 대면 방식에서 미디어 사용으로 바뀌게 되면서 주객이 전도되는 일이 생깁니다. 즉 '수단'이었던 미디어가 단순한 '수단'임을 뛰어넘어 사회적 상호작용 그 자체에 큰 영향을 주기 시작한 것이지요. 미디어 학자 마셜 매클루언(Herbert Marshall McLuhan, 1911~1980)은 이런 상황을 "미디어가 메시지다"* 라는

• 허버트 마셜 매클루언, 『미디어의 이해』, 김상호 옮김, 커뮤니케이션북스, 2011.

압축적인 문장 하나로 표현했습니다.

워낙 다양한 미디어가 있기에 우리는 타인과의 미디어를 통한 상호작용을 꾀할 때 여러 미디어 중 하나를 선택할 수 있습니다. 물론 미디어를 통하지 않고 직접 사과의 말을 전할 수도 있지만, 사람들은 문자 메시지로, 음성 전화로, 카카오톡과 같은 메신저 프로그램 혹은 SNS의 DM으로 메시지를 전달하는 쪽을 선호합니다. 그런데 동일한 내용도 어떤 미디어를 통해 전달하느냐에 따라 다른 느낌을 받지 않으시나요? 편지는 미디어의 한 종류입니다. 그런데 카카오톡으로 사랑을 고백하는 것과 손 편지를 써서 고백하는 것은 느낌이 서로 다르겠지요? 저는 당연히 손 편지 고백에서 감동을 받습니다. 카카오톡이 아니라 손 편지로 사랑을 고백했다는 것 자체가 손 편지에 담겨 있는 내용을 떠나서 더 중요한 의미를 지니니까요.

━━━

대도시 현상을 묘사할 때 '고독한 군중'이라는 표현이 자주 사용되기도 하는데요, 1948년에 출간되어 엄청난 화제가 되었던 사회학자 데이비드 리스먼(David Riesman, 1909~2002)의 『고독한 군중』이라는 책 제목에서 유래한 표현입니다. 리스먼은 개인의 성격이 아니라 유사한 환경에 놓여 있는 사람에게 공통적으로 나타나는 특징에 관심을 가졌고, 그것을 사회적 성격이라고 표현했습니다. 리스먼은 대도시에 살고 있는 사람이 공유하는 사회적 성격의 특징을 '타인 지향성'이라고 지적했습니다. 타인 지향 사회적 성격은 "뉴욕 같은 현대적 도시에서 더 뚜렷하고, 스포캔 같은 중소 도시보다는 로스앤젤레스 같은 대도시에서 더 뚜렷"*하게 나타난다고 했는데요, 타인 지향 사회적 성격의 사람은 타인으로부터의 '고립'이나 '고독'을 두려워한다는군요. 고립을 피하기 위해 현대인은 늘 타인을 신경 쓰고 타인과 함께 있으려고 합니다.

리스먼의 『고독한 군중』은 우리가 살고 있는 시대를 표현해주는 것 같기도 하지만, 뭔가 설명이 부족하다는 느낌을 떨칠 수가 없는데요, 1960년 판의 머리글에 리스먼은 우리가 받는 그 느낌의 이유를 파악하고 있는 듯한 구절을 썼습니다. "이 책이 최초로 출판되고 난 직후에 텔레비전이 홍수처럼 미국 문화 속에 밀려들었다. 텔레비전이 없었던 시대와 있는 시대의 집단생활이 어떻게 변했는지 그 과정을 밝히는"** 것은 어려운 작업이라고 말하고 있습니다. 리스먼의 책에서 우리가 뭔가 부족하다고 느꼈던 점이 바로 이거였어요. 『고독한 군중』은 "서울 가서 눈 감으면 코 베어" 가는 대도시

---

* 데이비드 리스먼, 『고독한 군중』, 류근일 옮김, 동서문화사, 1977, 79쪽.
** 데이비드 리스먼, 『고독한 군중』, 49쪽.

에드워드 호퍼, 〈밤을 지새우는 사람들〉, 1942.

는 등장했는데 아직은 "발 없는 말이 천 리" 가는 미디어가 본격적으로 등장하기 이전의 경험을 바탕으로 쓰인 책이기 때문입니다.

에드워드 호퍼(Edward Hopper, 1882~1967)는 대도시의 고독을 잘 표현한 화가로 유명합니다. 호퍼의 그림 중에서 아마도 그림을 잘 모르는 분도 본 적이 있을 법한 '밤을 지새우는 사람들(Nighthawks)'이라는 제목의 그림을 함께 볼까요? 도시의 어두운 밤입니다. 심야 시간인지 다른 상점은 모두 문을 닫았고, 상점의 불도 꺼져 있습니다. 어두운 바다의 등대처럼 오직 한 바(bar)에만 불이 환하게 켜져 있네요. 호퍼는 길 건너편에서 유리창을 통해 바 안을 들여다보는 관찰자의 시선으로 이 그림을 그렸습니다. 화가의 시선을 따라 우리도 자연스레 바 안을 관찰하는 사람이 됩니다. 어두운 도시 때문인지 바는 지나치게 밝은 것처럼 느껴집니다. 그런데 그 밝음이 유쾌하고 쾌활한 분위기를 연출하는 게 아니라 오히려 밝아서 더 어두운 느낌을 줍니다. 왼쪽 테이블에 홀로 앉아 술을 마시는 남자의 뒷모습이 보입니다. 그 남자는 잠이 오지 않았나 봐요. 다들 잠자리에 든 심야 시간에 왜 이 남자는 잠들지 못했을까요? 뭔가 각자 사연이 있는 사람들이 고독을 견디지 못하고 외로움을 달래기 위해 바에 하나둘 모입니다. 저는 이 그림을 보고 있으면 리스먼이 『고독한 군중』에서 묘사한 대도시 특유의 사회적 성격이 느껴집니다. 흥미롭게도 호퍼의 이 그림은 1942년에 그려졌습니다. 리스먼의 『고독한 군중』과 동시대의 작품이지요. 『고독한 군중』에서처럼 〈밤을 지새우는 사람들〉은 우리가 살고 있는 당대의 풍경인 듯하면서도 왠지 과거라는 느낌을 떨칠 수가 없는데요, 그건 호퍼의 그림에는 스마트폰만 쳐다보며 주위에 집중하지 않는 스마트폰 좀비, 일명 '스몸비(smombie)'가 보이지 않기 때문일 거예요.

리스먼과 호퍼는 고독한 인간을 당대의 아이콘으로 묘사했는데, 우리가 살고 있는 현대의 아이콘을 뽑으라면 저는 주저하지 않고 스몸비를 들겠습니다. 물론 저 또한 빼놓을 수 없는 스몸비 중 한 명입니다. 우리 시대는 '고독'이 문제가 아니라 스마트폰을 통한 '과잉 연결'이 문제라 할 수 있습니다. 손바닥 크기의 스마트폰, 관습상 우리가 이 미디어를 똑똑한 전화기라고 부르지만 사실 스마트폰은 이 미디어의 성능을 제대로 표현해주지 못합니다. 똑똑한 전화기는 미디어의 복합체이자 미디어 박물관입니다. 이 작은 미디어 안에 지금까지 인간이 발명한 모든 미디어가 들어 있습니다. 스마트폰은 책이자 신문이며 라디오이고, 텔레비전이고 영화관이고, 전화기이며 계산기이자 인터넷으로 연결된 휴대용 컴퓨터이기도 합니다. 스마트폰은 수백 수천 마리의 "발 없는 말" 역할을 합니다.

미디어 학자 닐 포스트먼(Neil Postman, 1931~2003)은 미디어는 "글쓰기나 시계와 같은 기술을 문화에 도입하면 시간을 붙들어 매기 위한 인간의 능력을 단순히 확장시킬 뿐만 아니라, 사고방식은 물론 나아가 문화의 내용까지 변질시킨다는 사실"에 주목하면서 미디어를 메타포라고 불렀습니다. 그가 메타포라는 단어를 통해 표현하고자 했던 핵심은 메타포가 된 미디어는 "사람들이 그 어떤 것을 상상할 수 없도록 고정관념을 머릿속에 침투시킨다"* 는 것이지요. 핵심은 의도적으로가 아니라 '은연중'에 사람의 머릿속에 침투한다는 사실입니다. 스마트폰은 우리 시대의 메타포입니다.

스마트폰은 우리를 1년 365일 24시간 동안 서로 연결시켜줍니다. 인류 역사상 이렇게 인간이 항상 타인과 연결되었던 적이 없었지요. 24시간 타인과 연결되어 있으면서 우리 각자는 쉽게 이동 가

---

* 닐 포스트먼, 『죽도록 즐기기』, 홍윤선 옮김, 굿인포메이션, 2020, 32쪽.

능한 존재가 되었습니다. 보다 적절히 표현하자면, 이동하지 않으면서도 이동하는 존재가 맞겠지요. 사회적 삶에 물질적 장소로부터의 인간의 구속성을 자유롭게 만들어준 이러한 이동성이 디폴트 값이 되면서, 오늘날 사회적 상호작용은 '모바일 연결성'에 의해 지배됩니다. '모바일 연결성' 덕택에 우리는 고정된 장소로부터 자아가 해방되는 자유를 얻었습니다. 하지만 항상 그렇듯 얻는 것이 있으면 잃는 것도 있기 마련이죠.

여러분은 자기 전까지 손에 스마트폰을 쥐고 계실 겁니다. 저도 그렇습니다. 아침에 눈을 뜨면 스마트폰부터 찾지 않으시나요? 저도 아침에 일어나면 스마트폰부터 들고 화장실에서 일을 보며 이메일 체크를 하면서 하루를 시작합니다. 여러분 댁의 식사 풍경은 어떤가요? 혹시 온 가족이 모여 식사를 하더라도, 각자 스마트폰으로 식탁에 없는 그 누군가와 끊임없이 메시지를 주고받거나 SNS에 '좋아요'를 누르고 있지 않은가요? 20세기 대도시 시대에 사람들은 서로 예의를 지키기 위해 냉담해졌고 그래서 사회적 상호작용의 결핍인 고독을 느꼈다면, 24시간 내내 모바일로 연결되어 있는 21세기의 우리는 잠시라도 모바일 자극이 없으면 불안감을 느낍니다. 20세기의 사람들이 강화된 외부 자극으로부터 스스로를 보호하기 위해 의도된 '무관심'으로 무장했다면, 21세기의 우리는 대면하고 있는 사람은 무의식적으로 외면하고, 모바일로만 연결되어 있는 사람에게 과몰입하고 있습니다.

20세기 대도시 환경에서는 지하철에서의 정숙이 세련된 도시인의 예법이었습니다. 지하철에서 시끄럽게 떠드는 사람은 대도시적 예법을 지키지 못하는 사람 취급을 받았지요. 21세기의 대도시로 가 봅시다. 21세기 대도시의 지하철은 매우 조용합니다. 대화를 나누는 사람이 거의 없습니다. 모두 각자 스마트폰으로 무엇인가를 하고 있지요.

SNS를 통해 나는 혼자가 아니라는 느낌을, 누군가와 '상호작용'을 하고 있다는 느낌을 받습니다. 그런데요, 그 '상호작용'은 실제로 일어나는 상호작용일까요? 사회학자 장 보드리야르(Jean Baudrillard, 1929~2007)*는 원본 없는 이미지라는 뜻을 지닌 시뮬라크르가 실재보다 더 실재 같은 실재를 만들어내는 세상을 하이퍼리얼리티가 지배하는 세계라 불렀는데요, 이게 뭔 소리인가 싶으시죠? 제 경험을 통해 설명해보겠습니다.

저는 얼마 전 SNS를 통해 대학교 졸업 후 소식을 모르던 후배를 만났습니다. 정확하게 말하자면 후배를 실제로 만난 게 아니라 후배와 SNS에서 텍스트로 상호작용을 한 것이지요. 실제로 그 후배를 만났다면 그 만남은 '실재'가 되는 것이지요. 그런데 저는 실제로

---

* 장 보드리야르, 『시뮬라시옹』, 하태환 옮김, 민음사, 2001.

만나지 않았으니까 저와 후배의 만남은 '실재'가 아닙니다. 그렇지만 저는 마치 그 후배와 만난 것 같았습니다. 왜냐하면 SNS로 많은 말을 주고받으면서 활발하게 상호작용을 했으니까요. 실제로 만나지 않았지만 만난 것 같은 느낌, '실재'하는 상호작용은 아니지만 '실재'하는 상호작용 이상의 느낌, 그것을 보드리야르는 시뮬라크르라 불렀습니다. 그러니까 저와 그 후배는 '실재'하는 상호작용을 한 게 아니라 '시뮬라크르' 상호작용을 한 것이죠.

'고독한 군중'이 20세기의 상황을 반영하는 핵심 키워드인 것처럼 '시뮬라크르 상호작용'이 지배적인 21세기에는 그 시대의 풍속을 반영하는 신조어도 많이 만들어지고 있습니다. 퍼빙(phubbing)이 그중 하나입니다. 전화기를 뜻하는 phone과 무시한다는 뜻의 snubbing을 합성해서 만든 신조어입니다. 서로 마주 보고 있으면서도 스마트폰으로 상호작용의 시뮬라시옹에 빠져 있느라 대면하고 있는 사람에게 무관심한 현상*을 지칭하는 단어입니다. 제 설명을 들으신 분 중 상당수는 "아! 나 그거 무슨 상황인지 잘 알아!"라고 소리 지르실 거예요. 아침 식사 자리에서 식구들이 서로에게 저지르는 행동이자, 심지어 오래된 부부나 연인이 카페에서, 거실 소파에서 매일 별생각 없이 되풀이하고 있는 행동이지요. 우리 모두는 '퍼빙'을 일

• 셰리 터클, 『대화를 잃어버린 사람들』, 황소연 옮김, 민음사, 2018.

사람들과 함께하는 시간에도 스마트폰에만 집중하는 '퍼빙'.

삼는 '스몸비'입니다.

21세기의 도시는 '고독한 군중'이 모여 사는 20세기의 도시와는 다릅니다. 상호작용의 결핍이 지배하는 20세기의 도시는 '고독한 군중'을 위한 호퍼의 그림에 등장하는 심야 바가 필요했겠지만, 모바일 상호작용이 과잉화된 21세기의 도시는 스몸비의 안전을 우려한 장치들이 자꾸 늘어가지요. 여러분, 스마트폰이 아니라 도시 풍경으로 잠시 눈을 돌려보세요. 혹시 여러분이 스마트폰에 코를 박고 있는 동안 도시에 새로운 시설물이 하나둘 늘어가고 있지 않은가요? 보행 중 스마트폰 주의 표지판을 늘렸지만, 스몸비는 스마트폰을 보느라 주의 표지판을 보지 않는다는 것을 알게 된 시 정부는 스몸비의 안전을 위해 바닥 신호등을 만들었습니다. 도시에 교통량이 너무 늘어나 만들어진 붉은색, 노란색, 녹색으로 이뤄진 3색 신호등이 '외로운 군중'의 20세기 도시를 상징한다면 21세기에 걸맞은 도시의 아이콘은 바닥 신호등이랍니다.

예전에는 찾아볼 수 없었던 새로운 사회 작용 형식도 등장하고, 이로 인한 각종 사회문제가 발생하기도 합니다. 캣피싱(catfishing, 소셜 미디어에서 신분이나 정체성을 거짓으로 꾸며 남을 기만하는 행위), 트롤링(trolling, 관심을 끌기 위해 공격적이거나 상대방을 기분 나쁘게 만드는 말을 하는 행위)은 모바일 상호작용이 일반화된 21세기에는 낯선 현상이 아닙니다.

━━━━━

21세기 특유의 이러한 스마트폰으로 인한 스트레스에 시달리면서도 우리는 왜 스마트폰을 손에서 놓지 못할까요? 스마트폰은 '천리' 가는 "발 없는 말"이기 때문입니다. 그러나 아무리 발 없는 말이 천 리를 간다 하더라도, 발 없는 말이 멈춰야 하는 곳이 있습니다. 바로 국경이지요. 국경은 엄격하게 관리됩니다. 국경을 넘기 위해서는 까다로운 절차를 거쳐야 합니다.

우리는 눈에 보이지는 않지만 물리적인 힘을 발휘하는, 국경이라는 가상의 선 안에 있습니다. 사회는 눈에 보이지 않는 구조이지만, 사회는 국민국가(nation-state)라는 형식으로 제도화되어 있습니다. 국민국가의 구성원, 즉 특정 국가의 국적을 갖고 있는 사람이 국민입니다. 30년 전쟁을 종결하기 위한 1648년의 베스트팔렌 조약 이후 인종 기반이나 종교 기반의 국가가 아니라 영토, 국민, 주권이라는 국민국가 형성의 3대 조건을 따르는 이른바 국민국가가 형성되기 시작합니다.*

국민국가 개념을 이해하려면 우리가 혼용해서 흔히 사용하는 인종/민족/국민이라는 개념을 구별할 필요가 있습니다. 종족/인종(ethnic group)은 생물학적·유전적 근접성에 따른 인간 분류 개념입니다. 우리가 피부색에 따라 황인종·백인종·흑인종으로 구별하는 것이 그 예입니다. 반면 민족/국민(nation)은 문화적 동질성에 입각한 인간 집단입니다. 문화적 동질성을 구성하는 요소는 언어, 공통의 역사 그리고 종교와 같은 공통의 신념과 가치 체계 같은 것이지요. 한 종족이 한 민족을 구성하기도 하지만 모든 민족이 하나의 종족으로만 구성되지는 않습니다. 다인종이 하나의 민족을 구성하고 국민국가를 이루는 경우도 많으니까요. 미국을 생각해보면 이해하기 쉽습니다.

"추상적인 인간의 상호 의존 체계"라는 의미의 사회의 형성 과정과 국민국가의 형성 과정은 일치합니다. 산업화와 도시화 이외에 근대적 의미의 사회 개념이 형성되기 위한 중요한 조건이 국민국가

---

* 조반니 아리기, 『장기 20세기』, 백승욱 옮김, 그린비, 2008, 98쪽.

라는 정치적 틀의 등장이었기 때문입니다.

국민국가 사이의 경계 구분은 엄격합니다. 국경을 넘으려면 두 국민국가의 허락이 필요합니다. 국민국가는 해당 국민에게 국민국가의 경계를 넘어설 때 자신을 증명할 수 있는 신분증을 발행하는데요, 여권이 바로 그것이지요. 여권을 소지한 국민국가의 국민이 다른 국민국가 안으로 들어가려면 해당 국민국가의 허락이 필요합니다. 비자가 바로 그것입니다. 여권과 비자 없이 국경을 넘나드는 것은 모든 국민국가에서 범죄로 처벌됩니다.

이렇게 국민국가 사이에 엄격한 경계가 형성되다 보니, 사실 우리가 사회라고 부르는 인간 사이의 상호 의존성은 국민국가의 틀 내부에서 진행될 수밖에 없습니다. 인간 사이에 상호작용이 일어나려면, 나와 상호작용하는 사람이 같은 국민국가의 소속원, 즉 국민이어야 합니다. 이러한 국민국가 체제가 자리 잡는 시기와 산업화 및 도시화가 진행되었던 시기가 맞물리면서 사회의 제도적 형태가 국민국가 형식으로 나타나게 된 것이지요.

국민국가는 개인이 겪는 삶의 구체적인 방향을 결정합니다. 국민국가에 의해 개인의 자유의 폭, 평등의 폭, 연대의 폭이 결정됩니다. '여권 지수'에 대해 들어보신 적 있으신가요? 현재 지구상에는 무려 199개 국가가 있는데요, 여권 소유자가 어느 나라의 여권을 가지고 있는지에 따라 비자 없이 입국할 수 있는 나라의 숫자를 비교해서 만든 순위입니다. 2021년 발표된 조사에 따르면, 193개 나라에 비자 없이도 입국할 수 있는 여권이 있는가 하면, 조사 대상국 중 가장 낮은 순위를 기록한 나라는 불과 26개의 나라에만 비자 없이 입국할 수 있습니다.

어떤 국민국가에 소속되어 있는지, 즉 어떤 국민국가의 국적 소유자인지에 따라 한 개인이 삶에서 경험할 수 있는 가능성의 폭은 아주 달라집니다. 아프가니스탄에서 여성으로 태어난 사람과 스칸디나비아 국가에서 태어난 사람의 인생은 다를 수밖에 없습니다. 한 개인의 부, 건강, 기대 수명은 그 사람이 동원할 수 있는 자원의 몫으로부터도 영향을 받지만, 가장 "중요한 한 가지가 바로 국적, 즉 손에 든 여권"•입니다. 이러한 현실적인 차이 때문에 국민국가는 국가 간 이동을 엄격하게 제한합니다. 특정 국가의 국적을 함부로 나누어주지 않지요. 천 리 가는 "발 없는 말"은 국경 앞에서 걸음을 멈춥니다. 라디오와 텔레비전 전파가 국경을 넘어서지 않도록 각 나라는 통제합니다. 라디오와 텔레비전이 국경을 넘는 것은 일종의 허락받지 않은 국경 넘기, 즉 월경으로 취급받습니다.

20세기를 거치면서 자리 잡은 이러한 형식은, 세기말에 가속화되는, 이른바 '세계화'에 의해 바뀌기 시작했습니다. 국민국가 사이의

• 애스트라 테일러, 『민주주의는 없다』, 이재경 옮김, 반니, 2020, 145쪽.

경계를 쉽게 넘을 수 없었던 자본과 노동력이 국민국가 사이의 경계를 넘나드는 과정을 세계화라고 합니다. 세계화는 자본의 요구로부터 시작되었죠. 보다 값싼 노동력과 값싼 원료를 찾아 이윤을 극대화하고 싶은 자본은 국민국가라는 틀을 거북해했으니까요. 공장의 해외 이전으로부터 시작된 세계화는 자본의 자유로운 이동을 요구하면서 국민국가의 틀 내부에 자본이 머무르던 산업화 시대의 패턴에서 벗어나게 되었습니다.

자본의 세계화가 진행되면서 동시에 노동력의 세계화가 뒤를 이었습니다. 노동력의 국민국가 간 이동이 흔해지면서 국민국가에 소속되어 있다는 국적이라는 개념도 흔들리게 됩니다. 산업화 시대에 한 나라의 국적을 지닌 사람은 아주 예외적인 경우가 아니라면 자신이 국적을 갖고 있는 나라에서 태어나고 죽었습니다. 하지만 노동력의 세계화가 진전되면서 국적과 실제 거주지는 국민국가의 틀과 일치하지 않습니다. 인종과 민족 그리고 국적 사이의 불일치는 아주 흔한 일이 되어버리죠. 한국어를 아주 유창하게 구사하고 한국의 역사를 잘 알고 있고 한국적 생활 양식을 그대로 지니고 있지만 국적은 한국인이 아닌 사람, 때로 우리가 '검은 머리 외국인'이라는 부정적인 뜻으로 부르는 사람이 점점 늘어나고 있습니다. 반면 생김새가 다르고 생활 양식도 다르지만 한국이 국적인 사람도 드물지 않지요.

세계화로 인한 변화가 두드러지게 나타나면서 사회는 더 이상 국민국가의 틀로는 이해할 수 없는 시대를 향해 나아가고 있습니다. 현대의 각종 현상을 이해하기 위해서는 국민국가 단위를 벗어난 틀을 요구하는 시대인 것이지요. 이동이 자유롭지 못했던 상태에서는 사회가 곧 국민국가를 의미했지만, 스마트폰을 통한 상호작용이 강화되면서 우리가 가상의 사회로 들어가는 순간 가상의 사회는 국민국가의 틀을 벗어납니다. '직구'는 어느새 일상적 상행위가 되었습니다.

"천 리"를 가는 말도 걸음을 멈추게 하는 국경을 해석해봤으니, 이번에는 "발 없는 말"을 재해석해볼까요? "발 없는 말이 천 리 간다"는 소문은 아주 빨리 그리고 멀리까지 퍼진다는 것을 표현하는 속담인데요, 모바일 네트워크 사회에서는 "발 없는 말"의 대상이 바뀝니다.

소문은 본래 서로 잘 아는 사이에서 퍼집니다. 소문이라는 게 주로 뒷담화이고, 미담보다는 추문이 더 빨리 전파되지요. 누군가의 추문을 접한 사람은 그걸 다른 사람에게 알리고 싶어 참을 수가 없습니다. 그런데요, 적은 늘 가까이 있잖아요. 누군가의 비밀을 알고 있는 사람은 지인입니다. 생면부지인 사람의 비밀스러운 이야기를 우리가 알 리 없습니다. 그리고 누구인지도 모르는 사람의 비밀 이야기가 궁금할까요? 그렇지 않습니다. 비밀 이야기가 담긴 소문이 흥미를 끌려면 소문의 당사자가 누구인지 알고 있어야 합니다. 이래서 소문은 일종의 공동체적 관계를 바탕으로 퍼져나갑니다. 소문의 주된 내용인 가십은 아는 사람들끼리 아는 사람에 대해 수군거리는 것입니다.

'외로운 군중'의 시대가 도래하면 "발 없는 말"이라는 소문은 어떻게 될까요? 가십의 대상이 바뀌기 시작합니다. '외로운 군중'이 살고 있는 도시는 전통적인 공동체가 파괴된 공간입니다. 전통적인 공간인 공동체에서 떠돌던 "발 없는 말"은 맥을 못 춥니다. '외로운 군중'이 모여 있는 20세기의 도시에서는 소문의 대상이 새로 구축되어야 합니다. '외로운 군중'이 모여 있는 도시에서 '외로운 군중' 모두가 알고 있는 가십의 대상이 있는데요, 누군지 짐작하시겠지요? 유명인은 누구나 알고 있기에 가장 간편한 가십의 대상이 됩니다. 영국처럼 여전히 왕실이 있는 나라에서는 왕실이 전 국민의 가십거리를 제공하지요. 왕실이 없는 나라에서는 정치인이, 스포츠 스타가, 그리고 연예인이 그 자리를 대신합니다.

영국 왕실에 대한 가십이 재미있으려면 가십의 전파에 참여하고 있는 사람이 영국인이어야 합니다. 한국 사람인 우리는 영국 왕실의 가십에서 별 재미를 느낄 수 없지요. 하지만 한국에서 유명한 연예인에 대한 소문은 한국 사람이라면 호기심의 대상입니다. 호기심의 크기는 그 연예인의 유명한 정도와 정확하게 비례하지요. '외로운 군중'은 가십거리를 찾습니다. 가십거리가 장사가 될 수 있다는 것을 알아챈 미디어는 가십거리를 상품으로 가공해 팔기 시작하지요. 주로 유명인의 가십을 취급하는 황색 저널리즘이 등장하고 인기를 끕니다.

그 황색 저널리즘이 스마트폰 속으로 들어옵니다. 신속하고 재빠르게, "발 없는 말"은 빛의 속도로 퍼집니다. "발 없는 말"이 이제는 천 리가 아니라 만 리, 10만 리를 순식간에 퍼져나가게 되는 것이지요. 심심하던 사람, 외롭던 사람, 뭔가 기분 전환이 필요한 사람에게 스마트폰 속의 "발 없는 말"은 매력적이에요.

닐 포스트먼은 '죽도록 즐기기'가 텔레비전 시대를 상징한다고 분석했습니다. 텔레비전은 여러 채널로 구성되어 있지요. 각 채널은 서로 경쟁합니다. 청취자가 한 채널을 선택하면 다른 채널의 프로그램은 선택되지 않습니다. 시청자의 채널 선택은 시청률로 표시되고, 시청률은 방송국이 프로그램을 방송하고 벌어들일 수 있는 이윤의 크기를 결정하지요. 그러다 보니 각 프로그램은 시청자의 관심을 끌기 위해 경쟁합니다. 텔레비전이 제공하는 볼거리를 포스트먼은 이렇게 분석합니다.

시각적 세계에는 생각의 여지가 거의 없다. 생각은 막간이 아닌 행간에 존재한다. 그러나 텔레비전은 볼거리를 요구한다. 그래서 ABC 방송은 지식보다는 유행이나 흥행을 선호하는 매체적 특성에 따라 현란한 언변과 정치적 감각을 지닌 사람들의 모습을 방송에 내보냈다. (…) 이 점이 모든 텔레비전 프로그램에서 추구하는 목표, 즉 성찰이 아닌 박수갈채였다.*

텔레비전은 주목받아야 살아남습니다. 텔레비전은 〈밀양 아리랑〉 가사처럼 "동지 섣달 꽃 본 듯이 날 좀 보소"라고 외치고 있습니다. 주목받는 가장 손쉬운 방식은, 메시지의 품질이 아니지요. 인간은 이성적이고 차분하고 논리적인 메시지보다는 자극적이고 논쟁적인 메시지에 보다 빠르게 반응합니다. 생각보다는 감정을 자극하는 메시지에 자신도 모르는 사이에 몰입하게 되지요. 이러한 시청자의 습관을 잘 알고 있는 텔레비전 방송은 모든 것을 '재미'라는 최대의 목표하에서 가공합니다. 여러분, 방송국이 자사에서 방송하는 뉴스 프로그램을 어떻게 설명하는지 기억하시죠? "쉽고 빠르고 재미있게"라는 수식어는 모든 프로그램을 그림자처럼 따라다닙니다. 포스트먼은 이런 현상을 이렇게 날카롭게 꼬집었습니다.

• 닐 포스트먼, 『죽도록 즐기기』, 147쪽.

문제는 텔레비전이 오락물을 전달한다는 것이 아니라 모든 전달되는 내용이 오락적 형태를 띤다는 것이다. (…) 텔레비전 세계에서 오락은 모든 담론을 압도하는 지배 이념과 같다. 무엇을 묘사하든, 어떤 관점에서 전달하든, 가장 중요한 전제는 즐겁고 재미있어야 한다는 점이다.*

텔레비전을 통해 자극에 익숙해져 있는 사람의 손에 스마트폰이 쥐어 있고, 인류가 지금까지 발명한 모든 미디어가 스마트폰 속으로 들어옵니다. 책도 스마트폰 속으로, 라디오도 스마트폰 속으로, 텔레비전도 스마트폰 속으로, 신문도 스마트폰 속으로, 잡지도 스마트폰 속으로, 영화도 스마트폰 속으로, 전화도 스마트폰 속으로 들어옵니다. 스마트폰은 이 세상의 전부입니다.

이 세상 모두가 스마트폰 속으로 들어오면서 부수적인 것에 불과했던 '시뮬라크르 상호작용'은 절대적인 것이 되어버립니다. 책과 라디오와 텔레비전과 신문과 영화가 스마트폰 안에서 완전 경쟁을 벌이는 전쟁은 텔레비전의 채널 전쟁과는 비교할 수 없을 정도로 치열합니다. 리모컨을 손에 쥔 시청자보다 스마트폰을 손에 쥔 사람은 더 인내심이 없지요. 자극이 없으면 잠시도 머물러 있지 못합니다. "서울 가서 눈 감으면 코 베어 가는" 시대의 도시인은 과잉

• 닐 포스트먼, 『죽도록 즐기기』, 142쪽.

자극으로부터 자신을 보호하기 위해 대도시적 무관심을 탑재했는데, 스마트폰을 손에 쥔 사람은 잠시라도 자극이 없으면 견디지 못하는 사람이 되었습니다. 이 속도 경쟁 속에서 어떤 "발 없는 말"이 사람들의 주목을 끌 수 있을까요? 네트워크 시대의 "발 없는 말"은 어떤 내용을 담고 있을까요?

저는 스마트폰으로 인한 변화 중 가장 결정적인 것을 꼽자면 말이라는 메시지를 담는 그릇의 변화라고 생각합니다. 스마트폰은 문자 텍스트를 작성하고 기록할 수 있는 타자기이자 사진을 찍는 카메라이고 동영상을 촬영하는 캠코더입니다. 이 만능의 도구인 스마트폰을 늘 손에 쥐고 다니다 보니 어느새 저도 모르게 메시지를 텍스트의 형식이 아니라 이미지와 영상을 이용해 전달하는 습관이 생겼습니다. 잘 찍어 올린 인스타그램의 사진 한 장은 대하 장편소설보다 영향력이 더 강하니까요.

이제 "천 리 가는 발 없는 말"은 이미지로 구성된 말(picture speech)입니다. 이미지 형식으로 표현된 말은 스마트폰을 사용하는 전 인류의 보편 언어가 되었습니다. 현재 실용적 의미의 세계어 구실을 하고 있는 영어의 영향력보다 더 강하지요. 이미지로 구성된 말은 페이스북, 인스타그램, 스냅챗, 트위터, 왓츠와 같은 SNS와 카카오톡, 라인과 같은 메신저 앱을 통해 천 리, 만 리를 오갑니다.

카메라와 캠코더가 없던 시절, 카메라와 캠코더가 있다 하더라도 소수의 전문가만 그 기기를 다루던 시절, 카메라로 사진 찍히는 것이 드문 경험이던 시절, 방송용 카메라 앞에서 촬영당하는 것이 특별한 사람들의 전유물이던 시절이 있었습니다. 스마트폰은 그 시절을 아주 먼 과거로 만들어버렸어요. 지금 우리는 모두 사진사이자 촬영 기사이고 동시에 모두 사진 모델입니다.

문자 텍스트는 인간의 이성적 능력을 자극합니다. 반면 소리나 영상은 인간의 감성적 능력을 자극하지요. 문자 텍스트는 사람의 내면으로 파고듭니다. 하지만 소리와 이미지는 내면이 아니라 표면 지향적이지요. 인류 역사상 지금처럼 사람의 외면이 중요해진 시대가 또 있었을까 싶을 정도로 우리는 외면 연출이 중요한 시대를 살고 있습니다. 스마트폰을 사용하면서 누구나 사진을 찍고 찍히고, 누구나 영상을 촬영하고 촬영당하고 그렇게 만들어진 이미지와 소리가 만 리 가는 "발 없는 말"이 되어 스마트폰을 통해 전송되면서 사람들은 외모의 위력을 실감하기 시작한 것이지요.

물론 사람은 늘 타인에게 좋은 인상을 주려고 노력해왔습니다. 사회학자 어빙 고프만이 매우 설득력 있게 분석한 것처럼요. 잠자리에서 일어나 제대로 단장도 하지 않은 모습을 타인에게 기꺼이 보여줄 수 있는 사람은 없을 거예요. 저도 그런 모습을 다른 사람에게 절대로 보여주지 않으려고 합니다. 아침에 일어나면 머리가 떡져 있기도 하고요, 자면서 침을 흘렸는지 입가에 침 자국도 있고 눈에는 눈곱도 끼어 있습니다. 우리는 외출하기 전에 무엇을 하나요? 단장을 합니다. 머리를 감고 빗고 매만지고 옷도 신중하게 고르지요. 왜 그럴까요? 길거리에서 우리는 타인에게 각자의 내면이 아니라 외면을 통해 특정한 인상을 부여하기 때문입니다. 길거리에서 수많은 사람을 마주치면서 우리는 마주친 사람에 대해 어떤 판단을 내립니다. "돈 좀 있어 보인다", "왠지 많이 배운 사람 같다" 등등요. 우리는 어떤 근거로 그런 판단을 할까요? 그 사람의 외모입니다. 사람들은 자신이 외모를 보고 타인이 판단한다는 것을 잘 알기 때문에 외출하기 전에 타인에게 좋은 인상을 부여하기 위해 무엇인가 '관리'를 합니다. 고프만은 이것을 "자아 연출"이라는 개념으로 분석했습니다. "개인이 다른 사람들 앞에 나설 때 동원하는 행동에는 대개 자기에게 유리한 인상을 조성하려는 동기"*가 있다는 것이지요.

외모와 몸가짐은 연출 가능합니다. 연출 가능하다는 의미를 거짓으로 꾸며댄다는 뜻으로 과잉 해석할 필요는 없습니다. 외모와 몸

• 어빙 고프만, 『자아 연출의 사회학』, 15쪽.

가짐을 연출하려는 주된 동기는 상대방을 속이기 위해서가 아니라 "자아 관리"를 위한 것이지요. 기왕이면 타인에게 좋은 인상을 주고 싶은 것은 인간의 너무나 당연한 욕구이니까요. 고프만은 일상에서 우리가 날마다 수행하는 "자아 연출"을 아주 날카롭게 분석했습니다. 고프만은 "한 시점에 개인들이 물리적으로 함께 있는 동안 이루어지는 모든 상호작용"을 "만남(encounter)"이라 정의하고 "한 시점에 한 참여자가 다른 참여자들에게 어떤 식으로든 영향을 미치려고 하는 모든 행동"을 "공연(performance)"• 이라는 개념으로 포착했습니다.

잠깐! 여기서 우리는 고프만의 "만남"과 "공연"의 무대에 주목할 필요가 있습니다. 고프만은 만남과 공연이 이뤄지는 무대를 물리적인 개념으로 이해했습니다. 스마트폰은 물리적인 무대 이외의 가상의 무대를 우리에게 활짝 열어놓았지요. 스마트폰에서는 테크놀로지의 도움을 받아 "자아 연출"이 끊임없이 만족할 수 있는 수준에 이를 때까지 반복됩니다. 보다 많은 시간을 자기 이미지를 편집하거나 강화하는 데 쓰고, 또한 자아를 연출하는 데 들인 시간만큼 자아를 공개적으로 전시하고 싶은 욕구도 커지지요. 사람들은 항상 누군가가 자신을 지켜보고 있다고 생각합니다. 이미 잘 알려진

• 어빙 고프만, 『자아 연출의 사회학』 27쪽.

것처럼 미셸 푸코(Michel Foucault, 1926~1984)는 『감시와 처벌(*Surveiller et punir*)』에서 감시에 의한 통제의 전면화를 우려했습니다. 락웰(Rockwell)이라는 가수의 노래 〈누군가 나를 지켜보고 있어(Somebody watching me)〉는 짤막하게 노래로 표현된 푸코라고 할 수 있을 정도로 감시 체제에 놓인 사람을 잘 묘사하고 있습니다. 푸코의 『감시와 처벌』이 출간된 1975년으로부터 머지않은 1984년에 발표된 노래입니다. 이 노래 가사의 일부를 들어볼까요? 푸코가 이 노래를 들었는지 모르겠지만, 아마 푸코가 이 노래를 들었다면 고개를 끄덕였을 겁니다.

I always feel like somebody's watching me
And I have no privacy (ooh ooh)
I always feel like somebody's watching me
Tell me is it just a dream?
누군가 날 지켜보는 느낌을 떨칠 수 없어
사생활 같은 것은 전혀 없는 것 같아
누군가 날 지켜보는 느낌을 떨칠 수 없어
말해줄래, 이건 그냥 꿈인 거야?

When I come home at night

I bolt the door real tight

People call me on the phone I'm trying to avoid

But, can the people on TV see me

Or am I just paranoid?

밤에 집에 오면

난 집 문을 아주 꽉 잠가

누가 전화해도 안 받으려 해

그런데, ······TV 속 사람들이 날 지켜볼 수도 있나?

아니면 내가 단지 편집증인가?

그런데 푸코가 다시 태어나 지금 우리가 살고 있는 사회를 목격하면 상당히 당황스러워할 것 같습니다. 푸코가 우려한 감시 체제는 여전하지만 기꺼이 자신을 전시하려는 욕구가 공존하는 특이한 시대를 우리가 살고 있으니까요. '누군가 바라본다'는 것을 미시 권력의 체계로 이해했던 푸코와 달리 사람들은 기꺼이 자신을 구경거리화합니다. 오히려 주목을 즐기고, 주목받지 못하면 견디지 못하고, 타인들이 주목할 때까지 '어그로(aggro)를 끄는(자극적인 이슈를 내세워 관심을 끄는, 예를 들어 SNS나 인터넷 게시판에 악의적인 글을 올리거나 하는)' 이른바 '관종'이 넘쳐나는 시대입니다. 락웰은 자신의 프라이버시가 어디에 갔는지 우려하는 사람을 노래했는데, 지금 현재의 사람들은 자신의 프라이버시를 공개하지 못해 안달이라도 난 듯 자신의 외면을 구경의 대상으로 전시합니다.

사회는 내면성의 시대에서 외면성의 시대로 바뀝니다. 자기 성찰은 자신의 내면으로 천천히 침잠해 들어가고 그곳에서 오래 머무는 시간을 요구합니다. 그런데 자기 성찰을 위한 이 은근하고 느릿한 템포는 스마트폰 시대에 어울리지 않습니다. 내면성으로 파고든 깊이보다 순식간의 매혹적인 외면이 더 주목받습니다.* 예전의 공적 인물은 외모가 결정적이지 않았어요. 사람들은 공적 인물의 내면에 관심을 가졌지 그의 외모에는 관심을 보이지 않았습니다. 우리는 철학자의 얼굴을 궁금해하지 않습니다. 그런데 내면성의 시대에서 외면성의 시대로 옮겨가면서 공적 인물의 "자아 연출"이 매우 중요해졌습니다. 연예인의 사회적 영향력이 점점 커지는 것도 이 때문이지요.

대면하지 않으면서도 매일 벌어지는 외면성을 중심으로 한 '시뮬라크르 대면'은 24시간 쉬지 않고 돌아가기에 '체면(face)'을 지키는 문제는 그 어느 때보다 중요해집니다. 체면을 손상시킬 수도 있는 것을 피하는 회피 절차(avoidance process)** 는 더 교묘하고 정교해지고,

---

• 엘자 고다르, 『나는 셀피한다 고로 존재한다』, 선영아 옮김, 지식의날개, 2018, 77쪽.
•• 어빙 고프만, 『상호작용 의례』, 진수미 옮김, 아카넷, 2013, 27쪽.

연출 능력은 기술의 도움과 개인의 의지와 노력으로 향상됩니다.

보통 셀카라고 부르는 셀피(Selfie)는 '시뮬라크르 대면'의 시대에 가장 적합한 "발 없는 말"입니다. 2013년 옥스퍼드 출판사는 '셀피'를 그해의 단어로 선정하기도 했지요. 셀피 찍기는 지금까지 알려지지 않았던 주체가 자신을 이해하는 새로운 방식을 보여줍니다. 셀피 찍기는 나르시시즘과도 다른데요, 나르시시즘이 자신의 모습이 투영된 자기 얼굴에 반한다는 뜻이라면, 우리가 스마트폰으로 찍는 셀피는 자신의 사진이기도 하면서 동시에 자신의 사진이 아니기도 합니다. 사진 찍기 애플리케이션을 통해 우리는 사실 그대로 반영되는 자신의 모습이 아니라 애플리케이션을 통해 만들어진, 사실상 실제로는 존재하지 않는 '가상의 나'와 마주합니다. 나르키소스의 시선은 자기만을 향하는 고립 지향적인 시선이었지만, 셀피라는 가상화된 나의 이미지는 타인과의 반응을 염두에 두었다는 점에서 사회적 현상입니다.

어린아이는 자기중심적이지요. 세상을 자신의 관점에서만 볼 수 있습니다. 사람은 성장하면서 자신을 타인의 관점에서 볼 수 있는 능력을 습득합니다. 사회학에서 '사회화'라고 부르는 과정이 이러한 변화를 의미합니다. 사회학자 조지 허버트 미드(George Herbert Mead, 1863~1931)는 이 변화를 I와 me로 구별했습니다. I와 달리 me는 타인의 관점에서 자신이 어떻게 보이는가, 즉 객관화된 자아를 의미합니다. me를 습득하는 과정은 "공동체가 개인 구성원들의 행위에 통제를 행사하는 것"*인데요, 미드는 이 과정에서 결정적인 역할을 '일반화된 타자'가 수행한다고 주장했습니다.

저는 셀피가 우리 시대의 '일반화된 타자'에 대한 감각을 반영한다고 생각합니다. 셀피는 누구를 위해 찍는 것일까요? 어떻게든 잘 나오도록 애플리케이션을 쓰고 필터도 사용하고 각도로 조정해가며 이 모든 애씀을 통해 얻어낸 한 장의 셀피, 이 셀피에는 어떤 의미가 담겨 있을까요?

철학자 이마누엘 칸트(Immanuel Kant, 1724~1804)는 인간의 특성에 대해 『실용적 관점에서의 인간학(Anthropologie in pragmatischer Hinsicht)』이라는 책에서 의미심장하게 말했습니다.

온전히 홀로 있을 때 누구도 자신이나 자기 집을 단장하거나 청소하지 않는다. 또한 그는 그러한 일을 자기 식구들에 대응해서 하는 것이 아니라, 자신을 유리하게 보이기 위해 오로지 남들에 대응해서 한다.**

칸트가 셀피를 알고 있었을 리 없는데 칸트는 마치 셀피를 알고 있

• 조지 허버트 미드, 『정신·자아·사회』, 나은영 옮김, 한길사, 2010, 246쪽.
•• 이마누엘 칸트, 『실용적 관점에서의 인간학』, 백종현 옮김, 아카넷, 2014, 294쪽.

는 듯한 말을 남겼군요. 저는 셀피의 의미가 누군지 모르는 그 누군가에게 전송되고 전달되고 전시될 수 있는 가능성에 대한 감각이라고 생각합니다. 셀피는 누군가를 향한 것이죠. 그런데 "이 누군가는 어떤 특정인이라기보다는 일반적 의미의 타자, 즉 인터넷 세상"*입니다. 저도 가끔 픽 스피치로 제 셀피를 SNS에 올립니다. 누군지 모르는, 그리고 언제 볼지 모르지만 제 셀피를 보게 될 그 누군가를 의식하면서요. 이렇게 오늘도 변함없이 "발 없는 말은 천리"를 가고 있습니다.

• 엘자 고다르, 『나는 셀피한다 고로 존재한다』, 143쪽.

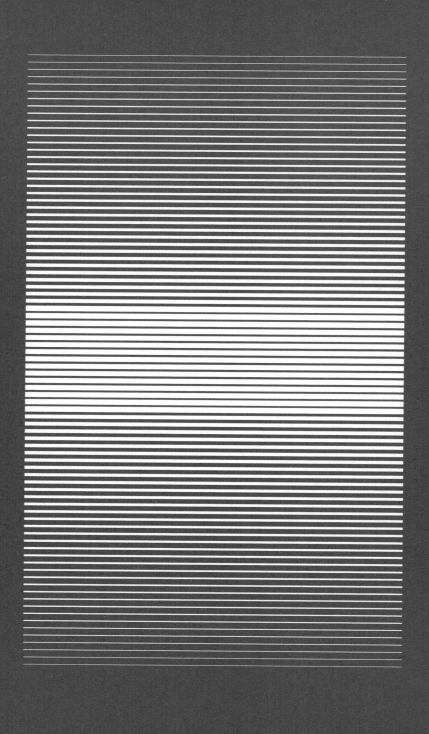

목구멍이 포도청이다

05

여보게 형제들, 지금 무얼 만들고 있나?

장갑차라네.

그럼 겹겹이 쌓여 있는 이 철판으론?

철갑을 뚫는 탄환을 만들지.

그렇다면 이 모든 것을 왜 만들지?

먹고살려고.*

─────

사람은 유기체입니다. 생로병사의 과정을 피해갈 수 없지요. 삶을 유지하기 위해 인간에게 요구되는 세 가지 필수 요소를 흔히 의식주라고 합니다. 피부를 보호하기 위해 우리는 옷을 입어야 하고, 생명체로 삶을 유지하기 위해 먹어야 하고, 눈비를 피할 수 있는 거주할 곳이 있어야 합니다. 여러분은 의식주를 구성하고 있는 최소 요소를 어떻게 마련하셨나요? 혹시 여러분은 직접 농사를 지어 먹거리를 조달하시나요? 살고 계신 집을 직접 지으셨나요? 손수 만든 옷을 입고 계신가요? 물론 한두 개쯤은 여러분이 직접 만든 것도 있겠지만, 삶을 유지하기 위해 필요한 대부분의 것을 우리는 돈을

─────

* 베르톨트 브레히트, 『전쟁 교본』.

주고 상품으로 구입합니다.

텃밭에서 상추를 길러 저녁 식사 때 상추쌈을 먹었다면, 그 상추는 경작으로 얻은 생산물(product)입니다. 생산물 상추를 얻기 위해 우리는 화폐를 지불할 필요가 없습니다. 하지만 이 상추를 화폐를 건네주고 마트 혹은 시장에서 구매했다면, 이 상추는 생산물이 아니라 상품(commodity)입니다.

모든 사물이 그런 것처럼 상품에도 양적인 측면과 질적인 측면이 있습니다. 우리는 욕구를 충족시켜주리라는 기대로 화폐를 주고 상품을 구입합니다. 상품은 "인간의 온갖 욕구를 충족시켜주는 물건"*인 것이죠. 무더운 여름날 갈증을 달래기 위해 수박이라는 상품을 구입했습니다. 갈증을 달래고 싶은 사람에게 수박은 구체적인 쓸모를 지닙니다. 한 상품이 지닌 이러한 구체적인 쓸모를 '사용가치'라고 합니다.

만약 여러분이 직접 농사를 지어 수박을 재배했는데, 어느 날 참외가 먹고 싶어졌습니다. 참외를 가지고 있는 사람에게 수박을 건네주고 참외를 받고 싶습니다. 참외와 수박을 어떤 비율로 교환해야 할까요? 수박 한 덩이와 참외 다섯 개면 적당할까요? 우리는 삶을 살면서 여러 가지 상품을 필요로 하기 때문에 서로 다른 사용가치

• 칼 마르크스, 『자본론(상)』, 김수행 옮김, 비봉출판사, 1991, 43쪽.

를 지닌 상품을 교환할 때 적당한 교환 비율을 정해야 합니다. "어떤 종류의 사용가치가 다른 종류의 사용가치와 교환되는 비율"•을 교환가치라고 합니다.

우리는 사용가치가 있는 생산품을 직접 만들거나 경작하고 사용가치가 있는 다른 생산품을 물물교환 방식으로 교환할 수 있을 정도로 규모가 작은 사회에 우리는 더 이상 살고 있지 않습니다. 사회가 복잡하고 거대해지면 상품의 교환을 원활하게 해주는 수단이 필요합니다. 화폐는 이런 이유로 생겼습니다.

화폐는 시장에서 거래되는 모든 상품의 가치를 측정하는 척도이자 상품이 거래될 수 있도록 돕는 순환의 수단 혹은 매개인데요, 경제학의 전문 용어로는 '화폐'라고 표현하지만, 우리의 일상 언어로는 '돈'이라고 말하니까 저는 이제부터는 화폐라는 단어보다는 돈이라는 일상어를 사용하겠습니다. 우리는 시장경제가 지배적인 사회에 살고 있습니다. 시장경제 체제 속에 살고 있는 한, 살기 위해 필요한 모든 상품을 구하려면 돈이 필요합니다. 돈을 건네주고 그 대가로 물건을 건네받아야 합니다. 생존하기 위해 필요한 모든 물건을 돈을 주고 사야 하니, 돈은 세상의 모든 물건을 연결시켜주는 매개체입니다. 만물의 매개체이므로 누구에게나 필요한 돈을 여러분은

• 칼 마르크스, 『자본론(상)』, 45쪽.

어떻게 마련하시나요?

아주아주 드문 경우이지만, 모두가 부러워하는 건물주라면 아무것도 하지 않아도 그냥 한 달만 지나가면 월세가 통장에 입금되어 돈을 얻겠지요. 태어날 때부터 상속받은 수조 원의 주식을 가지고 있는 재벌가의 아들딸은 출생과 가족 관계 자체로 평생 써도 남을 돈을 벌었습니다. 그 정도의 재산가는 아니더라도 돈이 너무 많아 은행에 수십억 원의 돈을 예치하고 있는 사람이라면 역시 돈이 돈을 벌어다 주겠지요.

건물주도 아니고, 재벌가의 자제도 아니고, 주식에 수백억 원의 돈을 투자한 사람도 아니라고 가정해봅시다. 우리는 돈이 필요합니다. 쌀도 마트에서 돈 주고 사야 하고, 집도 사야 하고, 옷도 사야 하니까요. 친구를 만나 카페에서 차를 한잔 마시기 위해서도 돈이 필요하고, 영화를 보기 위해서도 돈을 지불해야 합니다. 세상에 공짜는 없습니다. 발걸음마다 돈이 필요합니다. 대체 그 돈을 어떻게 벌어야 할까요?

제 이야기를 잠깐 해드릴까요? 저는 재벌가의 자제가 아닙니다. 월세가 따박따박 나오는 건물을 가진 건물주도 아닙니다. 은행 잔고는 참혹합니다. 제가 뭔가 하지 않으면 삶을 사는 데 필요한 돈이 생길 방법은 없습니다. 그래서 저는 대학에서 월급을 받고 일을 합니다. 이른바 월급쟁이지요. 한 달에 한 번 대학으로부터 월급을 받아 그 돈으로 삶을 유지합니다. 만약 대학에서 월급을 받지 못하면 한 달을 살아낼 방도가 막막하기만 합니다. 언젠가는 교수직에서 은퇴하게 될 텐데요, 은퇴는 월급을 더 이상 받지 못한다는 뜻이니까 은퇴 이후의 삶을 생각하면 이런 걱정, 저런 걱정이 앞서지요. 저처럼, 여러분처럼 그리고 여러분 곁의 누군가처럼 생존하기 위해 일을 하고 그 대가로 돈을 받아 삶을 꾸려가는 것, 이게 가장 평범한 우리네 인생살이 아닐까요? 이 책을 읽으시는 분 중에서 혹시 건물주나 재벌 2세, 3세에 해당되는 분이 있으시다면 평범한 사람들이 삶을 어떻게 사는지 한번 이해해보겠다는 마음으로 제 얘기를 들어봐주시기 바랍니다.

———

먼저 "목구멍이 포도청이다"라는 속담의 유래부터 설명드려야 할 것 같습니다. 포도청(捕盜廳)은 조선시대 때 범죄자를 잡거나 다스리는 일을 맡았던 관청 이름입니다. 요즘의 경찰서에 해당되겠지요. 죄를 지은 사람이 잡히면 포도청에 끌려가 죄를 추궁받습니다. 경찰서 가는 게 즐거운 사람은 없을 거예요. 경찰서를 수시로 들락거리는 것보다 일평생 경찰서 한 번 가지 않고 삶을 마감하는 게 더 낫지요. 포도청에 누가 기꺼이 가고 싶어 했겠어요? 포도청에 안

갈 수 있는 방법이 있지요. 죄를 범하지 않으면 됩니다. 아무나 포도청으로 끌려가는 게 아니니까요. 죄를 지은 사람만 포도청에 갑니다.

누가 포도청에서 곤장을 맞는지 살펴볼까요? 어떤 사람은 본성 자체가 사악하고 흉폭해 죄를 짓고 포도청에 왔는데, 어떤 사람은 먹을 게 없어 굶주릴 지경에서 할 수 없이 도둑질을 하다 포도청에 왔다고 하네요. 굶주림에 성당의 촛대를 훔치는 빅토르 위고(Victor Marie Hugo)의 소설 『레 미제라블』 속 장 발장은 포도청에도 있네요. "사흘 굶어 담 아니 넘을 놈 없다"는 속담 그 자체의 사연을 지닌 사람인 거죠. 먹고살기 위해 해서는 안 될 짓인 줄 알았지만 어쩔 수 없이 할 수밖에 없었고, 그래서 포도청에 끌려온 사람의 상황을 "목구멍이 포도청이다"라는 속담만큼 잘 표현해주는 게 또 어디 있을까요? 이 속담에는 먹고살기의 엄중함, 밥벌이의 비장함이 들어 있습니다.

"목구멍이 포도청"인 처지에 놓인 사람들은 언제 어떻게 출현하게 되었을까요? 보통 사람인 우리와 공통의 처지에 놓인 사람, 우리의 공통 조상일지도 모르는 그들이 출현하던 그 시절로 돌아가보겠습니다.

저는 할아버지의 얼굴을 기억하지는 못합니다. 아버지가 7남매 중 여섯 번째 아들이셨고, 저는 부모님 슬하 4남매 중 막내였기에 제가 태어났을 때 이미 할아버지는 세상을 뜨신 상태였습니다. 할아버지 얼굴은 기억하지 못하지만 할아버지가 사셨던 집은 기억합니다. 아버지가 그 집에서 태어났고 성장하셨기에 제가 어렸을 때 아버지 고향에 가면 할아버지가 사셨던 동네를 가는 셈이었지요. 충청남도 공주군 반포면 송곡리라는 아주 작은 자연 부락이었는데요, 기억을 되살려보면 할아버지 댁 뒤에는 산이 있었습니다. 그런데 그 뒷산은 주인이 없었습니다. 아마도 관습적으로 마을 사람들 누구나 사용할 수 있는 공유지(commons)였지요.

할아버지 댁 옆에는 우물이 있었는데요, 이 우물도 할아버지 소유가 아니었습니다. 제가 어렸을 때 아버지 고향에 가서 세수를 하러 우물가로 가면 옆집 사람, 뒷집 사람도 우물에 나와서 세수를 했습니다. 이 우물도 마을 공동의 소유였던 것이지요. 할아버지는 난방에 필요한 땔감을 돈 주고 살 필요 없이 공유지인 뒷산에서 나무를 해다가 난방을 해결했고, 마실 물도 돈을 주고 사지 않고 공유지인 우물에서 물을 길어 식수로 마셨습니다. 들판에 나가면 물론 할아버지 소유의 논과 밭도 있었지만 누구의 땅인지 분명하지 않은 비어 있는 들도 있었는데요, 할머니를 따라 이 들판에 가서 쑥과 냉이를 캐다가 저녁 반찬으로 해 먹었던 기억이 나네요. 그러니까 할아버지가 사셨던 시절만 하더라도, 송곡리라는 마을에 터를 일구고 살고 있는 사람이라면 개인 소유의 산과 들이 없어도 마을 뒷산에서 땔감을 해결하고, 돈을 내지 않고 우물을 이용하고, 들에서 냉이를 캐 먹을 수 있었다는 뜻이네요.

지금 제가 사는 모습과는 완전히 다릅니다. 저는 땅이 한 평도 없습니다. 제가 소유하고 있는 아파트에 토지 지분이 장부상으로 있기는 하지만 제가 직접 발로 밟고 이용할 수 있는 토지는 한 뼘도 없습니다. 지금 우리가 살고 있는 도시에서는 자기 땅인 곳과 자기 땅이 아닌 곳이 분명하게 구별되고, 남의 땅은 주인의 허락 없이 함부로 이용해서는 안 되는, 법적으로 보호되는 사적 소유로 취급됩니다. 국토교통부는 매해 토지 소유 현황 통계 자료를 발표하는데요, 제가 호기심이 생겨 토지 소유 현황 통계 자료를 찾아봤습니다. 2020년 기준 우리나라 전체 5,183만 명(주민등록 인구) 중 1,805만 명이 토지를 소유하고 있다고 하네요. 꽤 많은 사람들이 토지를 소유하고 있는 것처럼 보이지만 5,183만 명 중의 1,805만 명이면 전체 인구 중에서 한 평이라도 토지를 소유하고 있는 사람은 대한민국 국민 중 34퍼센트에 불과합니다.

지금은 토지의 사적 소유라는 개념이 너무 명확하게 자리 잡고 있어서 토지의 사적 소유가 아주 오래된 관행처럼 여겨지지만 사실 그 역사가 그리 길지 않습니다. 아주 오랜 기간 동안 인간에게는 사유지보다는 어느 누구의 소유도 아닌 공유지가 더 일반적이었고, 마을에 거주하는 사람은 사적 소유지가 없어도 관습적으로 공유지를 이용할 수 있었습니다. 그러다 산업혁명이 시작되고 자본주의 생산 양식으로의 이행이 가속화되면서 중요한 변화가 생깁니다. 이 변화는 지구상에서 산업혁명이 가장 빨랐던 영국에서 먼저 시작됩니다.

혹시 종획 운동(enclosure)이라는 단어를 들어보신 적 있으신가요? 영국의 16~17세기 튜더 왕조 시절에 시작되어 18~19세기에 이르러 가속화된 중요한 변화입니다. 종획이라는 단어는 enclosure를 번역한 것입니다. enclosure라는 단어를 들여다보면 close(닫혀 있다)라는 단어가 보이죠. 종획 운동은 어느 누구의 소유도 아니었던 공유지에 울타리를 치고(enclosure) 특정인에게 배타적인 사적 소유권을 부여하기 시작한 변동을 의미합니다. 영국에서 양모 산업이 발달하면서 그 원료인 양털에 대한 사회적 수요가 상승하자 좀 더 많은 양털을 생산하기 위해 과거 공유지였던 들판을 자신의 땅으로 만들어 배타적으로 사용하려는 사람들이 이러한 변화를 주도한 것이지요. 과거 누구나 사용할 수 있는 공유지였던 들판이 종획을 통해 특정인의 사적 소유로 변합니다. 그렇게 되면 공유지인 들판을 이용하던 사람은 공유지를 사용할 수 있는 권리를 잃어버리게 되지요. 공유지에서 농사를 지어 먹고사는 문제를 해결했던 어떤 사람이 있다고 칩시다. 그는 돈이 없어도 공유지에서 나온 먹거리로 먹고사는 문제는 최소한 해결할 수 있었어요. 그런데 그가 먹거리를 해결하던 공유지에 누군가 등장해 울타리를 치고 배타적인 소유를 주장하면 그 사람은 더 이상 공유지를 사용할 수 없습니다. 울타리가 쳐진 사적 소유로 변한 공유지 안에는 양들이 뛰놉니다. 공유지를 더 이상 이용할 수 없는 사람은 먹고사는 문제를 위협받습니다. 그래서 『유토피아』의 작가 토머스 모어(Thomas More)는 이 종획 운동을 가리켜 "양이 사람을 먹어치운다"고 개탄하기도 했었지요.

점유하고 있는 토지에서 쫓겨난다는 것이 어떤 의미인지 잠시 칼 폴라니(Karl Polanyi, 1886~1964)의 해석을 함께 읽어보겠습니다.

토지는 인간 존재에 대해 절대적 기능들을 여러 가지 수행해주고 있으며 경제적 기능이란 그중 하나에 불과한 것이다. 토지는 인간의 삶에 안정성을 가져다준다. 토지는 인간의 삶의 터전이며, 그의 육체적 안전의 조건이며, 계절도 아름다운 경치도 모두 거기에 담겨 있다. 토지가 없이 삶을 영위한다는 말은 차라리 손발 없이 세상에 태어난다고 상상하는 것보다 더 황당한 일이다. 그런데 토지를 인간에서 떼어내고 사회 전체를 부동산 시장의 작동 조건을 충족하는 방식으로 조직하는 것이야말로 시장경제라는 유토피아적 아이디어의 절대적 핵심이다.[*]

• 칼 폴라니, 『거대한 전환』, 홍기빈 옮김, 길, 2009, 465쪽.

공유지가 배타적 사적 소유의 대상으로 전환되는, 마치 "악마의 맷돌"이 도는 것과 같은 배타적 소유권 확대 과정을 거치고 나면 관습적으로 사용해왔던 공유지에 대한 권리를 상실한 사람들은 자기 몸뚱이 말고는 아무것도 없는 사람, 즉 프롤레타리아(무산계급)가 됩니다.

영국의 종획 운동에 해당되는 중요한 변화가 우리나라의 경우 일제 강점기에 이른바 '토지조사사업'이라는 구실로 이루어집니다. 당시까지만 하더라도 대부분의 농민은 사적 소유권을 지니고 있지는 않았지만 관습적인 경작권을 소유하고 있었지요. 배타적인 토지에 대한 사적 소유라는 개념은 불분명했었는데요, '토지조사사업'을 통해 일본인과 일부 한국인은 대규모 토지를 소유한 지주로 변신하고, 공유지 점유로부터 박탈당한 사람들이 대거 등장했습니다. 영국의 종획 운동과 일제 강점기의 '토지조사사업'은 시행된 시기와 방법은 다르지만 공유지로부터 박탈당한 대규모의 인구를 만들어냈다는 점에서 동일한 결과를 낳았지요.

공유지가 있었던 시절을 혹시 낭만적으로 생각하실 분이 계실지도 모르는데요, 공유지가 있었던 그 시절은 아주 엄격한 신분제가 지배하던 시절이었습니다. 저는 할아버지가 어떤 신분이었는지 모릅니다. 아버지 말씀으로는 양반이었다고 하는데, 신분상 양반이었다 하더라도 할아버지는 선비라기보다 농사꾼에 가까운 분이셨으니 할아버지의 신분이 그다지 중요하다고는 생각하지 않아요.
우리는 신분제 사회에 살고 있지 않습니다. 우리는 신분제적 구속
에 얽혀 있지 않다는 점에서 '자유로운' 사람들입니다. 그런데 우리
가 신분제적 구속으로부터 벗어나 얻게 된 자유는 이중적입니다.
자본주의 생산 양식을 분석하는 데 일생을 마쳤던 칼 마르크스(Karl
Marx, 1818~1883)는 자유로움의 이중적 의미를 이렇게 설명합니다.

화폐가 자본으로 전환되기 위해서는 화폐 소유자는 상품 시장에서 자유로
운 노동자를 발견하지 않으면 안 된다. 여기에서 자유롭다는 것은 이중의
의미를 가진다. 즉 노동자는 자유인으로서 자기의 노동력을 자신의 상품으
로 처분할 수 있다는 의미와, 다른 한편으로 그는 노동력 이외에는 상품으
로 판매할 다른 어떤 것도 전혀 가지고 있지 않으며, 자기 노동력의 실현에
필요한 모든 물건으로부터 자유롭다는 의미다.[•]

마르크스는 근대적 자유를 이중적으로 해석합니다. 첫째, 우리는
지금 신분제적 제약에서 벗어났다는 의미에서 자유로운 존재입니
다. 이 점만 생각하면 신분제 사회 이후를 살고 있는 우리는 신분
제적 구속에 얽혀 있던 과거에 비해 진일보했지요. 하지만 신분제

• 칼 마르크스, 『자본론(상)』, 223쪽.

적 제약에서 벗어나 얻은 자유는 공유지의 박탈과 맞물려 있습니다. 신분제적 억압에서 벗어났다는 근대적 자유는 공유지의 박탈로 인한 빈곤한 처지로의 전락을 의미하기도 합니다. 자유롭지만 빈곤 상태에 처한, 대규모의 "목구멍이 포도청"인 인구가 자본주의로의 이행기에 만들어집니다. 일을 해서 돈을 벌지 않으면 굶주림에 처할 수밖에 없는 운명을 지닌 인구 집단이 현대 사회에서 월급을 받아야만 삶을 영위할 수 있는 월급쟁이의 선조입니다.

굶어 죽는 사람은 사회의 생산력이 부족해서 생기는 걸까요? 만약 굶어 죽는 사람이 생기는 이유가 사회의 낮은 생산력 때문이라면 지금보다 생산력이 낮았던 전통 사회에서는 사람들이 허다하게 굶어 죽었어야 합니다. 그런데 시장 체제가 들어서기 이전에는 역설적으로 굶어 죽는 사람은 많지 않았어요. 공동체가 가난한 사람을 돌봤으니까요. 공동체가 개인을 돌보는 한 "공동체 전체가 함께 궁핍에 처하는 경우가 아니라면 결코 굶주림의 위협을 받는 일"*이 없었습니다. 집이 없어 길거리에서 삶을 사는 홈리스는 오히려 현대 사회에 더 많이, 그리고 자본주의가 발전한 나라일수록 늘어나는 것과 마찬가지입니다.

공유지를 박탈당한 사람은 먹을 것을 공유지로부터 조달할 수 없

• 칼 폴라니, 『거대한 전환』, 440쪽.

습니다. 공유지에 집을 짓고 살던 사람들이 공유지에서 쫓겨나면 돈을 주고 집을 구매해야 합니다. 집이 사람들의 삶을 품어주는 거주의 터전에서 거래되는 부동산으로 바뀌게 된 것이지요. 이들은 공유지에서 돈을 주고 거래하지 않고 조달하던 그 모든 과정으로 부터 이탈했기에 삶을 살기 위해서는 무조건 돈이 필요합니다.

집에 곡식이든 금이든 석유든 나무든 나물이든 뭔가 시장에 내다 팔 수 있는 물건을 갖고 있는 사람이라면 그것을 팔아 삶에 필요한 다른 물건과 바꿀 수도 있지만, 그조차도 없는 사람이라면 오로지 팔 수 있는 것은 자신의 능력뿐입니다.

우리가 먹고살기 위해서 판매하는 우리 고유의 능력을 노동력이라고 합니다. 우리는 노동력을 판매하고, 판매한 대가로 돈을 받고, 그 돈으로 생활에 필요한 물건을 구입하면서 삶을 살아가지요. 시장에 내다 팔 수 있는 것이라고는 오로지 자신의 능력뿐인 이들이 현대의 보통 사람들입니다. 우리는 경제 체제가 시장 체제로 넘어가는 '대전환' 과정을 통해 형성된 운명을 공유한 근대 특유의 사람인 셈입니다.

돈은 우리가 살고 있는 사회를 지배합니다. 무슨 일을 하든 돈이 필요합니다. 돈으로 할 수 있는 일은 점점 늘어납니다. 그럴수록 더 많은 돈이 필요해집니다. 돈을 가지고 할 수 있는 일은 많아요, 그리고 돈을 가지고 하려는 일도 사람마다 다르지요. 하지만 모든 사람이 돈이 필요하다는 사실은 공통적입니다. "돈은 어떤 개별적인 목적과도 결코 관련되지 않음으로써 모든 목적과 관련을 맺을 수"• 있습니다.

돈을 벌기 위해 하는 활동을 노동이라 부르지요. 특정한 노동에 장기적으로, 그리고 규칙적으로 종사하면 그것을 그 사람의 직업이라 합니다. 우리에게 주어진 하루는 24시간입니다. 누구에게나 마찬가지죠. 우리에게 주어진 24시간이 어떻게 분할되는지 생각해보겠습니다.

인간은 생명체입니다. 잠은 필수적입니다. 의학적으로 최소 여덟 시간은 자야 좋다고 하지요. 그런데 여덟 시간이면 꿈같은 수면 시간이라고 생각하는 분도 계실 겁니다. 의사가 권장하는 여덟 시간 이상은 하루 24시간 중에서 3분의 1에 해당됩니다. 우리가 근로기준법에 따라 적절한 하루의 노동 시간으로 생각하는 것도 하루 여덟 시간이죠. 하루 24시간 중에서 3분의 1은 잠을 자야 하는 시간, 그리고 먹고살기 위해 돈을 버는 활동에 할애하는 시간이 3분의 1입니다. 나머지가 자유 시간이지요. 24시간은 이론적으로는 이렇게

• 게오르크 지멜, 『돈의 철학』, 335쪽.

3분할 되네요. 그러나 실제로는 노동 시간, 수면 시간, 자유 시간이 3분할 되지 않을 겁니다. 하루가 24시간으로 구성되어 있는 것은 불변이어서, 어느 한 영역을 위한 시간이 늘어나면 다른 시간은 줄어들 수밖에 없으니까요. 먹고살기 위해 일해야 하는 시간이 늘어난다면 별수 없이 자유 시간이 줄어들거나 잠자는 시간이 줄어들지요.

이 틀로 인생을 들여다보면 어떻게 될까요? 학교를 다니는 동안은 일하지 않아도 됩니다. 참 행복했던 시절이었습니다. 대학교를 졸업한 제자를 어쩌다 만나게 되면 다들 이렇게 얘기합니다. "학교 다닐 때가 정말 제일 좋았던 시절이었어요." 학교를 다닐 때는 공부가 지겨웠는데, 학교를 다니는 동안은 적어도 일하지 않아도 되었기 때문이라는 거죠.

학교를 졸업하고 나면 누구나 다 "목구멍이 포도청"이기 때문에 잠을 줄여가면서 일을 할 수밖에 없습니다. 우리 인생을 80년으로 잡았을 때 "목구멍이 포도청"인 문제를 해결하기 위해 인생 80년 중에서 할애해야 하는 시간이 어느 정도 되는지 계산해보면 우리 인생의 상당수는 "목구멍이 포도청"이라는 법칙에 의해 움직이는 시계입니다.

노동은 분명 재미있는 구석도 있습니다. 일을 하다 보면 우리는 가끔 재미를 느끼게 되니까요. 그런데 일이라는 게 또 특이하게 항상 재미있기만 한 건 아닙니다. 돈을 벌기 위해 노동을 하면서 가끔 재미와 보람을 느끼기도 하지만 늘 그렇지는 않죠. 노동은 보통 우리를 너무 힘들게 합니다.

동전의 양면처럼 우리의 노동은 두 가지 측면을 가지고 있습니다. 한편으로 노동에는 없던 것을 만들어내는 창조적이고 생산적인 영역이 있습니다. 호메로스의 『일리아스』와 『오디세이아』에는 손재주가 뛰어난 헤파이스토스의 각종 생산품을 소개하는 구절이 곳곳에 있습니다. 헤파이스토스는 놀라운 손재주로 세상에 없던 신기한 물건을 만들어냅니다. 헤파이스토스는 새로운 물건을 창작해내면서 무엇과도 비교할 수 없는 기쁨을 맛보았을 것입니다.

만약 노동이 헤파이스토스의 창조적인 영역으로만 구성되어 있다면 우리는 노동을 마음 깊이 사랑할 겁니다. 하지만 그렇지 못하지요. 노동의 다른 측면 때문에 그렇습니다. 노동에는 하고 싶지는 않지만 억지로 어쩔 수 없이 할 수밖에 없는 고통의 영역, 즉 노고(勞苦)라고 부를 수밖에 없는 영역이 있습니다. 노동이 노고와 창조적 활동이라는 두 가지 영역으로 나뉘어 있다면, 가급적이면 우리의 노동에서 노고보다는 창조 활동에 해당되는 영역이 많으면 많을수록 좋겠지요? 창조 활동의 영역이 노고의 영역보다 더 많다면 먹고살기 위해서 일을 해야 하는 사실은 변함없지만, 그래도 노동에서 재미와 보람을 더 많이 맛볼 수 있을 테니까요. 반대로 노고에 해당되는 영역이 우리가 수행하는 노동 중에서 많은 비중을 차지하면, 우리는 신들의 노여움을 사 언덕 위로 바위를 끝없이 밀어올리는 형벌을 받은 시시포스의 처지와 다를 바 없을 것입니다. 시시포스처럼 재미도 없는 고통스러운 노동을 매일 반복한다고 생각하면 정말 끔찍하겠지요.

노동을 구성하는 노고와 창조적 활동이 한 사람의 노동에서 배분되는 구체적인 방식을 살펴볼까요? 신분제 사회에서는 노고와 창조적 활동이 신분에 따라 배분됩니다. 고대 희랍의 노예제 사회에서 노고는 노예의 몫이고, 노예가 아닌 자유민은 창조적인 일만 맡았습니다. 봉건제 사회에서도 마찬가지지요. 양반은 직업 명칭이 아닙니다. 양반은 신분이지요. 양반은 선비가 되려고 노력해야 합니다. 선비는 한평생 학문을 닦습니다. 선비는 일하지 않습니다. 창조적인 일만 하지요. 사군자를 치거나 시를 읊으면서 평생 학문에 매진하며 살아갑니다. 그럼 일은 누가 할까요? 돌쇠가 시시포스의 노고를 담당합니다. 신분제 사회에서는 신분에 따라 창조 활동과 노고의 고통이 배분됩니다.

우리는 더 이상 신분제 사회에 살고 있지 않습니다. 우리는 계급에 따라 노고와 창조 활동이 배분되는 계급사회에 살고 있는데요, 계급사회에서 사람은 딱 두 종류로 나뉩니다. 돈을 벌기 위해 노동력을 판매하는 사람과, 굳이 돈을 벌기 위해 노동력을 판매할 필요가 없고 노동력을 판매하는 사람으로부터 노동력을 구매하는 사람, 이렇게 두 종류로 나뉘죠.

양적으로 보자면 어떤 사람이 더 많을까요? 사회를 구성하고 있는 사람 중에서 거의 90퍼센트 이상에 해당되는 사람이 노동력을 판매합니다. 노동력을 판매하는 사람은 다시 직급에 따라 노고가 집중적으로 할당되는 사람과 그렇지 않은 사람으로 나뉩니다. 사회학자 해리 브레이버맨(Harry Braverman, 1920~1976)은 『노동과 독점자본』* 이라는 책에서 노동의 자동화가 진행될수록 창조적인 일에 해당되는 노동의 구상(conception)을 담당하는 소수의 관리자 계층과 실행(execution)을 담당하는 탈숙련화된 노동자로 분리된다고 주장했습니다. 직급이 높은 사람은 창조적인 아이디어를 생각해내는 '구상' 업무를 담당합니다. 탈숙련화된 노동자가 담당하는 일은 특별한 기술이나 숙련이 필요하지 않은 단순한 '실행' 업무에 국한됩니다. 하루 종일 같은 일을 반복해야 하는 노고는 '실행'을 떠맡은 하위 직급 사람의 몫입니다. 그들은 현대의 시시포스입니다.

노고와 창조 활동이 분배되는 방식은 업종에 따라서도 달라집니다. 어떤 직종은 그 직종의 특성 때문에 창조에 해당되는 영역이 훨씬 더 많은 비중을 차지하고, 반면 어떤 업종은 거의 노고에 해당

• 해리 브레이버맨, 『노동과 독점자본』, 이한주 등 옮김, 까치, 1998.

되는 일들로 구성되어 있습니다. 또한 세계화가 진행되면서 잘사는 나라인지 아니면 못사는 나라인지에 따라 노고와 창조 활동이 배분되기도 하지요. 잘사는 나라, 즉 선진국일수록 창조 활동에 해당되는 노동을 수행하는 일자리가 훨씬 더 많고요. 반면 가난한 나라는 노고를 도맡습니다. 스웨덴 가구 기업 이케아(IKEA)는 창조적인 일만 담당합니다. 그리고 창조적인 아이디어를 실행으로 옮기는 지겹고 단순한 일은 다른 나라에 맡기지요. 패션 브랜드 스페인의 자라(ZARA)나 스웨덴의 에이치엔엠(H&M)의 옷은 스페인이나 스웨덴에서 만들지 않습니다. 스웨덴과 스페인은 디자인과 마케팅 업무를 담당하고, 반복적이고 따분하고 노고 그 자체라 할 수 있는 옷과 가구 부품 만들기는 저발전국의 몫입니다. 이케아 매장은 스웨덴 기업임을 드러내기 위해 스웨덴 국기의 색을 응용해 장식했지만 정작 이케아에서 'Made in Sweden' 표시가 되어 있는 상품을 찾는 건 불가능에 가깝습니다.

아마 높은 직급도 아니고, 속한 업종이 창조적인 노동으로만 구성되어 있는 직종도 아닌 곳에서 일하는 것이 보통 사람의 평범한 모습일 겁니다. 그렇다면 우리가 "목구멍이 포도청"이어서 밥벌이로 하는 일은 노동의 기쁨보다는 고통을 맛보게 해줄 가능성이 높지요. 같은 일을 매일 반복하면서 일에서 기쁨을 느끼는 사람은 없을 거예요. 일에서 기쁨을 느끼지 못할 때는 그 일을 그만두면 될 텐데요. 우리는 그만두지 못합니다. 왜냐? "목구멍이 포도청"이기 때문이죠. 아무리 그 노동이 기쁨을 주지 않는다고 해서 내가 그 노동을 그만두어버리면 당장 내가 먹을 것, 입을 것, 그리고 사회생활하는 데 필요한 비용들을 치를 돈을 조달할 방법이 없기 때문입니다.

조르주 페렉(Georges Perec)의 소설 『임금 인상을 요청하기 위해 과장에게 접근하는 기술과 방법』이 생각나네요. 한 달에 691프랑을 월급으로 받는 회사원이 과장에게 월급을 올려달라고 요구하고 싶은데요, 언제 말하는 게 좋을지 기회를 노리고 있습니다. 그 기회를 포착하기가 쉽지 않아요. 과장의 눈치를 봅니다. 그가 과장의 눈치를 살피는 이유는 과장의 기분을 건드릴 경우 그 자리에서 쫓겨나지 않을까 하는 두려움 때문입니다. 그는 임금을 올려 받고 싶지만, 혹 그 과정에서 과장의 심기를 건드려 '고작 한 달에 691프랑을 받는' 자기 위치가 위험해지지 않을까 불안합니다.

이게 우리의 평균적인 모습이겠지요. 누구나 일을 재미없어하고 가능하면 일을 때려치우고 싶어 하지만, 일을 때려치우면 먹고사는 게 걱정이라 어쩔 수 없이 일을 계속할 수밖에 없습니다. 노예신분도 아니고 일하라고 채찍질하는 누군가 있는 것도 아닌데, 우리는 일을 하기 싫어도 해고되지 않으려고 열심히 일할 수밖에 없습니다. 노동 시간은 하루에 24시간 중에서 원칙적으로는 3분의 1이어야 하는데요, 이런저런 이유로 노동 시간이 더 늘어나도 거부하지 못합니다. "목구멍이 포도청"이니까요.

노동은 사람을 지치게 합니다. 텔레비전을 보다가 기막힌 방식으로 패러디된 "불편한 진실"을 소재로 삼은 광고를 본 적이 있습니다. 그 광고의 내용은 이런 거였어요. 어떤 사람이 일을 마친 뒤 피곤한 몸을 이끌고 버스를 타고 집으로 돌아가는데 버스에서 꾸벅꾸벅 졸고 있네요. 이때 기막힌 광고 카피가 등장합니다. "떡은 사람이 될 수 없지만 사람은 떡이 될 수 있습니다." 그야말로 떡처럼 거의 실신 지경, 노동을 하다가 너무 힘들어서 쓰러지기 일보 직전의 사람을 그렇게 표현한 것이었죠.

이 광고를 보고 있으면 "파김치가 되었다"는, 우리가 많이 쓰는 관용적 표현이 생각납니다. 왜 사람은 떡이 되도록, 파김치가 되도록 일을 할까요? 그 이유는 너무 간단합니다. 우리는 건물주도 아니고 은행에 수십억의 재산을 맡겨놓은 사람도 아니기에 일자리를 잃어 당장 월급과 임금을 받지 못하면 먹고사는 일이 막막해지기 때문이지요.

"목구멍이 포도청이다"처럼 밥벌이의 엄중함을 표현해주는 속담은 꽤 많습니다. 예를 들면 "수염이 석 자라도 먹어야 양반이다"도 빼놓을 수 없습니다. 먹고사는 문제 앞에서는 체면이고 뭐고 내세울 수 없다는 것을 "수염이 석 자라도 먹어야 양반이다"라는 속담으로 표현한 거죠. 그리고 많은 직장인이 자주 쓰는 대표적 표현인 "간과 쓸개를 다 빼놨다"도 빠뜨릴 수 없네요.

———

"목구멍이 포도청"이다 보니 직업이 사람을 바꾸어놓기도 합니다. 직업군마다 말투라든가 옷차림이라든가 표정이 많이 다릅니다. 사람을 직접 대면하는 서비스직에 종사하시는 분은 아주 공손한 말투를 사용하죠. 항상 웃는 얼굴입니다. 비행기를 탈 때마다 늘 감탄하곤 합니다. 비행기 승무원은 어떤 상황에서도 흔들리지 않고 한결같이 미소 어린 표정을 짓고 계시잖아요.

승무원의 표정은 승무원 각각의 성격이 반영된 것일까요? 사람마다 성격은 제각각입니다. 성격이 밝은 분도 있지만 그렇지 않은 분도 있지요. 그 점을 고려하면 승무원의 밝은 미소, 콜센터에서 전화를 받는 분들의 친절한 말투는 그 일을 하는 분의 성격과는 관계없는 연출된 결과라는 뜻이 되겠네요. 그 미소와 밝은 목소리는 개인의 성격이 아니라 그분들이 수행해야만 하는 일의 성격을 반영하는 것이겠죠. 어떤 승무원은 본래는 매우 내성적인 성격일지도 모릅니다. 그런데 서비스직에 종사하는 사람은 본래 본인의 성격이 내성적이어도 본인의 성격을 유지하면 안 되죠. 직업이 요구하는 역할에 맞춰 자기 성격을 억지로 개조해야 합니다.

"목구멍이 포도청"인 우리는 아무리 체면을 차리더라도 먹어야 살지만 그렇다고 인격을 판매하지는 않습니다. 우리가 판매하는 것은 법률상으로는 일할 수 있는 능력, 즉 노동력으로 국한되어 있지요. 노동력은 인격까지 저당 잡힌 채 일을 해야만 했던 신분제 사회와 우리가 살고 있는 현대 사회를 구별하기 위해 매우 중요한 개념입니다. 노동하는 사람은 인격체입니다. 노동하는 사람의 인격은 노동하는 사람의 것입니다. 타인은 그 사람이 "목구멍이 포도청"이어서 일을 하고 그 대가로 돈을 벌고 있다 할지라도 타인의 인격을 소유할 수도, 훼손할 수도 없고 그래서도 안 됩니다.

인격 판매는 금지되어 있습니다. 아무리 "목구멍이 포도청"이기 때문에 일을 하고 그 대가로 돈을 받지만, 우리는 우리의 인격까지 저당 잡히지는 않습니다. 법률적으로는 그렇습니다. 그런데 법률적인 규정과 실질적인 관행 사이에는 틈이 있어요. 법률적으로는 우리는 인격을 판매하지 않고 노동력만을 판매하지만, 실제로 일을 해보면 노동력만 파는 것과 인격이 포함된 노동을 판매하는 것 사이가 두부모 자르듯이 명확하게 구별되지 않는 경우가 있습니다. 때로는 '사실상' 인격이 저당 잡힌 듯한 경험을 일하는 사람이라면 누구나 겪지요.

주어진 업무를 제대로 수행하는지가 중요하지, 그 업무를 수행하는 동안 그 사람이 어떤 표정을 짓는지, 어떤 목소리로 응대하는지는 사실 규제하고 통제할 수 있는 영역은 아니지요. 그런데 자본주의 사회가 발전하면서 이른바 3차 산업이 확대됩니다. 선진국일수록 농업·수산업과 같은 1차 산업이나 제조업과 같은 2차 산업이 아니라 판매 금융과 같은 3차 산업이 발전합니다. 그러다 보면 3차 산업에서 일하면서 "목구멍이 포도청"을 해결하는 사람이 늘어나지요. 이전에는 단어 그 자체로 노동력만 판매하는 직업이 많았다면, 3차 산업이 커지고 사회가 서비스 산업 위주로 재편되면서 예전에는 판매하지 않았던 인간의 능력까지 판매하는 직업이 늘어납니다. 감정 자체가 노동자가 임금을 받기 위해 시장에 내놓은, 일종의 판매하는 상품이 되고 마는 고용 형태가 나타나는 것이지요. 이 새로운 현상을 사회학은 '감정노동(emotional labour)'이라 부릅니다.*

2차 산업의 공장에서 일하는 노동자가 어떤 감정 상태로 일을 했는지 소비자는 완성품 텔레비전이나 세탁기에서 알아챌 수 없습니다. 소비자는 완성품에 혹시 하자가 없는지 꼼꼼하게 살필 뿐입니다. 소비자는 노동 과정이 아니라 완성품만 보는데, 완성품에는 노동자가 그 제품을 만들 때 품었던 감정의 흔적은 남아 있을 리 없지요. 따라서 기업의 생산 관리 목표는 불량률 저하에 초점을 맞춥니

• 앨리 러셀 혹실드, 『감정노동』, 이가람 옮김, 이매진, 2009.

다. 기업은 노동자의 감정 상태를 통제할 필요를 느끼지 못합니다. 그런데 사무 노동자의 노동 현장에서는 감정 조절이 미묘한 변수로 등장하지요.

사회학자 찰스 밀스(Charles Wright Mills, 1916~1962)는 『화이트칼라 (White Collar)』라는 사무 노동자를 분석한 책에서 '위대한 매장'이라고 이름 붙인 현상에 주목했는데요, 사무 노동자들이 법률적으로는 노동력만 팔고 있지만 상급자에게 잘 보이기 위해 사실상 특정한 감정을 연출하거나 숨겨야 하는 상황을 포착한 것입니다.

화이트칼라는 직장에서 자신의 시간과 에너지만 파는 게 아니라 자신의 인간성까지도 팔고 있다. 그들은 주급이나 월급을 받으며 자신의 미소와 친절한 몸짓을 판다. 그리고 화가 나더라도 재빨리 그것을 억제해야 한다. 왜냐하면 바로 그것이 상품이나 서비스를 보다 효과적으로 판매하여 이익을 많이 올릴 수 있는 조그만 자질이기 때문이다.*

밀스는 사무 노동자는 감정을 연출하는 '명랑한 로봇'이 될 수밖에 없다는 무시무시한, 하지만 사실을 너무 적절하게 표현해주는 은유로 사무 노동자의 처지를 표현했습니다. 사무 노동자에게 암묵

• 라이트 밀즈, 『화이트 칼라』, 강희경 옮김, 돌베개, 1980, 22쪽.

적인 사무실 에티켓으로 통용되는 관행이었던 감정의 연출은 서비스직에서는 전면화됩니다. 서비스 산업에 종사하는 사람들은 서비스를 제공할 때 감정을 표현하는 방식이 서비스 그 자체의 일부가 되는 노동을 해야 합니다. 감정노동은 특정한 감정 상태를 판매합니다. 항상 웃으면서 다른 사람에게 친절하게 대할 수밖에 없는 콜센터 상담원은 목소리를 사용하는 일종의 육체노동과 안내하고 상담하는 정신노동을 하면서 동시에 특정한 감정까지 전달해야 하는 다중의 압력에 시달립니다. 항상 명랑한 목소리로 응대해야 하고 때로는 고객에게 "사랑합니다, 고객님"이라 말하면서 연출된 감정을 목소리로 전달해야 하니까요.

감정까지 판매해야 한다니, 참 세상 사는 게 쉽지 않지요. 먹고살기 위해 노동력을 판매하기는 하지만, 노동력을 판매하다 보면 사실상 인격까지 저당 잡히고 판매하는 느낌을 떨칠 수 없기 때문에 사람들은 만약 일확천금만 할 수 있다면 당장 하고 있는 일을 때려치우고 싶어 합니다. 사람들의 이런 심정을 알아채서 그럴까요? 우리가 사용하는 속담 중에는 비록 일이 힘들고 어려워도 꾹 참고 견디면 언젠가는 좋은 날이 오리라는 희망을 표현하는 것들이 적지 않게 있습니다. "거지도 부지런하면 더운밥을 얻어먹는다"가 그런 속담 중 하나일 것입니다.

어떤 사람이 가난합니다. 그 사람이 게을러서 가난할 수도 있습니다. 가난이 개인의 게으름 때문이라면 그 사람이 자신의 가난에 책임을 져야 합니다. 그런데요, 우리가 조심해야 할 것은 빈곤에 처해 있는 모든 사람이 게으르지는 않다는 점입니다. 아마 거의 모든 동네에서 볼 수 있는 현상이 하나 있습니다. 저도 '니은서점'에서 창밖을 내다보면 가장 많이 목격하는 장면 중 하나가 폐지를 줍는 할머니입니다.

정말 아주아주 더운 날에도 폐지를 주우러 다니시고요, 아주아주 추운 날에도 쉬지 않고 폐지를 주우러 다니십니다. 어떤 때는 할머니 혼자 감당할 수 없을 정도로 폐지가 산더미처럼 쌓인 리어카를 혼자 끌고 가는 모습을 보기도 합니다. 더운 날에도 추운 날에도, 비가 와도 눈이 와도 하루도 빼놓지 않고 일하는 할머니의 부지런함에 매번 놀랍니다. 할머니의 부지런함은 할머니를 가난으로부터 벗어나게 해줄까요?

게으르기 때문에 가난한 사람, 일하지 않기 때문에 빈곤 상태에 처한 사람이 아니라, 일을 하는데도 가난한 사람, 노동을 열심히 하는데도 가난한 사람이 역설적으로 늘어납니다. 일을 하지 않아서 빈곤한 게 아니라 일을 하는데도 빈곤하다고 해서 사회학은 이들을 노동 빈민이라고 표현합니다. 우리는 보통 가난한 사람은 게으르기 때문에 가난한 것이므로 그 사람의 빈곤에 사회가 관심을 기울일 필요는 없다고 이야기하곤 하지만, 실제로 가난한 사람 중에는 게으른 사람보다 게으르지 않음에도 불구하고 빈곤 상태에서 벗어나지 못하는 사람이 더 많습니다. 그런데 어떤 사람은 일을 하지 않는데도 갈수록 부자가 된다고 하지요? 주식 배당금이나 자본 투자로 소득을 올려 부자가 된 사람들이 그렇습니다. 이들은 사회 전체 인구 중에서 1퍼센트도 안 되지만, 나머지 99퍼센트가 상상도 하지 못하는 돈을 법니다. 우리 99퍼센트에 해당되는 사람은 "목구멍이 포도청"입니다. 바로 "목구멍이 포도청"인 까닭에 99퍼센트에 해당되는 사람은 열심히 일할 수밖에 없고, 회사에서 잘릴까 봐 때로는 아프다는 사실을 숨겨가며 일을 하다가 병을 키우기도 하지요. 일을 하는데도 가난에서 벗어나지 못하는 사람이 적지 않은데 사회의 다른 편에는 일을 전혀 하지 않는데도 엄청난 돈을 너무나 쉽게 버는 사람이 있다면 그 사회는 어떻게 될까요?

사회가 안정성을 상실하게 됩니다. 가장 건강한 사회는 일한 사람, 성실한 사람, 노동을 열심히 하는 사람이 가난하지 않은 사회가 가장 긍정적인 사회입니다. 나도 잘살 수 있다는 희망이 있어야만 일을 하는 99퍼센트의 사람들이 희망을 갖고 이 세상을 살아갈 수 있기 때문이죠. 99퍼센트에게 희망을 주는 방법은 아주 간단합니다. 노동에 대한 적절한 보상이 정답입니다. 속담 "목구멍이 포도청이다"에 담긴 평범한 사람의 절실하고 절박한 심정을 혹시 정치인과 기업인이 잘 모르고 있어서 외면하고 있는지도 모른

다는 생각에 그들의 귀에 대고 제가 대신 외쳐보겠습니다. "목구
멍이 포도청이다!"

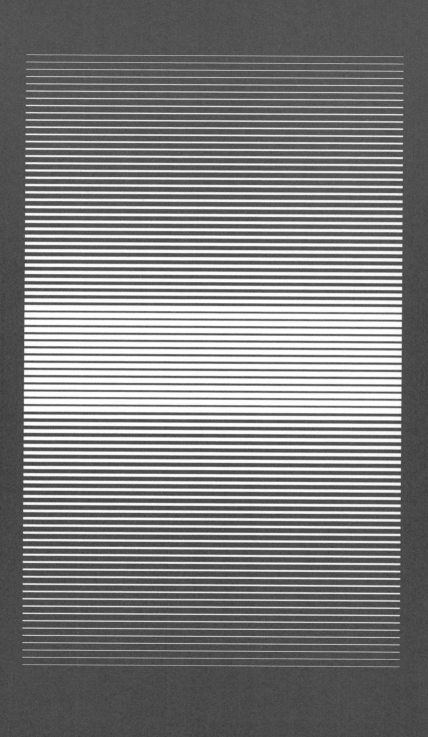

재주는 곰이 넘고 돈은 주인이 받는다

06

잘 알려진 격언이 하나 있지요.

선함을 가장하는 사람은 나쁜 일을 할 수 있다.

아무도 그럴 것으로 생각하지 않으니까.*

유독 정성을 쏟아야 맛있게 조리되는 음식이 있습니다. 음식 중에
는 뚝딱 만든 다음 안달하지 않고 오히려 그냥 내버려두어야 숙성
과 발효를 거쳐 기막힌 맛을 내는 음식이 있는가 하면, 조리 과정
내내 관심을 기울이며 지켜봐야 제대로 맛이 나는 음식도 있습니
다. 밥보다는 죽이 훨씬 더 까다로운 음식이고 요리하는 사람의 정
성을 요구하지요. 죽은 밥과 달리 조리되는 내내 불 옆을 지키면서
계속 저어주어야 쌀이 눌어붙지 않습니다. 죽과 조리 과정이 살짝
비슷한 이탈리아 요리 리소토도 그런데요, 그래서 이탈리아에서는
리소토는 만드는 과정에 담긴 정성 맛으로 먹는다는 말이 있다고
하지요. 그렇게 정성 들여 만든 죽인데, 그 죽을 남을 준다면 억울
하겠지요? 세상살이에서 우리는 이러한 상황에 자주 처해서 그런
지 "죽 쒀서 남 준다"와 유사한 속담이 적지 않은데요, 이번에 제가

• 조반니 보카치오, 『데카메론2』, 박상진 옮김, 민음사, 2012, 49쪽.

여러분과 함께 세상을 들여다볼 실마리로 선정한 속담은 "재주는 곰이 넘고 돈은 주인이 받는다"입니다.

이 속담 많이 들어보셨죠? "재주 넘는 곰"의 자리에 사람을 대입하면 재주 넘는 곰은 "노동하는 사람"이라 할 수 있습니다. 곰이 재주를 넘지 않으면 주인은 돈을 벌 수가 없었겠지요. 구경꾼은 곰 주인을 보고 돈을 주는 게 아니라 곰의 재주가 신기해서 돈을 주는 것이니까요. 주인이 돈을 벌 수 있게 만든 원천은 어디까지나 재주 넘는 곰입니다. 곰이 재주를 넘었기에 그 덕택으로 주인이 돈을 벌고 있으니, 재주 넘는 곰에게 정당한 보상이 돌아가는 것이 세상의 마땅한 이치지요.

그런데 이 세상은 우리의 당연한 기대나 상식적인 판단대로 움직이지 않습니다. 노동하지 않고 곰으로 하여금 재주를 넘게 하는 주인이 벌어가는 돈과, 정작 재주 넘는 곰에게 돌아가는 돈이 어느 정도의 비율로 배분되는지 따져봤더니 인정할 수 있는 범위를 벗어나서 재주 넘는 곰이 과소한 돈을 가졌다고 해요. 재주 넘지 않은 주인이 과대한 돈을 벌면, 재주 넘은 곰은 어떤 심정일까요? "죽 쒀서 남 준" 듯한 억울한 심정일 겁니다.

곰이 재주를 넘는지 사람들이 환호하는 소리가 저 멀리서 들리네요. 그곳으로 가볼까요? 장터인가 봅니다. 많은 사람이 모여 있습니다. "가는 날이 장날"이라는 속담 딱 그대로의 상황입니다. 역시 장날 장터는 사람으로 붐빕니다. 기왕 재주를 넘을 바에야 사람이 많은 장날 장터에서 재주 넘는 게 좋겠지요. 그래야 돈을 더 많이 벌 수 있으니까요.

장날은 사라졌습니다. 정선 오일장처럼 관광 상품화된 특별한 경우를 제외하고 장날은 사라졌기에 장터라는 단어도 사실상 죽은 언어인 고어나 마찬가지죠. 그런데요, 사라지는 것 같았던 장터라는 단어가 예상하지 못했던 방식으로 지금 여기의 우리 삶 속으로 들어와 있습니다. 그런데 눈에 잘 보이지 않는 방식으로 깊숙이 침투해 있다는 것이 함정이지요.

사람들이 모여 있을수록 "재주 넘는 곰"을 내세워 돈을 벌 수 있는 가능성이 커집니다. 그래서 옛날이나 지금이나 장사는 '목'이 좋아야 한다고 하지요. 여러분은 필요한 정보를 인터넷을 통해 얻으려 할 때 어디에 접속하시나요? 이 질문이 의미 없을 정도로 우리가 인터넷을 한다는 것은 사실상 구글이든 네이버든 이른바 포털이라고 부르는 사이트에 접속하는 것을 의미하지요.

구글이나 네이버는 사람들로 북적입니다. 장터처럼 눈에 보이지는 않지만 하루에 구글이나 네이버를 이용하는 사람은 오프라인의 장터에 모인 사람이나 야구장에 모인 사람과 비교할 수 없을 정도로 많습니다. 눈에 보이지는 않아도 사람들로 늘 북적이는 그곳, 사람들이 모여서 정보를 주고받고, 물건을 사고팔기도 하는 곳을 '플랫폼(platform)'이라고 합니다. 플랫폼은 광장과 비슷한 듯하지만 광장과는 많이 다른데요, 광장이 물리적 형태를 지니는 공간이라면 플랫폼은 물리적 실체가 없는 가상의 공간입니다. 또한 광장은 누구에게나 열려 있는 비상업적 공간이지만 플랫폼은 보이지 않는 방식으로 이윤이 창출되는 매우 자본주의적인 공간입니다.

플랫폼이 자본주의의 공간임을 이해하기 위해서는 먼저 지식과 데이터를 구별해야 하는데요, 정보는 데이터의 속성과 지식의 속성을 모두 지닙니다. 만약 여러분이 뉴욕 여행을 계획하느라 구글에서 뉴욕에 있는 한인 민박집의 정보를 검색했고, 그 결과 뉴욕에 있는 한인 민박집의 주소를 알게 되었다고 가정해보지요. 이 경우 여러분은 구글을 통해 뉴욕에 있는 한인 민박에 대한 정보 중 '지식'의 측면을 알게 된 것입니다.

여러분이 이 지식 기반의 정보에 의존해 한인 민박집의 위치를 구글 지도에서 검색한 뒤 가고 싶은 장소에 저장하고, 이 숙소에 관한 후기를 검색해서 읽어보고 최종적으로 이 숙소를 예약했다면 데이터가 만들어진 것입니다. 어떤 사람이 뉴욕을 여행 목적으로 검색했다는 활동 그 자체가 이윤을 추구하는 기업에는 하나의 의미 있는 데이터입니다. 나는 지식을 검색만 했을 뿐인데 자신도 모르는 사이에 검색 활동을 통해 형성된 데이터는 감지되고 기록되고 수집되고 분석됩니다. 정보를 통해 지식을 얻고, 얻은 지식을 통해 데이터가 생성되고, 이 데이터가 기록되고 저장되고 분석되는 그 모든 일이 일어나는 가상의 공간이 플랫폼인 것이지요.

플랫폼은 지구상의 그 어떤 공간보다 붐빕니다. 이 플랫폼에는 아주 다양한 사람이 각자의 이유로 활동합니다. 플랫폼은 일종의 디지털 인프라인 셈이지요. 광고를 하고 싶은 사람에게 디지털 인프라 플랫폼은 매우 매력적인 장소이겠지요. 광고는 그 어느 곳이든 사람이 북적이는 곳에서 보일 때 효과가 있는 법이니까요. 광고주는 플랫폼을 탐냅니다. 플랫폼은 사람들이 더 많이 모일 수 있도록 설계되어 있습니다. 플랫폼에 사람이 많이 모이면 이 플랫폼에서 광고를 하고 싶어 하는 사람에게 많은 광고비를 요구할 수 있으니까요. 이처럼 플랫폼은 서로 목적이 다른 사람이 각자의 목적을 추구하기 위해 모여 있는 가상의 공간입니다.

어떻게 모이게 할 것인가? 노골적으로 자본주의적 이윤 달성이라는 목적이 부각되면 사람들이 잘 모이려 하지 않겠지요. 자본주의적 이윤 추구 목적이 숨겨질수록 플랫폼에 사람들이 많이 모일 것입니다. 그래서 플랫폼 기업은 교차 보조 전략을 추구합니다. 서비스를 무료로 제공하거나 상품을 저렴하게 판매하고 다른 방식으로 수익을 올리는 전략을 세우는 것이지요.* 예를 들어볼까요? 구글은 메일 서비스를 공짜로 제공해 이용자를 끌어들이고, 그 대신 광고 부분에서 수익을 올립니다. 페이스북은 사용자에게 돈을 받지 않아요. 페이스북에 계정을 만들고 친구를 맺고 포스팅을 하기 위해서 페이스북은 회비를 요구하지 않습니다. 인스타그램 역시 마찬가지죠. 네이버는 검색의 대가로 금전을 요구하지 않습니다. 네이버에서 우리는 무료로 검색합니다. 네이버도 메일 서비스를 무료로 제공합니다. 다음에서 뉴스 기사를 검색해 읽어도 다음은 우리에게 청구서를 보내지 않습니다. 카카오톡은 처음부터 무료였지요. 거의 모든 사람이 카카오톡을 쓰게 된 이유는 다름 아니라 카카오톡이 무료였기 때문입니다. 발걸음마다 돈을 요구하는 시장경제에 살고 있는데 이 모든 서비스가 무료라니, 이런 선심을 쓰는 기업은 시장경제가 생긴 이래 없었습니다.

플랫폼 기업은 자신이 설계한 플랫폼을 이용하는 사람들이 만들어내는 데이터에 독점적으로 접근할 수 있습니다. 각종 기기가 인터넷과 연결된 사물 인터넷의 경우를 생각해보지요. 사물 인터넷을

---

* 닉 서르닉, 『플랫폼 자본주의』, 심성보 옮김, 킹콩북, 2020, 52쪽.

통해 우리의 모든 행위는 기록됩니다. 우리가 어떻게 움직이는지, 얼마나 많이 걷는지, 얼마나 공간을 이동하는지, 한곳에 어느 정도 머물러 있는지, 무엇을 검색하는지, 어디로 가는지 등등 우리가 생산하는 데이터의 종류는 인간의 활동 그 모든 것을 포함하고 있습니다. 아주 내밀한 사적 생활 이외에는 거의 모든 인간의 활동이 데이터화되고 있다 해도 과언이 아닐 정도입니다. 플랫폼 기업은 우리가 플랫폼에서 수행하는 활동의 결과인 데이터를 독점하고 추출하고 분석하고 활용할 수 있어요. 그리고 이 데이터를 활용해 돈을 벌지요. 이게 플랫폼 자본주의의 기본 구조입니다.

링크드인(LinkedIn)은 전문 직업인 인맥(professional network) 서비스로 잘 알려져 있습니다. 마이크로소프트가 링크드인을 262억 달러(약 30조 7,000억 원)에 인수했는데요, 왜일까요? 링크드인에 있는 데이터 때문이지요. 링크드인 가입자는 더 좋은 직장을 구하기 위해 자신의 프로필을 정성스럽게 입력합니다. 링크드인이 플랫폼을 만들었더니 구직자가 아주 성실하고 꼼꼼한 데이터를 생산해둔 것이지요. 플랫폼 자본주의 기업은 플랫폼을 만들었습니다. 그리고 플랫폼에서 데이터가 만들어지고, 플랫폼 기업은 이 데이터로 돈을 벌지요. 그런데 이 데이터는 플랫폼 기업이 만든 게 아닙니다. 데이터는 우리가 만들었죠. 아주 비판적으로 보자면 우리는 플랫폼 기업이 돈을 벌 수 있는 기반인 데이터를 돈 한 푼 받지 않고 매일매일 아주 열심히 만들어주고 있는 셈입니다. 사실 우리는 구글이나 페이스북 직원이 아니면서도 구글이나 페이스북, 네이버가 돈을 벌도록 돈 한 푼 받지 않고 데이터를 생산하는, 보이지 않는 노동을 하고 있는 셈이네요. 우리가 재주 넘는 곰이죠.

우리는 오늘도 구글에서 이메일을 쓰고 달력에 일정을 기록합니다. 구글에서 무엇인가를 검색하고, 카카오 지도에서 목적지에 가는 방법을 알아내고 그곳으로 이동하는 동안 우리는 알게 모르게 카카오에 위치와 이동 경로 관련 데이터를 제공하지요. 알게 모르게 우리는 자신에 관한 데이터를 만들고, 구글은 그 데이터를 활용해 "구글은 더 나은 예측 서비스로 보답"*합니다. 구글에서 남자 속옷을 검색하자마자 제 페이스북에는 남자 속옷 광고가 뜨네요. 이게 구글이 제공하는 더 나은 예측 서비스입니다.

우리가 미지불 노동을 통해 생산한 데이터로 플랫폼 기업이 얼마나 돈을 많이 벌고 있는지는 잘 알려져 있습니다. "2016년 페이스북, 구글, 알리바바는 전 세계 디지털 광고의 절반을 차지"합니다. 미국에서는 "페이스북과 구글이 온라인 광고의 75퍼센트를 점유"**합니다. 구글과 페이스북은 거의 모든 수익을 광고에 의존합

• 닉 서르닉, 『플랫폼 자본주의』, 90쪽.
•• 닉 서르닉, 『플랫폼 자본주의』, 100쪽.

니다. 2016년 1/4분기 구글은 전체 수익 중 광고 매출이 차지하는 비중은 89.9퍼센트에 달하고 페이스북은 수익의 무려 96.6퍼센트를 광고에서 얻습니다.* 우리가 플랫폼에서 만든 데이터 덕분에 가능한 수익입니다. 그런데 그 수익은 고스란히 플랫폼을 운영하는 기업의 몫입니다. 플랫폼 기업은 성장합니다. 네이버의 자회사는 38개이고, 카카오의 계열사는 76개나 됩니다. 김범수 카카오 의장은 개인 재산 106억 달러로 2021년 《포브스》에서 발표한 한국 부자 순위 4위입니다.

광고 수익은 플랫폼에 북적이는 사람이 많을수록 늘어납니다. 텔레비전 광고 가격이 프로그램 시청률에 좌지우지되는 것처럼 플랫폼에서 광고를 하고 싶은 광고주는 그 플랫폼을 이용하는 사람이 많을수록 많은 비용을 지불해야 합니다. 이 점을 알고 있기에 구글, 네이버, 페이스북, 인스타그램 등 플랫폼 자본주의 방식으로 이익을 얻는 기업은 자신들이 관리할 수 있는 데이터가 만들어지는 플랫폼에 사람들이 최대한 오래, 다양한 이유로 머물도록 온갖 서비스를 제공합니다. 무상으로요. 페이스북 계정을 만드는 데 돈을 지불하는 것도 아니니 무상으로 제공되는 플랫폼에 사람들이 모입니다. 소문이 나서 플랫폼에 모이는 사람이 기하급수적으로 늘

• 닉 서르닉, 『플랫폼 자본주의』 58쪽.

어납니다. 지구상의 어떤 쇼핑센터보다 페이스북은 사람들로 1년 365일 24시간 북적이는 공간이 됩니다.

친구들에게 근황을 알리기 위해 정성스럽게 사진을 찍고 글까지 써서 페이스북에 포스팅합니다. 인스타그램도 다르지 않지요. 인스타그램에 올릴 한 장의 사진을 얻기 위해 최선을 다합니다. 무수히 많은 B컷 사진이 'Delete'되고 선택된 A컷이 보정을 거쳐 인스타그램 피드에 오릅니다. 페이스북과 인스타그램은 콘텐츠 회사가 아닙니다. 방송국은 제작한 콘텐츠를 방송하지만, 페이스북과 인스타그램은 콘텐츠를 직접 제작하지 않지요. 페이스북과 인스타그램의 콘텐츠는 사용자가 만듭니다. 우리는 서로의 콘텐츠를 구경합니다. 서로의 콘텐츠를 구경하는 사람으로 플랫폼은 항상 붐비지요.

철학자 이반 일리치(Ivan Iillich, 1926~2002)가 처음 만들어낸 개념인 '그림자 노동'은 일리치가 예상하지 못했던 방식으로 지금 우리의 현재를 설명하는 중요한 도구가 됩니다. 일리치는 '그림자 노동'이라는 개념을 산업 경제의 무급 노동을 지적하기 위해 사용했습니다. 회사에서 일하고 돈을 받는 사람이 회사에 출근하느라 쓰는 시간과 돈, 그리고 전업주부가 회사에서 일하는 사람의 노동력 재생산을 위해 수행하는 가사 노동 등의 현상을 지불되지 않은 노동이라는 의미로 '그림자 노동'이라 불렀습니다.*

우리는 구글과 페이스북과 링크드인과 인스타그램을 위해 '그림자 노동'을 하고 있습니다. 그리고 '그림자 노동'을 하는 사람으로 플랫폼이 아주 북적이자, 구글과 페이스북과 인스타그램은 광고주에게 "여기 이렇게 사람이 많으니 광고비를 내시오"라며 돈을 걸고 있네요. 나는 SNS를 좋아하는 사람인 줄 알았는데, 사실 "재주 넘는 곰"이었군요. 우리가 잊지 말아야 할 인터넷 시대의 격언은 이렇습니다. 상품값을 내고 있지 않다면, 당신이 바로 그 상품입니다. 우리가 재주 넘는 곰이지요.

————

우리가 미지불 노동을 하고 있다 하더라도, 플랫폼 자본주의가 확장되면서 괜찮은 일자리가 만들어진다면 그 나름의 의미가 있겠지요. 일자리를 통해 "목구멍이 포도청"인 사람이 생계를 해결할 수 있으니까요. 그런데 플랫폼 자본주의의 확장은 반드시 모두를 부자로 만들어주지는 않습니다.

최근에 공유를 표방하는 기업이 많이 늘어났지요. 공유경제(sharing economy), 공유라는 단어 때문에 탐욕적인 기업과는 달리 모두가 함

• 이반 일리치, 『그림자 노동』, 노승영 옮김, 사월의책, 2015, 176쪽.

께 행복한 미래를 여는 듯한 느낌을 줍니다. 헷갈리는 용어 정리부터 해볼게요. 비사적 소유라는 의미의 공유지(commons)와 나누어 쓴다는 의미의 공유(share)는 분명히 다른 개념입니다. 공유를 share라는 뜻으로 사용한다고 해도, share는 본래 수평적인 관계 사이에 벌어지는 교환입니다. share는 수평적인 위치에 있는 사람끼리 재화든 서비스든 상호 부조를 위해 수행하는 이윤 획득을 지향하지 않는 비상업적 활동이지요. 서로 아이를 돌봐주는 공동 육아가 그 대표적인 예라 할 수 있습니다. 그런데 플랫폼 기업이 본래 비자본주의적 상호 부조를 표현하는 share라는 단어를 상업적 이윤 추구를 감추는 수단으로 사용하고 있다면서, 비판적인 학자들은 공유경제의 공유라는 단어는 일반적인 단어의 의미가 변형 왜곡된 사례 중 가장 으뜸이라고 지적하기도 하지요.• 심지어 "공유라는 말은 많은 죄악을 은폐"••한다고 직격탄을 날리기도 합니다.

날이 갈수록 새로운 기술이 등장하고 새로운 디지털 기술을 이용한, 이른바 '공유경제'라는 명목의 비즈니스가 확장되어가고 있는데요, 이러한 공유경제의 확장은 우리가 갖고 있던 기술의 발전에 의한 긍정적 사회 결과라는 믿음을 뒤흔듭니다. 산업 시대에서 새

• 알렉산드리아 래브넬, 『공유경제는 공유하지 않는다』, 김고명 옮김, 롤러코스터, 2020, 58쪽.
•• 알렉산드리아 래브넬, 『공유경제는 공유하지 않는다』, 309쪽.

로운 기술이 등장하면 새로운 산업을 창출하고 새로운 산업이 팽창하면 고용이 늘어나고, 또한 임금 인상을 기대할 수 있었지요. 그런데 공유경제가 확장되면 과거에 벌어졌던 기술 발전에 의한 사회 변화가 다른 패턴으로 나타납니다. 공유경제가 확장된다고 해서 반드시 고용이 늘어나지도 않고, 공유경제 시장 규모가 커져도 그 산업에 종사하는 노동자의 임금이 상승하는 게 아니라 오히려 비숙련 임시 노동자만 양산되는 일이 벌어지는 것이지요. 자동차왕 헨리 포드가 컨베이어 벨트 시스템을 도입해 자동차 생산 방식에 대혁신을 가져왔고, 그로 인해 자동차 가격이 인하되고 자동차 수요가 폭발적으로 늘어나면서 포드사가 막대한 이윤을 남기고 그 성과를 노동자와 공유하기 위해 노동 시간을 단축하고 임금을 올리는 방식으로 노동자와 혁신의 성과를 공유했던 이른바 포디즘(Fordism)은 공유경제에서는 일어나지 않습니다.

공유경제라는 단어를 통해 단어 본래의 긍정적 이미지만 차용해서 사적 이윤을 획득하는 공유경제를 표방하는 기업은 '혁신'이라는 단어도 자신의 목적을 위해 본래 의미를 변형하고 왜곡합니다. 혁신을 이뤘다고 자찬하는 공유경제 기업이 제공하는 혁신적 서비스는 획기적인 전환이라는 의미에서 혁신이 지닌 본래 뜻에는 한참 미치지 못합니다. 기존에 있던 서비스를 스마트폰 애플리케이션으로 제공하는 수준을 벗어나지 못한다고 야박한 평가를 받기도 하지요.

공유경제 혁신의 상징인 우버(UBER)를 예로 들어볼까요? 우버는 도로 위를 질주하면서 소음을 유발하고, 화석 연료를 소비해서 지구 온난화를 초래하는 내연 기관을 대체할 만한 혁신적인 방식의 엔진을 장착한 자동차 기반의 서비스 기업이 아닙니다. 전화로 호출하던 콜택시를 스마트폰 애플리케이션으로 부를 수 있고, 차량이 필요한 사람과 시간이 남는 사람을 애플리케이션으로 연결해줘서 예전에 아는 사람끼리 상호 부조 방식으로 진행하던 카풀의 범위를 확대시켜준 것이 고작입니다. 물론 우버의 이런 방식에 새로운 것이 없다고는 하지 못하지만 '혁신'이라는 단어를 부여할 만큼 혁신적이지는 않죠. 그럼에도 공유 기업은 혁신이라는 단어로 자신을 포장하면서 보여주고 싶은 것만 세상에 드러내고, 자신이 감추고 있는 것은 드러내지 않습니다. 사회학은 감추고 있는 것을 파헤쳐야 합니다.

우버는 승객과 운전사 사이에서 연계를 활성화하는 기술 회사일 뿐 자동차 서비스는 아니라고 주장합니다. 우버의 설명에 따르면, 우버는 "버튼 하나로 차량 서비스를 요청한다는 간단한 아이디어에서 시작"되었고 "세계인을 연결하는 첨단 기술 플랫폼으로 발전하여 세계 각지에서 다양한 교통수단을 제공"한다고 주장합니다. 에어비앤비(Airbnb) 역시 마찬가지 플랫폼 기업입니다. 숙소를 찾는 사람(에어비앤비 용어에 따르면 '게스트')과 숙소를 제공하는 사람(에어비앤비 용어에 따르면 '파트너')을 서로 만나게 해주는 플랫폼이 에어비앤비 입니다. 이들은 공통적으로 기존의 택시 회사나 호텔 체인에 비해 약자인 척하고, 택시 회사나 호텔 체인 자본이 과거라면 자신들은 미래라는 이미지로 포장하지만, 그 실상을 들여다보면 "재주를 넘는 곰"과 돈을 버는 주인의 관계가 떠오릅니다.

우버는 사실상 세계에서 가장 규모가 큰 택시 회사이고 에어비앤비는 세계에서 가장 규모가 큰 숙박업소이지만, 우버는 택시를 한 대도 소유하고 있지 않고 에어비앤비 역시 어떤 숙박업소도 소유하고 있지 않습니다. 이들은 소유하고 있지 않다는 것을 내세워 '공유경제'라 말하지만, 소유하지 않으면서도 이른바 '공유경제'를 통해 얻은 이득은 공유되지 않지요. 에어비앤비와 우버에 투자해 막대한 부를 취득한 셔빈 피셔바(Shervin Pishevar)의 행운을 에어비앤비의 호스트와 우버의 드라이버는 공유하지 못합니다.

플랫폼 기업은 플랫폼 자본주의에서 일하는 사람을 직접 고용하지 않습니다. 플랫폼 기업은 특정 서비스를 찾는 사람과 특정 서비스를 제공하는 사람을 만나게 해주는 중개자입니다. 기업이 만든 플랫폼이 없다면 서로 만날 수 없는 사람을 만나게 해주는 것이지요. 에어비앤비를 예로 들어볼까요? 집을 단기간 임대할 사람과 집을 단기간 빌려줄 사람은 에어비앤비라는 플랫폼에서 만납니다. 에어비앤비는 이들이 서로 만날 수 있도록 설계된 소프트웨어 애플리케이션(앱)을 운영합니다. 에어비앤비는 집을 빌려주는 사람을 직접 고용하지 않습니다. 에어비앤비를 통해 집을 빌려주는 사람은 에어비앤비에 고용된 사람이 아니라 독립적인 기업가입니다.

최신 경영 기법이라는 이미지를 주지만, 에어비앤비 본사가 이른바 공유경제로 벌어들인 이윤은 '공유'와는 거리가 한참 멀지요. 플랫폼 기업은 법률상의 지위와 실질적인 지위의 교묘한 차이를 이용하고 있습니다. 공유경제와 연관된 일자리는 사실상 다른 각도에서 보면 "다음 계약이 보장되지 않는 일회성 작업이나 거래"*를 의미하는 긱(gig) 노동일 거예요. '공유경제'가 플랫폼 기업이 내세우는 장밋빛 포장이라면 그 실상이 '긱 경제'입니다.

이들이 긱 경제에 종사하고 있기 때문에 포괄적으로는 긱 노동자(gig worker)라 부를 수 있습니다. 회사와 고용-피고용 관계를 맺지 않는다는 의미에서 독립 계약자(independent contractor)라 부를 수 있고, 플랫폼 기업을 위해 일한다는 의미에서 온라인 플랫폼 노동자(online platform worker)라 부를 수 있고, 플랫폼 기업에 직접 고용되지 않았다는 뜻으로 외주업체 노동자(contract firm worker)라 할 수 있고,

---

• 제레미아스 아담스 프라슬, 『플랫폼 노동은 상품이 아니다』, 이영주 옮김, 숨쉬는책공장, 2020, 19쪽.

노동은 애플리케이션을 통한 콜을 수락함으로써 시작되기에 호출 대기 노동자(on-call worker)라고 부를 수 있습니다. 그런데 정작 플랫폼 기업은 이들을 노동자라 부르기를 꺼립니다.

모든 공유경제 기업은 노동과 관련된 용어를 다른 용어로 대체하기 위해 필사적으로 노력합니다. 그래서 공유경제 기업은 신조어 대잔치라 해도 과언이 아닐 정도로 각종 신조어를 만들어내는데요, 그 사례를 살펴볼게요. 플랫폼 기업이 자꾸 신조어를 만들어내 실상을 알아채지 못하도록 언어의 술수를 부리고 있기에 우리는 에어비앤비 호스트, 우버의 드라이버, 쿠팡의 쿠팡 플렉스, 배달의민족의 배민 커넥트를 정확하게 부르는 용어를 찾아내야 합니다.

쿠팡에서 배달을 담당하는 사람을 쿠팡은 쿠팡 플렉스라고 부릅니다. 쿠팡 플렉스를 모집하는 웹사이트를 방문하면 쿠팡은 쿠팡 플렉스를 이렇게 설명합니다. "쿠팡 플렉스는 새롭습니다. 쿠팡 플렉스는 유연합니다. 쿠팡 플렉스는 열려 있습니다." 과연 새롭고, 유연하고, 열려 있을까요? 에어비앤비 홈페이지에서는 "언제 어디서든 호스팅하실 수 있습니다"라며 "집을 숙소로 호스팅하면서 자영업자가 되어 경제적 자유에 한 걸음 더 가까워질 수" 있다고 선전하지만, 에어비앤비에서 실제로 호스트를 해본 사람의 이야기는 전혀 다릅니다. 경제적 자유와는 거리가 한참 떨어져 있지요.

2016년 가을, 컨설팅 그룹 맥킨지는 긱 경제에서 노동하는 사람을 네 가지 범주로 구분했는데요, 긱 경제에서 밥벌이를 하는 사람은 동일한 집단이 아니라 그 사정과 형편이 서로 다른 네 가지 집단으로 분리된다는 점을 강조했습니다. 첫 번째로 긱 경제 종사자 중 "독립적 노동을 적극적으로 선택하고 여기서 주된 수입을 얻는 자유 계약자"가 있습니다. 두 번째로 보조적 소득을 얻기 위해 긱 노동에 선택적으로 의존하는 간헐적 소득자가 있고, 세 번째로 "독립적 노동으로 주된 생계를 유지하지만 전통적인 일자리를 선호하는 소극적 독립 노동자", 그리고 마지막으로 "겨우 먹고살 만큼이라도 벌기 위해서 부업을 해야 하는 재정적 궁핍자"*로 나뉩니다.

플랫폼 기업은 긱 경제에서 돈을 버는 사람이 모두 첫 번째 유형에 속하는 것처럼 포장하지만 첫 번째 유형의 사람은 매우 드물지요. 배달의민족 배민 커넥트 모집 광고를 보면 "자유롭게 정하는 스케줄", "앱을 켜면 시작 끄면 종료", "배달한 만큼 매주 받는 수입"이라고 탄력성을 강조하면서 긱 경제 종사자가 맥킨지 분류에 의한 첫 번째·두 번째 유형이 대다수인 것처럼 광고합니다. 실상은 불안정 저임금 노동이면서 노동 보호의 사각지대에 놓인 네 번째 형태의 노동자가 상당수 있음을 감추고 있습니다.

'공유경제'의 실상은 극과 극인데요, 한편으로 '공유경제'를 통해 거

• 제레미아스 아담스 프라슬, 『플랫폼 노동은 상품이 아니다』, 68쪽.

대한 부를 축적한 사람이 생기는가 하면, 또 다른 한편으로는 노동법에 의해 제대로 보호받지 못할뿐더러 불안정하다는 뜻의 이탈리아어 '프레카리오(precario)'와 "목구멍이 포도청"인 무산계급, 즉 '프롤레타리아트'를 합쳐 만든 신조어 '프레카리아트(precariat)'가 양산됩니다.

프레카리아트라는 신조어가 만들어질 수밖에 없는 배경을 공유 기업, 플랫폼 기업이 제공합니다. 사실상 프레카리아트인 긱 경제 노동자는 긱 노동의 불안정성 때문에 안정적인 직업 정체성이나 커리어를 구축하지 못하고 안정적인 사회 안전망이나 보호 규정도 제공받지 못한 채 단기 일자리를 전전하며 위태롭게 살고 있습니다. 이러한 불안정한 고용 상태는 불안감과 고립감, 소외감, 분노를 유발하지요.* 우버와 에이비앤비, 쿠팡 플렉스 안내 페이지 그리고 배달의민족 배민 커넥트를 모집하는 웹사이트에서 받는, 밝고 긍정적이고 개방적이고 유연하고 미래 지향적인 혁신이라는 이미지는 긱 경제 노동자의 처지와 공유되지 않습니다.

긱 경제가 사회문제로 떠오르자 미국의 캘리포니아 법원은 긱 경제에서 활동하는 사람들의 노동자 지위를 확정하기 위한 법안(AB5, Assembly Bill 5)을 통과시킨 뒤 2020년 1월부터 시행에 들어갔습니다.

• 알렉산드리아 J. 래브넬, 『공유경제는 공유하지 않는다』, 71쪽.

AB5 법안은 공유 기업이 자유 계약자일 뿐이며 노동자가 아니라고 주장하는 긱 노동자의 노동자 지위 인정과 관련된 매우 중요한 전환이라 할 수 있습니다. 이 법안의 핵심은 기업과 노동자의 관계에서 이른바 ABC 기준을 통과하지 못하면, 플랫폼 노동자들은 '독립 계약자'가 아니라 노동자의 지위를 지닌 '피고용인'으로 인정해야 한다는 것입니다.

ABC 기준은 다음 세 가지 요소입니다. a) 업무 수행과 관련하여 계약상으로나 실제로나 기업의 통제와 지시를 받지 않아야 합니다. b) 기업의 주요 사업이 아닌 부분에서 일을 해야 합니다. c) 회사의 업무와 독립적인 직업 또는 사업에 종사해야 합니다.

ABC 기준을 플랫폼 긱 노동자에 적용하면, 이들이 형식적으로는 독립 계약자인 것처럼 보여도 사실상 임금 노동자임이 더욱 분명해집니다. 먼저 a) 기업의 통제와 지시를 받지 않아야 한다는 점에서, 플랫폼 긱 노동자는 기업이 영업 비밀이라는 이유로 공개하지 않는 알고리즘과 별점 평가 제도를 통해 임금을 차등 지급하는 방식 등으로 실질적으로 통제받고 있음은 이미 잘 알려진 사실이죠. b)의 기준과 관련해 대부분의 긱 경제 기업의 일자리는 배달, 운전 또는 장보기 등으로 전문적인 기술을 요하지 않으며, 따라서 이 플랫폼 노동자가 관례적으로 플랫폼 사업 범위 외에서 전문적인 사업이나 직업에 종사할 가능성은 낮습니다.* c)의 기준과 관련해 긱 노동자의 상당수는 긱 노동을 부업으로 하지 않고 플랫폼 노동이 유일한 생계 수입원인 경우가 대부분이므로, 긱 노동자의 노동자 지위는 분명합니다.

긱 경제에서 일하는 사람들을 한사코 노동자로 부르지 않으려는 공유경제 기업과 사실상 그들이 노동자의 지위임을 확인하려는 싸움이 21세기의 노동운동이 되어가고 있습니다. 공유경제 기업은 노동자의 지위를 인정하지 않음으로써 노동운동이 그동안 일군 노동 보호를 위한 법률을 피해갈 수 있고요, "목구멍이 포도청"인 긱 경제 노동자는 노동자의 지위를 인정받아야 "재주는 곰이 넘고 돈은 주인이 버는" 어불성설을 최소화할 수 있으니까요.

산업 자본주의 초창기에는 산업혁명을 이룬 일꾼인 "재주 넘는 곰"인 노동자를 보호하는 법률이 없었습니다. 당시 노동자는 장시간 노동을 강요당했고 산업 안전이라는 개념도 존재하지 않았기에 산업 재해를 당하고도 보상받지 못했지요. 노동조합을 결성할 권리도 보장받지 못했지만, 오랜 노동 운동의 결과 현재 노동자 지위에 있는 "목구멍이 포도청"인 사람을 법률적으로 보호하는 최소한의 장치 존재 여부는 문명과 야만을 판단하는 하나의 기준이 되었습

• Miriam A. Cherry(미국 세인트루이스대학교 법학대학원 교수), 「플랫폼 노동자에 대한 법적 보호: 미국 캘리포니아주 AB5법」,《국제노동브리프》, 2020년 5월호, 한국노동연구원, 9~10쪽.

니다. 그런데 긱 경제 종사자에게 노동자 지위를 인정하지 않으면 긱 경제 종사자는 수십 년간 쌓아 올린 각종 노동자 보호 장치로부터 예외가 되는 것이지요. 공유경제는 이렇게 확장되고 있고, 공유경제에서 일하는 사람이 점점 늘어나고 있는 현실을 감안하면 공유경제가 확산될수록 최소한의 노동 보호를 받지 못하는 "목구멍이 포도청"인 사람이 늘어난다는 뜻입니다.

그래서 긱 경제 노동자의 노동자 지위를 인정받기 위한 다양한 노력이 이루어져왔는데요, 우버 드라이버의 노동자 지위를 둘러싼 소송이 대표적입니다. 2015년 우버를 상대로 한 집단 소송이 시작되었습니다. 우버가 차량 공유 서비스에 가입한 운전자가 사실상 회사 직원처럼 일하고 있는데도 유류비와 차량 유지 보수 비용을 우버 측에서 부담하지 않고 드라이버에게 떠넘기고 있다는 주장이었죠. 긱 경제 노동자의 노동자 지위의 인정 여부에 따라 공유경제 기업은 지금까지의 전략을 수정해야 할 수도 있습니다. 여전히 공방 중입니다만, 유럽 쪽에서는 드라이버의 노동자 지위를 인정하는 판결이 최근에 잇따라 나왔습니다. 2020년 3월 4일, 프랑스 최고 법원은 우버와 드라이버 사이의 계약은 사실상 고용 계약에 해당된다고 판결했습니다. 2021년 2월 19일, 영국 대법원 역시 우버는 드라이버를 자영업자가 아닌 근로자로 분류해야 한다는 판결을 내렸고요.

열악한 처우와 노동 조건 개선을 요구하며 시위하는 우버 드라이버.

드라이버의 노동자 지위를 인정한 판결은 대부분 드라이버의 "목구멍이 포도청"인 처지를 근거로 삼았습니다. 이들은 "목구멍이 포도청"이기에 일을 할 수밖에 없는데 드라이버는 디지털 플랫폼에 접근하는 순간 우버가 일방적으로 구축한 서비스 시스템에서 일하고, 드라이버가 독자적으로 고객의 풀을 구축할 수 없기에 자영업자라 할 수 없고, 요금을 책정할 권한이 사실상 없기에 자영업자가 아닌 노동자라는 것이지요.

긱 경제에서 일하는 사람을 감시 체계 속에 노출시키는 그 악명 높은 알고리즘이 기업의 비밀이고 그 알고리즘을 긱 경제 노동자가 알 수 없는 한, 알고리즘은 사실상 노동 통제 장치로 작용합니다. 겉으로는 소비자에게 서비스 제공자의 품질을 알리는 것이라고 하지만 알고리즘의 실질적인 기능은 "노동자들을 매일매일, 그리고 특정한 플랫폼 기업의 생태계에 가두어둠으로써 통제하는 것"*에 불과합니다. 그리고 긱 경제의 노동자는 그 알고리즘을 알지 못합니다.

플랫폼 경제와 공유경제는 "재주는 곰이 넘고 돈은 주인이 받는다"는 속담을 점점 21세기화, 디지털화하고 있습니다. "재주 넘는 곰"에게 그 곰이 넘은 재주만큼 정당한 보상이 돌아가는 것, 그것이 사회학의 상식으로 보자면 상식적인 사회입니다. "재주는 곰이 넘고 돈도 곰이 받는다"가 21세기의 속담이 되었으면 좋겠습니다. 유럽연합에서 도입이 필요하다고 강한 의견이 제기되고 있는 이른바 플랫폼세(Platform Tax)를 '재주 넘는 곰이 돈 버는 미래를 위한 세금'이라는 별칭으로 부르면 어떨까요?

---

* 제레미아스 아담스 프라슬, 『플랫폼 노동은 상품이 아니다』 115쪽.

개도 텃세한다

07

연극이 벌어지는 아름다운 베로나에,
똑같이 지체 높은 두 집안이 있으니
해묵은 원한이 새롭게 더러워지오.
순수하던 인심이 피에 물드오.
불길한 별 아래 한 쌍의 연인이
원수들의 몸에서 태어났으나,
불쌍하고 애절한 두 사람의 죽음으로
양친들의 다툼도 함께 묻어버리오.*

━━━━━

아주 오래전이지만 저는 유학차 적지 않은 기간 동안 독일에 살았습니다. 많은 분들이 짐작하시듯, 독일인은 쾌활하고 사교적인 성격은 아닙니다. 사교적이지 않은 독일 사람이 살고 있는 독일에서 또한 내향적인 성격의 소유자인 제가 유학 생활을 했으니, 유학 기간 동안 일어났던 일들을 여러분도 충분히 미루어 짐작할 수 있으시겠지요? 저는 '투명 인간'이라는 단어를 그 당시 실감했습니다.

• 윌리엄 셰익스피어, 「로미오와 줄리엣」, 『셰익스피어 전집』, 이상섭 옮김, 문학과지성사, 2016, 681쪽.

강의실에서는 외모상 튀는 존재였습니다. 자연과학 분야 전공과 달리 인문사회과학 분야에서는 동양인 유학생이 그렇게 많지 않았어요. 제가 참석하는 세미나에서 저는 늘 유일한 동양인이었지요. 그럼에도 불구하고 아무도 저를 주목하지 않았습니다. 차별받고 있다는 느낌은 들지 않았습니다. 저를 노려본다든가 싸늘한 눈초리로 저를 쳐다보는 독일인은 없었습니다. 차별받고 있는 것도 아닌데요, 뭔가 저와 독일 학생 사이에는 보이지는 않지만 아주 강하게 이쪽과 저쪽을 나누어놓는 경계가 있는 느낌이었어요. "꿔다 놓은 보릿자루 같다"라는 속담이 표현하는 바로 그 상황이 매일 반복되었지요.

인간은 사회적 동물이기에 집단에 속해 있어야 합니다. 한 인간이 어느 집단에도 속하지 못한다는 것은, 혹은 어느 집단도 그를 집단 구성원으로 받아들여주지 않는다는 것은 단순한 고독이나 외로움의 차원이 아니라 인간적 실존을 위협하는 행위지요. 아리스토텔레스는 인간은 폴리스 바깥에 존재할 수도, 폴리스 밖에서 살아남을 수도 없다고 했습니다. 이방인 취급을 받는다는 것은 어떤 집단으로부터도 구성원 지위를 부여받지 못한다는 뜻입니다. 구성원 지위를 부여받지 못한 사람은 존재하지만 존재하지 않는 존재, 그러니까 투명 인간이 되는 것이지요.

사회학자 고프만은 우리가 살고 있는 사회를 일종의 연극 무대에 비유했습니다. 무대에 오른 연극배우가 각자의 역할을 충실히 연기하는 것처럼 사회는 일종의 무대이고, 우리 각자는 그 무대에 올라 수행해야 하는 역할을 하는 사람이라고 간주한 것이지요. 매우 설득력 있는 주장인데요, 고프만의 설명 방식으로 독일 유학 시절 겪었던 상황을 정리해보겠습니다.

제가 참여한 세미나 공간에는 교수, 독일 학생 그리고 제가 있습니다. 고프만은 사회생활이라는 '공연'이 펼쳐지는 공간에 세 유형의 사람이 있다고 분류했습니다. 첫 번째가 공연을 하는 사람, 두 번째가 그 공연을 구경하는 사람, 세 번째가 공연에 참여하지도 않고 공연을 보지도 않는 외부인입니다.

공연에 함께 참여하고 있는 사람은 서로 잘 알고 있습니다. 수행해야 하는 역할이 무엇인지 잘 파악하고 있고, 타인이 자신에게 기대하는 바도 알고 있고, 동료 공연자의 언어에서 뉘앙스도 구별할 수 있고 비언어적인 눈짓이나 표정도 알아챕니다. 저는 박사과정에 진학하면서 그 세미나에 참석했지만, 세미나에 참석한 독일 학생들은 학부 시절부터 알고 지내는 사이일 수도 있습니다. 세미나가 시작되고 토론이 전개되면 '공연을 하는 사람'에 해당되는 독일 학생들은 활발한 토론을 벌입니다. 교수는 그 공연을 구경하는 두 번째 유형의 역할을 담당합니다. 교수는 세미나의 흐름을 지켜보다가 마치 축구 경기의 심판처럼 세미나가 너무 잘못된 방향으로 흐르고 있다는 생각이 들면 그때 슬쩍 개입해 세미나를 본궤도에 올려놓습니다. 교수도 학생들 개개인의 성향을 잘 알고 있는 것 같습니다. 저를 제외하고 세미나에 참석한 공연자와 공연자를 구경하는 사람은 공동의 과거라는 시간 차원을 공유하고 있습니다. 공유된 시간 차원이 그들을 한 묶음으로 유지시켜주는 응집력을 부여합니다. 그렇다면 저는 어느 집단에 속할까요? 저는 비록 그 세미나에 참석하고 있지만 공연하는 사람과 공연을 구경하는 교수가 공유하는 시간의 축에서 벗어났기에 외부인입니다. 그들은 저를 차별하지 않았습니다. 하지만 시간의 축을 공유하지 못했기에 그들과 응집력을 공유하지 못하는 아웃사이더였던 것이지요.

고프만은 사회생활이라는 연극 공연에서 마치 있지만 없는 것 같은 역할을 하는 사람을 비인간(NON-person)이라고 언급했는데요, 제가 바로 그 비인간, 즉 투명 인간이었던 것이지요. 고프만의 분석을 잠시 들려드릴게요.

비인간 역할을 맡은 사람은 상호작용을 하는 자리에 있지만 공연자 역할도 관객 역할도 맡지 않고, 정보원·바람잡이·감찰관처럼 자신의 정체를 위장하지도 않는다.*

• 어빙 고프만, 『자아 연출의 사회학』, 192쪽.

고프만이 말한 비인간이었던 저는 세미나라는 연극의 공연자도 구경꾼도 아닌 외부인에 불과했던 것입니다. 제가 "꿔다 놓은 보릿자루"라고 느낀 건 저의 예민함이 아니라 다 이유가 있었던 것이네요. '투명 인간'이었던 저는 존재를 알리기 위해 최선을 다했고, 마침내 학위를 받았습니다. 저한테 학위를 받는다는 것은 매우 중요한 의미가 있었어요. 학위 수여는 단순히 공부를 마쳤다는 차원을 넘어서 '비인간'이었던 제가 인간으로, 폴리스 외부의 존재였던 제가 폴리스 내부로, 이방인이었던 제가 내부자로 뒤바뀌는 것을 의미했으니까요. 그렇지만 저는 이 전환을 맞이하자마자 한국으로 돌아와야 했습니다. 귀국길 비행기에서 이제 투명 인간 역할은 더이상 없으리라 기대했습니다. 하지만 세상일은 그렇게 간단하지 않더군요.

박사 학위를 받고 한국에 돌아와 학생이 아니라 사회학자로 데뷔를 했습니다. 각 분과 학문에는 학문별로 분과 학문을 대표하는 학자의 모임, 즉 학회가 있습니다. 제가 전공한 사회학의 경우 '한국사회학회'가 사회학을 대표하는 학회입니다. 한국의 사회학자라면 누구 할 것 없이 이 학회에 회원으로 가입해 있습니다. 저는 석사 과정을 다닐 때 사회학회에 구경 갔던 적이 있었지만, 그때만 해도 학생 신분이었는데 귀국하고 나서 사회학회에 가입 원서를 내고 회원으로 가입한 후 학회에 참가하니 느낌이 새로웠습니다. 아무도 몰라주는 무명이지만 이제 사회학자가 된 느낌이었지요.

사회학회를 고프만의 이론 틀로 분석해보겠습니다. 학회는 정기적으로 1년에 두 번 열리는데요, 학회에서 가장 중요한 프로그램은 논문을 발표하고 그에 대한 토론이 이루어지는 시간입니다. 논문 발표와 토론이 이루어지는 동안 논문 발표자와 토론자는 연극의 공연자 역할을 합니다. 그 자리에는 발표와 토론을 구경하는 청중도 있습니다. 발표자와 토론자 그리고 청중은 모두 사회학이라는 학문 분야의 내부 구성원입니다. 외부자는 학회에 참여할 이유가 없으니 학회는 내부 구성원의 잔치입니다.

그런데 사회학회 안에서도 제가 독일 유학 시절 느꼈던 "꿔다 놓은 보릿자루" 느낌을 계속 받게 되었어요. 학회가 끝나면 보통 리셉션이 진행됩니다. 일종의 뒤풀이 같은 행사입니다. 저는 사회학 박사 학위를 받았고 사회학회에 회원으로 가입했으니 사회학회의 외부인이 아니라 내부인 자격을 획득했다고 생각해 당연히 아무 주저함 없이 뒤풀이 자리에 갔습니다.

저는 서울대학교를 졸업하지 않았습니다. 한국의 학회 구성원을 출신 학교별로 통계를 내보면 압도적으로 서울대학교 출신이 많을 겁니다. 정확한 통계는 모르겠습니다만, 제가 처음 사회학회에 갔을 때도 그랬고 아마 지금도 변함없을 겁니다. 서울대학교 출신 사회학과 교수의 숫자와 비서울대학교 출신 사회학과 교수 숫자를 비교해보면 서울대학교 출신 사회학과 교수가 압도적으로 많을 것입니다. 서울대학교 출신 사회학자는 말 그대로 주류 중의 주류인 셈이지요. 그렇다 보니 사회학회에 모인 사람들 대다수가 서울대학교 출신이었지요.

뒤풀이 자리에서 만난 사람은 대부분 처음 보는 낯선 사람들이었습니다. 논문을 통해서 이름은 아는 사람도 있었지만 대면은 처음이었죠. 그러나 저를 제외한 나머지 사람들은 서로 굉장히 잘 알고 있는 것 같았어요. 게다가 호칭도 아무개 박사님, 아무개 교수님이 아니라 ○○ 형, ○○ 누나와 같은 친족 호칭을 쓰고 있었고요. 뒤풀이 자리에서 친족 호칭을 쓰면서 서로의 안부를 물어보는데 저는 당연히 뻘쭘할 수밖에 없었겠지요. 추정하자면 그들은 서울대학교를 나왔고 학교 다닐 때부터 알던 선후배 사이인 것 같습니다. 학교 다닐 때 서로 ○○ 박사님, ○○○ 교수님으로 부르지 않고 형, 누나로 부르던 사이였기에 그들 사이에서는 그런 호칭이 자연스러웠겠지요. 사회학자 노르베르트 엘리아스는 "국적 차이도, 출신 민족, 피부색 또는 인종 차이"도 없고 "직업, 소득이나 교육 한마디로 사회적 계급"에서도 차이가 없는 영국 교외의 작은 마을 윈스턴 파르바(Winston Parva)에서 벌어지는 기득권자와 아웃사이더로의 분리가 어이없게도 "한 구성체의 단순한 '나이'", 즉 함께한 세월이 얼마나 되는지에 따라 결집력, 집단 정체성의 차이를 빚어낸다고 분석했는데요.* 정확하게 엘리아스의 책 『기득권자와 아웃사이더』를 연상시키는 상황이었습니다.

누구나 자신이 속한 집단의 구성원 자격을 받으면 그 집단 내에서 편안함을 느낍니다. 하지만 저는 편안함이 아니라 눈에 보이지 않는 소속 장벽을 그 자리에서 확인했지요. 명목상으로는 저는 사회학 박사 학위를 받은 사람이고 사회학회에 정식으로 회원 가입을 했기에 성원권(membership) 획득에 결격 사유가 있었던 것은 아니지만 눈에 보이지 않는 "소속 장벽"**을 학회 뒤풀이 내내 느낄 수밖에 없었습니다.

고프만식으로 보았을 때 논문 발표와 토론이 이뤄지는 사회학회가 무대 전면이라면 학회가 끝난 뒤의 뒤풀이 장소는 일종의 무대 후면이라고 할 수 있습니다. 무대 후면은 특정한 사람에게만 개방되지요. 관객은 배우가 연기를 펼치는 무대 전면만 볼 수 있고, 배우가 분장을 하고 휴식을 취하는 무대 후면은 볼 수 없는 것처럼요.

• 노르베르트 엘리아스·존 스콘슨, 『기득권자와 아웃사이더』, 박미애 옮김, 한길사, 2005, 20~21쪽.

•• 몬트세라트 귀베르나우, 『소속된다는 것』, 유강은 옮김, 문예출판사, 2015, 58쪽.

고프만은 이렇게 말합니다. "외부인은 공연의 비밀도 모르고 공연이 조성한 실상도 알지 못한다. (…) 공연자는 무대 위와 무대 뒤를 모두 드나들 수 있고, 관객은 무대 위 영역에만 접근할 수 있고, 외부인은 두 영역에 모두 접근할 수 없다."* 학회의 뒤풀이 자리에서는 교수 채용과 관련된 정보도 오가니, 한정된 교수 자리를 두고 치열한 경쟁을 벌이는 사회학자 사이에서 학회 뒤풀이는 교수 채용 일정과 관련된 비밀에 접근할 수 있는 일종의 비밀도 오갑니다. 바로 이 점 때문에 무대 후면에 접근할 수 있는 성원권을 획득한 사람 사이에도 성원권은 세밀한 방식으로 하위 분류됩니다. 마치 통신사가 고객의 성원권을 MVP, VIP, VVIP 이런 식으로 하위 분류하는 것처럼요.

저는 대학원생이었던 시절에는 사회학회의 무대 전면만 볼 수 있었는데, 사회학자가 되면서 사회학회의 무대 후면에 접근할 수 있었습니다. 무대 후면은 아무나 접근할 수 없습니다. 완벽한 성원권을 소유한 사람은 무대 전면에서 연기할 때 얼굴에 써야 했던 가면을 벗고 허심탄회하게 속마음을 말할 수 있습니다. 무대 후면에서 편안함을 느끼기 위해서는 무대 후면에 있는 다른 사람과 실질적으로 동일한 성원권을 지니고 있음을 확인할 수 있어야 하는데요,

---

• 어빙 고프만, 『자아 연출의 사회학』, 184~185쪽.

주로 서울대학교 출신으로 구성되어 있는 무대 후면에서 '기득권자'가 되기에는 너무나 부족한 제 손의 성원권을 생각하며 "꿔다 놓은 보릿자루" 신세라고 자평했던 것입니다.

동일한 집단에 속한 사람은 친숙합니다. 서로를 믿을 만한 사람이라 생각하지요. 친숙하지 못한 사람은 신뢰할 수 없는 이방인으로 간주됩니다. 뒤풀이에서 이야기가 진행될수록 모두 한국어로 말하고 있는데 어떤 이야기는 제가 맥락을 파악할 수 없었기에 전혀 이해할 수 없었습니다. 맥락을 공유한 사람끼리만 이해할 수 있는 언어로 의사소통이 이뤄지는 현장에서 제 머릿속에서는 "개도 텃세한다"라는 속담이 떠나지 않았습니다. 물론 사람들은 친절했습니다. 유학 시절 만났던 독일인처럼요. 저를 대놓고 차별하지 않았습니다. 하지만 모두가 편안함을 느끼는 뒤풀이에서 저 혼자 편안함을 느끼지 못한다는 것은 견디기 쉽지 않았지요. 저를 특별하게 유독 차별한 사람은 없는데 왜 저는 그날 저 자신을 "꿔다 놓은 보릿자루" 신세라 비관하며 "개도 텃세한다"는 속담을 안주 삼아 술을 마셨던 것일까요?

우리는 동시대에 살고 있는 모든 사람과 사회적 관계를 맺을 수 없습니다. 저와 구체적인 관계를 맺고 있는 사람은 이 시대를 살고 있는 한국 사람 중 소수에 불과합니다. 여러분도 그러시죠? 사람마다 자신이 소속되어 있는 집단은 다릅니다. 이런 각도에서 보면 한국이라는 나라는 여러 집단의 복합체라 볼 수 있습니다. 집단이 형성되는 이유와 기준은 매우 다양합니다. 어떤 경우에는 출신 학교를 기준으로 집단이 형성되고, 젠더별로 집단이 나뉘기도 하고요, 경제적 형편에 따른 집단 분화도 있고 직업별 집단 분화, 취미에 따른 분화, 심지어 출신 지역과 거주 지역에 따른 분화에 이르기까지 사회는 분화된 수많은 집단의 연합체라 할 수 있습니다. 각 집단은 평화롭게 공존하기도 하지만 때로는 갈등을 빚기도 합니다.

소집단의 분화 과정과 분화된 소집단 사이의 역학 관계에 대한 지멜의 설명을 전해드릴게요. 지멜은 사회생활에 참여하는 사람의 숫자의 변화가 예상하지 못한 결말을 초래하는 과정을 예리하게 분석했습니다. 먼저 상호작용에 참가하고 있는 사람이 단 두 명인 경우를 가정해보지요. 그림에서 보시는 것처럼 상호작용하는 사람이 단 두 명뿐인 경우를 이자 관계(dyad)라고 합니다. 이자 관계에서 상호작용이 일어날 수 있는 가능성과 상호작용으로 인한 참가자 사이의 역학 관계는 복잡하지 않습니다. A와 B가 서로 호감을 갖고 있습니다. 즉시 양자 사이에 관계가 형성됩니다. 그런데 A와 B가 서로 잘 맞지 않습니다. 대화를 시도했는데 동문서답하고 있

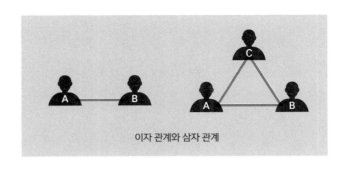

이자 관계와 삼자 관계

는 것 같습니다. 이른바 시쳇말로 이야기할 때 코드가 안 맞는 것 같습니다. 둘은 친구가 되고 싶지 않습니다. 그때는 서로 등을 돌리면 됩니다. 둘이 연인이었는데 그중 한 명이 변심하면 이자 관계는 붕괴됩니다. 양자 관계는 A와 B 모두 양자 관계에 동의할 때 형성되고, 둘 중 한 명이라도 양자 관계에 응하지 않으면 소멸됩니다. 아주 단순한 법칙에 따라 움직이지요.

여기에 한 명이 추가되어 삼자 관계(triad)가 만들어집니다. 단지 한 명이 더 늘어났을 뿐인데 삼자 관계가 되면 관계가 아주 복잡해집니다. 그림으로 그려보면 다음 페이지의 그림과 같습니다. 첫 번째, 가장 왼쪽의 가장 위에 있는 그림을 한번 봐주시기 바랍니다. 세 명이 있습니다. 서로 무관심합니다. 그래서 세 명은 각자 관계를 맺지 않은 채 살아갑니다. 그다음 오른쪽 그림을 볼까요? 세 명이 있는데요, 한 명은 나머지 두 명에게 무관심한데 세 명 중 한 명이 누군가에게 관심이 있네요. 한 단계 오른쪽으로 가봅시다. 한

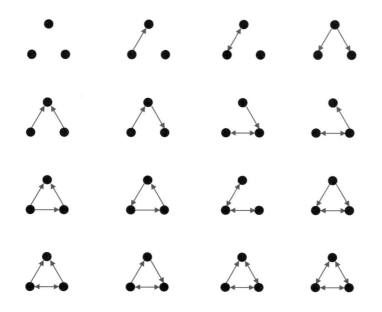

명이 또 다른 한 명에게 우리 상호작용합시다, 라고 신호를 보냈더니 신호를 받은 사람도 그 신호를 보낸 사람이 마음에 들었나 봅니다. 그래요, 그럼 우리 같이 상호작용해볼까요? 우리 둘이 친구가 되어볼까요? 라고 하고 둘은 서로 친구가 되었습니다. 나머지 한 명은 둘이 친구를 하든 말든 아무런 상관 없이 신경 안 쓰고 있습니다. 오른쪽으로 또 한 번 가보겠습니다. 이건 또 다른 경우입니다. 세 명이 있는데요. 두 명은 다른 사람에게 전혀 관심이 없습니다. 그런데 세 명 중 한 명은 자기를 제외한 나머지 두 명 모두에게 관심이 있습니다. 그래서 이 사람도 찌르고 저 사람도 찌릅니다. 한

칸 내려와서 두 번째 줄의 그림을 살펴보겠습니다. 두 번째 행의 첫 번째 다이어그램은 한 명에게만 관심이 집중되는 패턴이네요. B와 C가 A에게 우리 같이 상호작용을 해볼까요? 라고 신호를 보내는데 A는 아무런 관심이 없는 경우죠.

몇 가지 패턴만 살펴봤습니다만, 삼자 관계로 인한 상호작용이 빚어내는 패턴은 무궁무진하게 확장되는군요. 이 삼자 관계에서 A와 B가 연합을 하고, C를 그 연합에 끼워주지 않는다고 가정해보지요. 이자 관계는 연합하고 있는 A와 B 이외의 다른 사람에게는 영향을 주지 않지만, 삼자 관계는 다릅니다. 삼자 관계에서 집단 분화가 일어날 경우 분화가 일어난 집단에 소속되느냐 소속되지 않느냐는 소속된 사람뿐만 아니라 소속되지 않은 사람에게도 영향을 미칩니다. 상호성에 입각한 이자 관계와 달리 삼자 관계에서 두 사람의 연합이 일어나면, 두 사람은 연합을 통해 연합에 끼지 못한 나머지 한 명에게 연합한 세력의 의지를 강요할 수 있지요. 연합한 두 명이 인사이더라면 연합하지 못한 한 명은 아웃사이더가 되는 것입니다.

그런데 만약 삼자가 능력이 있거나 힘이 있는 경우 다른 패턴이 만들어질 수도 있습니다. 서로 상호작용을 하고 있는 A와 B의 관계가 갈등 국면에 접어들면 C는 조정자 역할을 할 수도 있고, 두 사람의 불화를 이용해 어부지리를 취할 수도 있고, 자신의 권력을 유지하기 위해 A와 B를 갈라놓고 이른바 분할 통치 방식을 채택할 수도 있습니다.

사실 사회는 이자 관계에 의해 움직인다기보다 삼자 관계로 움직입니다. 따라서 누구와 제휴를 하고 누구와 한편이 되고 어떤 집단에 소속되는지에 따라 사회생활의 구체적 모습은 달라질 수 있습니다. 잘나가는 집단의 구성원이 되면 그 구성원이라는 지위를 이용해 집단에 소속된 개인도 잘나갈 가능성이 높아지지요. 한 집단에 소속된다는 것이 이런 의미를 지니기에 잘나가는 집단은 특정인을 자기 집단의 일원으로 받아들여 성원권을 남발하지 않아요. 새 멤버를 받아들일 때 아주 까다롭게 굴지요. "개도 텃세한다"는 그래서 만들어진 속담일 거예요.

집단에 소속된다는 것은 한 개인의 정서적 안정에도 큰 영향을 미칩니다. 사람은 누구나 소속감을 느끼기를 원합니다. 누구나 어느 집단의 구성원이 되고 싶어 하지요. 사람은 단독으로 세상을 살아갈 수 없기 때문에 내가 소속된 집단은 단독으로 할 수 없는 일을 하려 할 때 든든한 버팀목이 됩니다. 사람은 소속 집단이 있을 때 편안함을 느낍니다. 한 집단에 소속되면, 구성원이 되고 싶은 집단이 내게 구성원 자격을 부여하면, 개인은 위급한 경우 집단으로부터 지원과 보호를 받을 수 있으리라 기대합니다. 우리가 한국 국적을 소유하고 있고 그래서 대한민국이라는 국민국가로부터 구성원

자격을 부여받았기에, 외국 여행 중 위급한 상황에 처하면 국가가 나를 도울 것이라고 생각합니다. "가재는 게 편이다"라는 속담처럼 믿고 의지할 집단이 있다는 것은 집단에 소속된 사람을 든든하게 해줍니다. 만약에 나를 받아주는 집단이 어디에도 없고 내쳐진 처지가 되면 아웃사이더가 됩니다. 아웃사이더는 어느 집단에서도 그 사람을 성원으로 받아들여주지 않는 사람입니다. 아웃사이더는 왜 자신의 처지를 비관할까요? 심리적 안정감을 느낄 수 없기 때문입니다. 내쳐진 느낌으로 살아야만 하니까요.

이 집단에의 소속은 개인의 자아 정체성 형성에 큰 영향을 줍니다. 어떤 집단에 소속되지 못했다는 사실, 즉 특정 집단으로부터 배제되었다는 느낌도 자아 정체성에 영향을 주지요. 제가 독일 유학 시절 느꼈던 '나는 외국인 유학생'이라는 자아 정체성은 보이지 않는 벽을 통해 제가 독일인 집단에 소속되지 않았다는 혹은 못했다는 배제의 감정을 통해 형성된 것이지요. 이렇듯 집단에의 소속이 개인의 자아 정체성 형성에 결정적인 요소가 되기 때문에 집단에 소속된 개인은 때로 자신이 소속된 집단이 자신의 자유를 제한한다 하더라도 기꺼이 그 집단에 소속됨을 유지하며 그 집단의 규칙과 집단에서 통용되는 가치를 수용합니다.

집단은 개인에게 규칙과 가치 공유를 강요하지만, 집단에 소속됨으로써 구성원으로서의 권리를 보장받을 수 있다면 기꺼이 자신에게 가해지는 제약을 수용합니다. 제약이 아무리 강해도 그 집단이 구성원에게 안전과 보상을 확실하게 보장해주면 집단이 개인에게 행하는 제약에 대한 불만은 싹트지 않지만, 집단이 보장해주는 것도 없으면서 제약만 가한다면 집단에 소속되어 있는 사람은 반발합니다. 구성원이 기꺼이 집단의 제약을 받아들이는 정도를 우리는 '충성심(royalty)'이라는 개념으로 측정해볼 수 있습니다.

구성원이 자기가 소속된 집단에 표하는 충성심이 강할수록 집단은 강해집니다. 한 집단이 지속성을 지닐 수 있는지 여부도 구성원으로부터 충성심을 획득했는지 여부에 따라 달라집니다. 그래서 집단 충성심 확보를 위해 집단은 많은 노력을 기울입니다. 집단 충성심을 확보하는 가장 좋은 방법은 내집단과 외집단을 인위적으로 구별하고 내집단의 공통분모를 높일 수 있는 각종 장치를 개발하는 것입니다.

영화 〈해리 포터(Harry Poter)〉 잘 아시죠? 호그와트(Hogwarts) 마법 학교가 영화의 배경입니다. 호그와트 마법 학교는 그리핀도르(Gryffindor), 후플푸프(Hufflepuf), 래번클로(Ravenclaw), 슬리데린(Slytherin)이라는 네 개의 기숙사로 이루어졌습니다. 기숙사에 살고 있는 학생들은 마법 학교 학생이라는 공통점을 지니지만, 정작 호그와트 내부에서 이들은 서로 속한 기숙사별로 집단 정체성을 소유하며 상호 경쟁적이고 때로는 적대적입니다. 마법 학교는 기숙사별 집단 정체성을 강화하는 여러 장치를 가지고 있는데요, 기숙사별로 고유의 문양이 있고 기숙사 대항 스포츠 시합도 개최됩니다.

호그와트 학생들은 랜덤으로 기숙사에 배정되었음에도, 이들은 자신이 배정된 기숙사에는 충성심을, 자신이 속하지 않은 기숙사에 대해서는 경쟁의 감정 혹은 증오의 감정을 품습니다. 스포츠 시합이 벌어지면 같은 마법 학교에 다니고 있음에도 마치 축구 한일전에 임하는 것 같은 비장한 분위기가 감돕니다. 각 기숙사는 서로 강한 '내집단 편향'을 보여줍니다. 내가 소속된 기숙사는 선이고, 다른 기숙사는 문제 있는 집단으로 치부됩니다. 같은 기숙사에 속한 학생들은 서로 의사소통할 기회가 많지만, 기숙사가 다르면 의사소통할 기회가 없습니다. 그러다 보니 다른 기숙사에 대한 편견이 수정될 기회가 전혀 없는 것이지요. 이런 상황에서 각 기숙사에 속한 학생들은 집단 간 차이를 부풀리고 상대편에 대한 적대적인 말 하기, 나쁜 이름 붙이기, 회피하기, 차별하기, 그리고 스포츠 경기를 할 때 물리적 공격을 하기 등을 전혀 주저하지 않아요. 서로 다른 집단, 즉 패로 나뉘면 서로 경쟁적으로 "개도 텃세"를 부리는 것이지요.

인간이 집단에 속함으로써 얻게 되는 이득이 있습니다. 아까 심리적인 안정감을 얻을 수 있다고 말씀드렸는데, 비단 심리적 안정감뿐만 아니라 집단에 속함으로써 얻을 수 있는 이득은 굉장히 많습니다. 사회학에서 쓰이는 '사회자본'이라는 개념으로 이 상황을 좀 더 자세히 들여다보겠습니다.

경제자본이 있으면 그 돈을 활용해 어떤 이득을 얻을 수 있는 가능성이 높아지는 것처럼, 타인과 맺는 사회적 관계가 이득을 가져다줄 수도 있습니다. 사회적 관계를 통해 기대할 수 있는 이득을 경제자본처럼 자본의 한 형태라 해서 사회자본이라 표현합니다.

사회자본은 두 가지 방법으로 형성될 수 있습니다. 하나는 우리가 결속(bonding)이라고 부르는 형태의 사회자본입니다.• 결속은 동일성과 동질감에 기반을 둔 사회자본입니다. 호그와트 마법 학교에서 해리 포터와 헤르미온느 그레인저와 론 위즐리는 그리핀도르 기숙사와 앙숙인 슬리데린 기숙사 소속 드레이코 루시우스 말포이와 사사건건 대립하면서 결속력이 점점 강해지지요. 그리고 위급한 상황에서 서로 돕습니다. 해리 포터와 헤르미온느 그레인저와

• 로버트 D. 퍼트넘, 『나 홀로 볼링』, 정승현 옮김, 페이퍼로드, 2009, 25쪽.

론 위즐리는 결속형 사회자본을 공유하는 사이입니다. 결속형 사회자본의 사례는 주변에서 쉽게 찾아볼 수 있습니다. 동창회 같은 경우입니다. 동창은 동질성의 집합체입니다. 같은 학교를 다녔고, 학창 시절의 추억도 함께했습니다. 그 학교와 라이벌 관계를 맺고 있는 학교가 있다면 동창들은 공동의 적도 갖게 됩니다.

결속형 사회자본을 형성한 사람은 비밀을 공유합니다. 어느 집단이나 다른 집단에 알려지면 불리한 조직의 비밀은 어디에나 있기 마련이지요. 결속형 사회자본을 공유하는 사람은 집단 내 추악한 비밀을 단속합니다. 그 비밀은 절대 외부로 알려지면 안 됩니다. 집단의 비밀은 내부 결속력을 강화하기 위한 수단으로 사용되기도 합니다. 집단에 속한 사람은 자신의 집단에 뭔가 비밀이 있음을 눈치챕니다. 하지만 집단의 조직에서 상위에 있는 사람은 알려주지 않습니다. 마치 부모가 자식들에게 너는 아직 집안의 비밀에 대해 알 때가 아니라고 단속하는 것처럼요. 한 집단의 비밀을 알고 있는 사람과 비밀을 알지 못하는 사람으로 나뉘면, 비밀을 알지 못하는 사람들은 조직의 위계에서 대개 하위에 있기 마련인데요, 집단 내 비밀을 공유받지 못한 사람은 언젠가는 집단의 비밀을 공유하는 위치에 오르고 말리라 결심하며 더욱 조직에 충성하게 됩니다.

결속형 사회자본으로 엮여 있는 사람은 그 사회자본을 타인과 쉽게 공유하지 않습니다. 사회자본을 공유할 수 있는 성원권은 엄격한 심사를 통해 아주 까다롭게 주어집니다. 하지만 동질성이 확인된 사람에게는 아주 빠르고 쉽게 곁을 내줍니다. 사회생활을 하다가 일 때문에 어떤 사람을 알게 되었는데요, 출신 학교가 같습니다. 그러면 출신 학교가 같다는 단 하나의 이유로 갑자기 이들은 선배님, 후배님이라는 호칭을 사용하고 "선배님이시니 잘 부탁드립니다"라는 말을 건네며 결속형 사회자본을 다지지요. 결속형 사회자본은 동질성만 확보된다면 손쉽게 그리고 빠르게 형성됩니다. 결속형 사회자본에는 치명적인 약점이 있는데요, 폐쇄적이라는 점입니다. 저는 사회학회의 세미나 뒤풀이에서 서울대학교 졸업생끼리의 결속형 사회자본을 겪었고, 결속형 사회자본의 폐쇄성 앞에서 "개도 텃세한다"라는 속담을 떠올렸던 것이지요.

결속형 사회자본은 매우 폐쇄적이고 배타적이어서 내부 사람에게는 그들만의 확실한 이익을 보장하지요. 내부에 속할 때 확실한 이익을 보장받기에 결속형 사회자본에 속한 사람은 내부에서 섭섭한 대접을 받아도 사회자본망으로부터의 이탈을 쉽게 결심하지 못합니다. 결속형 사회자본으로부터 이탈할 때 감내해야 하는 사회적 손실이 결코 작지 않기 때문입니다. 극단적인 결속형 사회자본인 범죄자 조직의 경우, 집단 성원 사이의 유대감을 조성하고 집단 내 통일성을 증진하기 위해 충성 서약을 거쳐야만 조직의 일원이 될 수 있습니다. 이러한 '포함 의례'와 쌍을 맺고 있는 것이 배신자를 처벌하고 응징하는 '배제 의례'이지요. 조직폭력배가 주인공인 영화에서는 조직폭력배의 '포함 의례'와 '배제 의례'의 실례가 단골 메뉴로 등장합니다. 동일한 문신을 함으로써 '포함 의례'를 치르고 배반자의 손발을 자르는 가혹한 응징이라는 '배제 의례'를 통해 다른 구성원에게 배신의 대가를 가시화함으로써 결속을 다지기도 합니다. 결속형 사회자본망을 구성하고 있는 내부인 사이에서는 자신들의 사회자본이 세상에서 최고처럼 보이지만, 사실 외부인의 시선에서 보면 이들의 자기 자랑은 이해할 수 없는 측면도 적지 않게 있습니다. 자기가 소속된 집단에 대한 자부심이 지나칠 때 철학자 바뤼흐 스피노자(Baruch Spinoza, 1632~1677)는 '증오-편견' 이상으로 우려스러운 '사랑-편견'에 대해 이야기합니다. '사랑-편견'은 정도 이상으로 대상을 사랑하는 감정을 말합니다. 소속된 집단에 대한 애정은 자연스러운 것이지만, 소속된 집단을 '사랑-편견'으로 바라보면 자기가 사랑하는 것을 과대평가하고 그 반대를 과소평가하게 되지요.*

비슷한 성향을 가진 사람끼리만의 상호작용이 빈번해지면서 소수의 집단이 공유하고 있는 인식을 세상의 전부로 인식하는 것을 '필터 버블(Filter Bubble)'이라고 하는데요, '사랑-편견'은 필터 버블을 통해 강화됩니다. 비슷한 생각을 하는 사람끼리만 정보를 주고받다

---

* 고든 올포트, 『편견』, 석기용 옮김, 교양인, 2020, 71~73쪽.

보니 자신이 뱉은 목소리가 반사되고 증폭되어 메아리가 울리는 방의 효과인 '에코 챔버(Echo Chamber)' 효과까지 곁들여지면서 외부 집단은 실제 이상으로 과소평가되거나 외부에 대한 공격적인 태도가 나타나기도 하지요.

폐쇄적이기에 결속형 사회자본망을 공유하는 사람들이 나쁜 짓을 공동 모의해서 자기들만의 특수한 이익을 추구하게 되면 그 집단은 집단 부패의 늪에 빠집니다. 사회적으로 물의를 일으키는 사건은 대부분 결속형 사회자본 집단에서 발생하지요. 한때 심각한 사회문제로 떠올랐던 쇼트트랙 선수 사이의 이른바 '짬짜미', 그리고 잊을 만하면 뉴스로 보도되는 연구비 횡령을 하는 교수 집단 등이 그 실례라 할 수 있겠습니다. 결속형 사회자본 속의 그들은 서로 믿는 친구였고 이익 공동체였습니다. 똑같이 나쁜 짓을 해서 돈을 나눠 먹으려 하다 A가 돈을 더 많이 횡령했다는 사실을 알게 된 B가 격분하여 고발함으로써 사건의 전모가 밝혀지는 경우가 있습니다. 교수 연구비 횡령은 적지 않은 경우 같이 연구비를 횡령하려다 사이가 틀어진 동료 교수의 폭로로 알려지지요. 결속형 사회자본이 가지고 있는 위험성이 한계입니다.

연계형(bridging) 사회자본은 동질성이 아니라 이질성 기반으로 만들어진 사회적 자본입니다. 이질성 기반으로 형성된 사회자본이기 때문에 결속형 사회자본에 비해 빨리 형성되지는 않지요. 연계형 사회자본은 집단 내부에 속한 사람들에게만 돌아가는 이익, 즉 내부 지향적인 폐쇄적 이익을 추구하지 않고 집단에 속하지 않은 사람에게도 긍정적 영향이 확산되는 외부 지향적인 개방적 이익을 추구합니다. 결속형 사회자본은 타인에게 "개도 텃세한다"는 인상을 불러일으키지만, 연계형 사회자본은 타인의 질투를 유발하지 않고 오히려 존경의 마음을 불러일으킵니다. 형성되기에는 쉽지 않지만 일단 형성되면 내부나 외부의 공격에 시달리지도 않고 오랜 기간 동안 지속될 수 있습니다.

결속형 사회자본과 연계형 사회자본을 비유를 들어 설명하면 그 차이가 더 명확해질 것 같습니다. 결속형 사회자본은 접착제 관계예요. 서로를 끈끈이처럼 달라붙게 만듭니다. 서로 끈끈해졌기에 개인의 독립성은 없습니다. 접착제니까요. 다른 조직으로 가거나 다른 사회적 자본 관계로 가려면 배신자라는 엄청난 비난을 무릅쓰고 옮겨가야만 합니다.

그러나 연계형 사회자본은 윤활유에 가깝습니다. 자동차는 여러

부품의 총합이지요. 자동차 부품 각각은 단단한 성질을 지녔는데요, 단단한 자동차 부품이 서로 맞물렸을 때 삐걱대지 말라고 윤활유를 사용하면 자동차 부품은 각기 고유성이 유지되면서도 함께 어우러져 자동차의 성능이 향상됩니다.

인간에게는 두 가지 형태의 사회자본이 모두 필요합니다. 접착제가 없으면 각 개인은 모래알이 될 터이니 집합체의 미덕을 맛볼 수 없습니다. 그래서 접착제는 필요합니다. 하지만 삶이 접착제로만 이뤄지면 답답하죠. 나의 고유성이 없으니까요. 그때 윤활유가 구세주처럼 등장합니다. 인간이 사회생활을 제대로 해내려면 두 가지 형태의 사회자본이 균형을 유지하는 것이 중요한데요, 아쉽게도 결속형 사회자본과 연계형 사회자본 사이의 균형이 점점 위태로워지고 있습니다. 결속형 사회자본에 비해 연계형 사회자본은 지속적으로 약화되고 있습니다.

연계형 사회자본은 이질성에 기반을 둔 사회자본이기 때문에 결속형 사회자본보다 형성되는 데 더 많은 시간을 필요로 한다고 말씀드렸습니다. 만약 사람들이 시간 부족에 허덕이고 있어서 자기 일을 처리하는 데만 급급하고 공동의 이익에 관심을 돌릴 겨를이 없다면 연계형 사회자본은 형성되기 어렵습니다.

사람들은 왜 시간 부족에 허덕일까요? 첫 번째, 노동 시간의 길이와 관계있습니다. 한 사회를 구성하고 있는 사람들이 사회관계에 투자할 시간이 없을 정도로 장시간 노동을 행하고 있다면 연계형 사회자본이 형성되는 데 필수 불가결한, 주위를 돌아볼 겨를과 여유가 줄어들 테니 연계형 사회자본이 만들어질 수 없을 겁니다. 2010년의 OECD 팩트북(Fact Book)＊에 따르면 한국은 아직까지도 OECD 국가 중에서 평균 노동 시간이 긴 나라에 속합니다. 한국인은 1년에 평균 2,256시간을 일합니다. OECD 평균이 1,764시간임을 감안하면 압도적으로 노동 시간이 긴 편입니다.

연계형 사회자본의 형성을 방해하는 또 다른 요인이 있습니다. 바로 통근 거리입니다. 통근하는 데 많은 시간을 할애할수록 주변을 돌볼 겨를이 없습니다. 긴 통근 시간은 연계형 사회자본 형성에 부정적 영향을 끼칩니다. 한국은 OECD 국가들 중에서 한 사람이 일터로 출근하고 퇴근하는 데 쓰는 시간이 그 어떤 나라보다 길지요. 매일 사람들이 통근을 위해 길바닥에 시간을 버리고 있는 나라입니다. 2014년 조사에 따르면,＊＊ 스웨덴 사람은 하루에 통근 시간으로 평균 18분을 사용하는 데 비해, 한국 사람의 평균 통근 시간은 58분으로 조사 대상 국가 중에서 가장 깁니다. 통계청 조사에 따르

• https://www.oecd-ilibrary.org/economics/oecd-factbook-2010_factbook-2010-en.

•• OECD, 「OECD Family Database」, http://www.oecd.org, 「The labour market position of families(LMF)」.

면, 1995년부터 2015년 사이에 통근에 사용하는 평균 시간은 지속적으로 상승해서, 1995년에는 하루에 29.6분을 통근에 사용했는데 2015년에는 35.4분을 통근에 쓰고 있습니다.*

그럼 왜 우리는 이렇게 긴 시간을 통근으로 허비하고 있을까요? 통근 시간을 줄이는 가장 좋은 방법은 모든 직장인의 꿈인 직주일치(職住一致), 즉 직장 가까운 곳에 사는 것입니다. 누구에게나 시간은 24시간입니다. 24시간 중에서 세 시간을 출퇴근으로 보내고 나면 남는 시간은 스물한 시간입니다. 누구나 여덟 시간은 자야 합니다. 또 여덟 시간은 누구나 일을 해야 합니다. 그러면 출퇴근에 하루에 세 시간을 보내는 사람과 불과 10분 만에 직장에 갔다가 10분 만에 퇴근할 수 있는 사람이 누리는 시간적 여유는 너무나 다르죠.

그런데 우리는 직주일치라는 정답을 알고 있지만 부동산 가격이라는 현실적인 문제에 부딪혀 통근을 위해 매일 길바닥에 시간을 내버리는, 몸으로 쓰는 오답을 반복하고 있습니다. 어디에 살 것인지를 결정할 때 오로지 통근 시간만 염두에 두고 결정할 수 있는 사람은 상대적으로 돈이 넉넉한 사람일 거예요. 우리가 어디에 살 것인지를 결정할 때 현실적인 기준점은 내가 가진 돈으로 구할 수 있는 집이 어디에 있느냐입니다. 그러다 보니 지옥철이라는 별명

• http://www.index.go.kr/unify/idx-info.do?idxCd=4260

을 얻은 지하철에서 편도에 한 시간을 시달려야 일터에 도착하고, OECD 국가 최장의 노동을 마치고 다시 지옥철을 타고 집에 도착하는 삶을 반복하고 있습니다.

집에 돌아오면 이웃에 누가 사는지 알 틈이 없고, 알 힘도 없고 알 시간도 없습니다. 그러다 보니 우리의 사회자본은 나와 같은 학교 나온 사람, 나와 이익이 같은 사람, 그 사람들과의 사회자본만 남습니다. 모두가 결속형 사회자본에만 매달리다 보면 "개도 텃세"하는 일이 다반사로 벌어지는 사회가 되는 거죠. 통근길 버스와 만원 지하철에서 한탄을 합니다. 개나 소나 텃세 부리고 있는데, 개나 소는 나를 받아주지 않는다고요.

부동산 문제는 단순히 경제문제만은 아닙니다. 부동산 문제는 바로 사회자본의 형성과 직결된, 즉 주거 보장이라는 측면뿐만 아니라 사회 안전성 확보에도 직접적인 영향을 줍니다. "개도 텃세" 부리는 사회는 우리가 살고 싶은 사회가 아닙니다. 우리는 "개도 텃세하는" 일이 더 이상 반복되지 않는 사회에 살고 싶습니다. 속담 "개도 텃세한다"는 묻습니다. 혹시 지금 우리는 아직 살아 있는데 이미 "개도 텃세"하고 "가재는 게 편"인 지옥도(地獄道)에 살고 있는 게 아니냐고.

친구 따라 강남 간다

08

명성은 꿀벌과 같은 것.

노래가 있고

침도 있지.

아, 그러고 보니, 날개도 있네.*

사진부터 봐주시지요. 이런 장면 보신 적 있으신가요? 신기하기만 합니다. 왜 저렇게 모여 다닐까? 새들만 그런 게 아니라 정어리도 바닷속에서 떼를 지어 헤엄치지요. 동물만 그럴까요? 사람은 안 그럴까요? 사람 역시 마찬가지입니다. 우리는 살면서 여러 가지 선택을 하는데, 때로는 그중에서 내가 이 선택을 왜 했지? 라고 질문을 던지면 말문이 막히는 경우도 있습니다.

길을 가다 그런 일이 있었어요. 길을 지나가는데 길가에 호떡집이 있고 사람들이 줄을 서 있는 거예요. 그 줄이 꽤 길어서 저는 이 호떡을 먹지 않으면 안 될 것 같은 느낌에 휩싸였습니다. 그래서 저도 줄을 섰습니다. 제가 줄을 서고 난 이후 그 줄은 줄어들기는커녕 오히려 길어졌습니다. 한참을 기다린 끝에 제 차례가 와서 호떡

• 에밀리 디킨슨, 『에밀리 디킨슨』, 김천봉 옮김, 이담북스, 2012.

저녁 하늘에 펼쳐진 새들의 군무.

을 샀습니다. 호떡을 한 입 베어 물자 '내가 왜 줄을 섰지?'라는 생
각부터 들더군요. 뭔가 당한 느낌이었어요. 호떡이 맛이 없지는 않
았는데, 그렇다고 오랜 시간 기다려서 먹을 정도로 기막힌 천상의
맛은 아니었거든요. 뭔가 당한 느낌인데 호떡집 주인은 죄가 없습
니다. 호떡집 주인은 호객하지 않았으니까요. 그 줄에 서 있던 다
른 사람 탓도 할 수 없어요. 그들은 제게 아무 말도 하지 않았으니
까요.

우리는 살면서 이런 일을 자주 겪습니다. 니은서점에는 책이 꽤 많

221

이 전시되어 있습니다. 손님 입장에서는 선택지가 많은 것이죠. 그런데 흥미롭게도 팔리는 책이 주로 팔리고, 안 팔리는 책은 정말 안 팔립니다. 안 팔린다고 나쁜 책이라 할 수는 없어요. 마찬가지로 책이 좋아서 베스트셀러가 되는 것도 아닙니다. 안 팔리는 책이 나쁜 책이라 할 수 없는 것처럼 모든 베스트셀러가 좋은 책이라고 할 수도 없습니다.

베스트셀러는 다른 사람들이 이미 많이 선택한 책이죠. 만약 어떤 사람이 베스트셀러라는 이유로, 즉 다른 사람들의 선택을 믿고 어떤 책을 샀다고 해보죠. 책을 읽었는데 기대에 미치지 못합니다. 그 사람은 고개를 갸우뚱거리며 "도대체 이 책이 왜 많이 팔렸지?"라고 의아해할 수 있습니다. 제가 호떡을 먹고 나서 기다렸던 시간을 살짝 후회했던 것처럼요.

제가 경험했던 호떡집처럼 우리가 무엇을 선택할 때 그 선택이 각자의 판단이 아니라 타인의 판단을 믿고 따라 하는 경우가 빈번합니다. 여러분은 관람할 영화를 선택할 때 어떤 방법을 쓰시나요? 열심히 정보를 수집해서 관람할 영화를 고르기도 하지만, 가장 손쉬운 방법은 친구에게 "요즘 어떤 영화 괜찮아?"라고 물어보는 것입니다. 만약 주변에 영화광이 있으면, 스스로 정보를 수집하기보다 영화광에게 물어보고 그 영화광의 판단을 믿고 따르기도 하지요. 그러니까 겉으로는 스스로 판단해서 결정한 것처럼 보이는 것도 사실 다른 사람의 판단을 따라서 한 것인 경우가 많아요. 다른 사람, 특히 자신이 신뢰하는 사람의 판단에 대부분의 사람은 동조합니다. "친구 따라 강남 간다"는 속담이 이런 현상을 표현해주는 것 같습니다. 친구를 믿고 친구 따라 나섰다가 강남까지 갔다네요. 친구 따라 길을 나서 도착한 강남은 본래 서울 강남이 아니라 철새가 때가 되어 장거리 이동하는 목적지인 중국 양쯔강의 남쪽 지역을 의미합니다. 친구 따라 참 멀리도 갔죠? 중국 양쯔강 남쪽까지 갔으니 말입니다. 이 속담의 강남은 서울의 강남을 염두에 두고 만들어지지는 않았지만, 우연의 일치인지 이 속담의 강남을 중국의 강남이 아니라 서울 강남으로 이해해도 무리는 없습니다. 아니, 오히려 이해가 더 쉬워집니다. 가수 싸이의 전 세계적 히트곡 〈강남 스타일〉에 등장하는 것처럼 서울 강남은 최신 유행의 근원지 역할을 하고 있으니까요. '강남 스타일'이란 요즘 잘나가는 스타일이라는 뜻이나 다름 아니잖아요.

식당에서 어떤 음식을 주문해야 할지 잘 모르겠어요. 주인에게 물어봅니다. "뭐가 잘 나가요?" 그때 주인이 "아, 이게 잘 나갑니다"라고 얘기해주면 사람들은 안심하고 먹습니다. 그런데 사실 사람의 입맛은 각자 다른 게 정상적이니까 다른 사람에게 맛있는 음식이 꼭 나에게도 맛있으리라는 보장은 없지요. 그런데도 사람들은 "이 음식이 잘 나간다"는 얘기를 들으면 의심하지 않고 그 음식을 선택합니다. 옷가게에서 옷을 고르고 있는데 쉽게 결정하지 못합니다. 이걸 살까 말까, 이 옷이 나한테 어울릴까 말까 고민하고 있는데 그때 점원이 "요즘 이게 유행이에요. 이게 아주 잘 나가요"라고 하면 그 순간 "아, 그래? 사야지!"라고 결심하기도 하지요. 일상생활에서 흔히 찾아볼 수 있는 "친구 따라 강남" 가는 사례죠. 사회학자는 이런 현상이 생기는 이유가 궁금합니다. 이런 현상들이 생기는 이유들을 설명하기 위해 여러 가지 연구를 하다가 이른바 '폭포 현상'을 발견했습니다.

'폭포 현상'이란 사람이 선택을 할 때 자기 판단을 따르지 않고 다른 사람의 선택을 따라 하는 경향을 의미합니다. 한 명이 다른 한 명의 선택을 따라 하고, 또 다른 사람이 앞 두 사람의 선택을 따라 하면 처음에는 작은 움직임에 불과하던 것이 점점 불어나 일종의 폭포처럼 특정한 경향으로 사람이 몰리고 마치 폭포 물이 떨어지는 것처럼 거스를 수 없는 대세가 형성되는 과정을 '폭포 현상'이라고 표현하는 것이죠. 한 명이 친구 따라 강남 가면 모든 사람이 친구 따라 강남 가게 된다는 것입니다.

'바이럴 마케팅'은 '폭포 현상'을 의도적으로 만들기 위해 요즘 많이 사용하는 기법입니다. '바이럴'은 바이러스(virus)의 형용사형인데요, 바이럴은 그 자체의 뜻으로 보면 어떤 현상이 바이러스처럼 쉽고 빠르게 전파됨을 의미합니다. 낯선 장소에 갔는데 어디서 밥을 먹어야 할지 모를 때 사람들이 무의식적으로 인터넷으로 '○○ 맛집'이라고 검색합니다. 검색하면 정말 많은 맛집 정보를 찾을 수 있습니다. 아주 상세한 후기가 있는 블로그도 쉽게 발견할 수 있고요. 오죽 맛있으면 이 사람이 이렇듯 정성스럽게 포스팅했을까 싶어 믿고 그 집에 갑니다. 그런데 음식을 먹어보니 생각했던 것과 전혀 다른 경험, 많이 해보셨지요? 흔히 이런 경우 우리는 '낚였다'고 표현하는데요, 많은 사람이 낚여서 "친구 따라 강남" 가면 갈수록 '폭포 현상'이 강해지고 그렇게 되면 '바이럴 마케팅'은 대성공하는 셈입니다.

"친구 따라 강남" 가는 폭포 현상은 과학 실험으로도 입증되었습니다. 어떤 학자가 폭포 현상을 검증하기 위해 실험을 디자인했습니다. 음악 다운로드 실험이라는 건데요.[*] 매튜 샐가닉은 동료 연구자와 함께 1만 4,341명을 대상으로 실험을 하기 위해 가상으로 음악을 다운로드받을 수 있는 사이트를 만들었습니다. 거기에 노래 수십 곡을 업로드해놨습니다. 업로드된 곡은 모두 잘 알려지지 않은 무명 가수의 노래입니다. 사람들은 자신이 선택해야 하는 후보 가수에 관한 어떠한 사전 정보도 알지 못합니다. 사람들에게 업로드된 노래 중 마음에 드는 노래 몇 곡을 선택해달라고 요청했습니

• 캐스 R. 선스타인, 『우리는 왜 극단에 끌리는가』, 이정인 옮김, 프리뷰, 2011, 130~131쪽.

다. 사전에 가수에 관한 정보가 없으므로 선택하려면 일단 노래를 다 듣고 자신의 취향에 맞는 노래를 골라내야 합니다. 이론적으로는 사람들의 취향은 제각각이기 때문에 특정 음악에 다운로드가 편중되는 일이 발생하지 않으리라 예상했습니다. 그런데 역시 '폭포 현상'이 발견됐습니다.

'폭포 현상'이 만들어진 과정을 살펴보니 그 흐름은 이랬습니다. 첫 번째로 음악을 다운로드받은 사람은 음악을 다 듣고 자신의 취향에 따라 마음에 드는 음악을 다운로드받았습니다. 두 번째로 음악을 다운로드받은 사람은 자기가 어떤 음악을 좋아하는지 음악을 듣고 선택도 했지만 자기보다 먼저 다운로드한 사람이 어떤 음악을 다운로드했는지를 살펴봤습니다. 세 번째 사람은 자기가 어떤 음악을 다운로드할 것인지를 생각하면서 동시에 첫 번째와 두 번째 사람이 어떤 음악을 다운로드했는지도 눈여겨봤습니다.

이 과정이 쭉 이어지다 보니 한번 누군가에 의해서 선택된 노래는 그다음 사람에게 선택될 가능성이 매우 높았습니다. 이 과정이 몇 번 되풀이되지 않았는데도, 다운로드되는 음악은 "그 밥에 그 나물"처럼 뻔한 후보곡 범위 내에서 선택되었습니다. 한번 선택된 곡은 계속 뽑혀 선택받은 횟수가 눈덩이처럼 불어나게 되면서 결국 맨 마지막에 가서는 '폭포 현상'이 생겨난 것이죠.

"강물을 거슬러 오르는 연어"처럼 세상을 사는 것은 멋있어 보이지만, 사실 주류를 거슬러 사는 '인디적' 삶은 결코 쉽지 않습니다. 웬만한 자신감이 없으면 자기만의 독자적인 영역을 세우고, 자신만의 원칙을 따르며 선택하고 결정하고, 다른 사람이 세상을 사는 방식에 흔들리지 않고 "My Way"를 걸어갈 수 없습니다. 우리는 세상을 살면서 개성을 추구하기도 하지만 동시에 남들과 같아지려는 압력을 느끼기도 합니다. 자신의 선택에 자신감이 부족할 때 남의 선택을 따라 하면 최소한 망하지는 않겠다는 생각, 즉 '동조 압력(conformity pressure)'이 확산되면 곳곳에서 '폭포 현상'이 벌어집니다. 사회학자 지멜은 이렇게 남들을 따라 하는 모방의 심리에는 안도감과 부담감으로부터 벗어나려는 욕망이 숨겨져 있다고 말하기도 했습니다.

모방은 우리가 행동에서 혼자가 아니라는 안도감을 갖게 해주고, 지금까지 이루어진 동일한 행위들을 기반으로 이루어진다. 그러한 단단한 토대 덕분에 현재의 행위는 스스로 이루어내야 한다는 부담감으로부터 해방된다.•

자동차 카탈로그를 살펴보면 개인이 선택할 수 있는 자동차 색의 폭은 꽤 넓습니다. 그런데요, 길거리를 지나다니는 자동차의 색은

• 게오르크 지멜, 『짐멜의 모더니티 읽기』, 56쪽.

거기서 거기입니다. 선택은 열려 있었는데도 사람들은 한정된 범위 몇 가지 색 중에서 하나를 선택합니다. 개성을 뽐내기 위해 이번에는 반드시 '빨간색' 자동차를 선택하겠다고 결심했는데도, "친구 따라 강남 가는" 선택은 '개성'은 없어 보이지만 안전하다는 이유로 빨간색을 포기하고 무채색 자동차를 선택하는 게 우리의 평범한 삶의 모습 아니겠어요?

잠시 화제를 바꾸어 앤디 워홀(Andy Warhol, 1928~1987)이라는 미국의 팝 아티스트 이야기를 해볼까 합니다. 앤디 워홀이 남긴 어록 중에서 지금까지도 회자되는 굉장히 유명한 말이 있는데요. "미래에는 누구나 15분이면 전 세계적인 명성을 얻을 수 있다(In the future, everyone will be world-famous for 15 minutes)"는 선언이지요. 이효리가 불렀던, 내 것이 되는 데 "Just one 10 Minutes"이면 충분하다는 〈텐 미닛(10 Minutes)〉이 생각나는 명언이죠.

앤디 워홀은 텔레비전의 영향력이 한창 커지던 1960년대에 스타 작가로 떠올랐습니다. "명성을 얻는 데 15분이면 충분하다"라는 앤디 워홀의 생각 밑바탕에는 텔레비전이 있었습니다. 텔레비전 시청자는 그 규모가 영화나 신문과는 비교할 수 없을 정도로 커서 텔레비전에 15분만 출연해도 세계적인 명성을 얻기에 충분하다고 예견하며 텔레비전 시대의 영향력을 이런 문장으로 표현한 거죠. 텔레비전은 사회적으로 막강한 영향력을 행사하는 '스타'의 산실입니다. 앤디 워홀 역시 텔레비전이라는 미디어를 통해 스타 작가로 부상했지요.

여러분 중 스타라는 단어를 들으며 "어? 내가 스타라는 단어를 들어본 지 얼마나 됐지?" 따져보다가, 예전에는 스타라는 단어를 굉장히 많이 썼는데 요즘은 예전만큼 사용하지 않는다는 점이 좀 이상하게 느껴지지 않았나요? 옛날 신문을 찾아보면 유명인들을 지칭할 때, 특히 연예인인 경우 스타라는 단어를 사용했습니다. 요즘은 스타라는 단어는 사용하지 않습니다. 그 대신 다른 사람에게 영향을 미치는 사람, 그리고 화제를 일으키는 사람을 '셀러브리티'라 부릅니다. 흔히 줄여서 '셀럽'이라고 말하지요. 스타의 자리를 셀럽이 대신하게 된 이유는 "친구 따라 강남 간다"는 속담이 우리가 살고 있는 시대에서 어떻게 변형되고 수정되어 재해석될 수 있는지를 가늠하는 데 중요한 실마리가 됩니다.

옛날에 스타 중에서는 이른바 신비주의 전략을 취하는 사람들이 있었습니다. 신비주의 전략을 취하는 영화배우는 출연한 영화에서만 그 사람의 모습을 볼 수 있었지요. 신문이나 잡지 인터뷰도 안하고 텔레비전 출연도 하지 않았어요. 유명한 스타 영화배우는 통

229

상 신비주의 전략을 추구했습니다. 대중에게 너무 자주 노출되면 그 사람이 출연한 영화의 화제성이 떨어질 수도 있다는 우려 때문에 그랬던 것이죠. 내 얼굴을 보기 위해서는 영화를 봐야만 한다, 영화관 이외에서는 내 얼굴을 볼 수 없다, 이런 계산이 아니었나 싶어요. 관객의 입장에서도 신비주의 전략을 취하는 배우의 자연인으로서의 모습, 그러니까 연기하지 않을 때의 목소리 톤이나 말 습관 등을 전혀 알 수가 없으니 극 중 배역에 완전히 몰입할 수 있어서 좋기도 했지요. 하지만 지금의 연예인은 신비주의 전략을 취하지 않습니다. 신비주의 전략을 취하면 사람들의 관심에서 벗어나 인기 관리에 실패할 가능성이 높지요.

우리가 살고 있는 시대의 유명인은 숨어 있다가 작품에서만 모습을 드러내는 스타가 아니라 일상을 공개해 영향력을 행사하는 셀러브리티가 되려 합니다. 스타와 셀러브리티는 어떤 점에서 다를까요? 《포브스》지가 2019년에 전 세계 셀러브리티 100명을 뽑았습니다. 그들이 가지고 있는 화제성과 영향력을 기준으로 셀럽을 뽑았는데요. 1위로 뽑힌 사람이 모델로 활동하는 카일리 제너(Kylie Kristen Jenner)입니다. 2위가 힙합 가수 카니예 웨스트(Kanye Omari West)이고요, 세 번째는 테니스 선수 로저 페더러(Roger Federer)가, 네 번째는 축구 선수 크리스티아누 호날두(Cristiano Ronaldo)가, 다섯 번째는 역시 축구 선수인 리오넬 메시(Lionel Messi)가 차지했습니다.

이들은 우리가 "친구 따라 강남" 가도록 만드는 데 지극히 강한 영향력을 행사하는 사람입니다. 페더러가 테니스 경기에서 어느 회사 옷을 입고 출전하느냐에 따라 테니스복 매출이 영향받습니다. 페더러가 광고를 하는 것도 아니고 그저 텔레비전으로 중계되는 테니스 경기에 특정 브랜드 옷을 입고 있는 모습이 화면으로 송출되었을 뿐인데도 말입니다. 페더러는 테니스를 아주 잘하는 테니스 스타이자 동시에 전 세계적 명성이 있는 셀러브리티입니다. 페더러, 호날두, 메시와 같은 셀러브리티는 기본적으로 운동선수로서 출중한 능력과 기량을 지녔기에 스포츠 스타가 되었고, 스포츠 스타로서의 영향력을 기반으로 셀러브리티가 되었죠. 그런데요, 우리가 살고 있는 사회의 가장 재미있는 현상 중 하나는 왜 유명한지 모르는데 유명해서 셀러브리티가 된 사람이 많다는 점입니다.

패리스 힐턴(Paris Hilton)은 셀러브리티입니다. 그러나 패리스 힐턴을 스타라 할 수는 없습니다. 그는 유명하지만 그 이유가 유명한 사람이기 때문에 유명한 사람입니다. 극단적으로 스타와 구별되는 셀러브리티 현상을 가장 잘 보여주는 사례이지요. 패리스 힐턴 덕택에 셀러브리티에 관한 정의 중 가장 많이 인용되는 정의인 "Famous for Nothing"이 설득력을 얻습니다. 《포브스》 선정 셀러브리티 1위 모델 카일리 제너의 일상을 평범한 우리가 알 재간이 있나요? 당연히 없지요. 아닙니다. 수정되어야 합니다. 텔레비전 시대에는 맞는 말이었지만 지금은 달라졌습니다. 카일리 제너의 인스타그램을 구독하면, 카일리 제너의 무대 위 모습이 아닌 무대 후면을 볼 수 있습니다. 카일리 제너는 런웨이 위에서는 프로페셔널 스타 모델로서의 자신을 보여주지만, 인스타그램을 통해서는 자연인 카일리 제너를 우리에게 보여줍니다. 무려 2억 5,400만 명이 카일리 제너의 인스타그램을 구독하고 있네요. 텔레비전 시대에 앤디 워홀은 유명해지는 데 15분이면 충분하다고 말했는데, SNS 시대에는 몇 분이 필요할까요?

앤디 워홀의 시대와 카일리 제너의 시대를 구별하기 위해 매스미디어 의사소통 모델과 SNS 의사소통 모델을 비교해보겠습니다. 매스미디어 모델은 발신자가 소수의 사람인데 수신자는 수많은 사람이고, 발신자로부터 수신자에게 메시지가 일방향으로 전달된다는 특징을 지닙니다. 텔레비전이 전형적인 매스커뮤니케이션의 구조로 시청자에게 메시지를 전하지요.

하지만 인터넷을 기반으로 한 SNS 모델은 매스미디어 모델과는 다른 성격을 가지고 있습니다. 인터넷 자체가 중앙 집권형 매스커뮤니케이션 모델과 달리 분산형 커뮤니케이션망을 구축하기 위해 개발되었습니다. 중앙 집권형 메시지 전달 방식은 적의 공격으로부터 취약합니다. 방송국이 적에게 점령되면 수많은 사람에게 메시지를 전달할 수 있는 방법이 사라집니다. 군사적인 측면에서 보자면 중앙 집권형 의사소통 모델은 전쟁에서 취약하기에 적의 공격으로부터도 안전한 의사소통망을 구축하려는 목표로 인터넷이 개발되었습니다. 물론 그 인터넷은 지금은 군사적 이유뿐만 아니라 산업적 그리고 오락적 목적으로 사용되고 있지만요.

SNS는 계정에 올라오는 메시지를 구독이라는 선택을 통해 수신할 수 있는 커뮤니케이션망입니다. 구독자를 많이 확보한 사람은 텔레비전 방송국 이상의 영향력을 확보하게 되는데요, SNS 사용자가 점점 늘어나다 보니 텔레비전과는 비교할 수 없을 정도로 SNS에서 강력한 영향력을 행사하는 사람이 등장합니다.

트위터를 예로 들어보자면 헤아릴 수 없이 많은 구독자를 확보한 파워 트위터리안이 적지 않습니다. 유튜브 채널에도 수십, 수백만 명의 구독자를 가진 유튜버가 한둘이 아니지요. 인스타그램 역시 마찬가지입니다. 요즘은 최소 구독자가 10만 명은 넘어야 인스타그램 '인싸' 취급을 받을 정도입니다. 이들의 영향력은 갈수록 강해집니다. 이들은 스타가 아니어도 상관없습니다. 구독자를 많이 확보하면 그 확보한 구독자의 숫자가 그들을 스타 이상의 영향력을 발휘하도록 해주는 거죠. 그러다 보니 "팔로어 숫자가 권력"이라는 표현까지 등장했습니다.

팔로어가 권력인 사람 예를 몇 가지 보겠습니다. 가수 케이티 페리 (Katy Perry)입니다. 1억 명의 사람이 케이티 페리의 트위터를 팔로우하고 있습니다. 케이티 페리가 어떤 메시지를 트윗하면 1억 명의 사람이 그 트윗을 볼 수 있다는 뜻입니다. 전 세계적인 메가 이벤트인 올림픽이나 월드컵의 경우 수억 명 이상의 사람이 텔레비전을 시청하기도 하지만 텔레비전은 나라별 경계에 갇혀 있죠.

SNS에는 국가 간 경계가 없습니다. 그렇기 때문에 특정 파워 트위터리안이 영향을 미치는 범위는 국경을 초월하고 연령을 초월합니다. 케이티 페리가 어느 날 저녁 식사로 남들이 잘 안 먹는 어떤 음식을 먹으면서, "이거 정말 맛있어요, 몸에 좋아요"라는 단 한 마디를 하면 그 메시지가 1억 명의 사람에게 전달되는 겁니다. 1억 명의 사람이 영향을 받죠. 1억 명의 사람이 "친구 따라 강남" 가게 되면 수요가 별로 없었던 음식이 품귀 현상이 일어나기도 합니다.

셀러브리티의 활동 무대는 영화나 텔레비전과 같은 전통적인 영역으로부터 블로그를 거쳐 소셜 미디어로 이동하고 있습니다.* 셀러브리티는 작품을 통해 보여줄 수 없었던 자신의 일상을 SNS 구독자에게 전시합니다. 스타를 경외심을 가지고 가까이 갈 수 없는 대

---

* 그래엄 터너, 『셀러브리티』, 권오현 외 옮김, 이매진, 2018, 49쪽.

상으로 흠모하던 과거의 팬과 달리 셀러브리티의 SNS를 구독하는 사람은 스타와의 거리가 아니라 셀러브리티와의 친밀감을 얻으려 하지요. 셀러브리티도 이 점을 너무 잘 알고 있어요. 자신의 SNS를 구독하는 사람이 자신에게 기대하는 것은 사실상 알지 못하는 사이지만 마치 서로 잘 아는 사이처럼 느끼고 싶은 감정의 근원, 즉 '유사 사회성' 때문이라는 점을요.

"눈 감으면 코 베어" 가는 메트로폴리스 속 사람들은 공동체 소속감을 잃어 고독한 군중이 되었는데, 그 상실감은 셀러브리티와의 '유사 사회성'을 통해 보완될 수 있습니다. 공동체 상실이 오히려 셀러브리티에게는 새로운 기회가 되는 셈입니다. 사람들은 "공동체 대신에 셀러브리티"*를 얻었습니다. 셀러브리티는 유사 사회성을 희구하는 사람에게 SNS를 통해 그 욕망을 충족할 수 있도록 자신의 일상을 공개합니다. 일상을 공개할수록 팔로어가 늘어나고, 팔로어가 모이고 모이면 셀러브리티는 어떤 정치인도 행사할 수 없는 영향력을 발휘합니다. 과거 전문가의 자리까지 유명인이 차지합니다. 사회학 강의도 텔레비전으로 중계되거나, 유튜브에서는 사회학자가 아니라 팔로어가 많은 유명인이 하는 세상이니까요.

• 그래엄 터너, 『셀러브리티』, 25쪽.

케이티 페리나 전 미국 대통령 버락 오바마(Barack Hussein Obama)와 같은 사람들이 파워 트위터리안이라고 해도, 그들은 현생에서 유명하고 영향력 있는 사람이니까 현생에서의 영향력을 발판으로 파워 트리터리안이 되었다고 할 수 있습니다. 그런데요, SNS의 셀러브리티는 케이티 페리나 버락 오바마처럼 현생에서도 영향력 있는 공인형 셀러브리티뿐만 아니라 현생에서는 노바디이지만 SNS상에서 엄청난 영향력을 행사하는 셀러브리티도 있습니다.

제가 구독하는 인스타그램 계정 중에는 누구나 다 아는 공인 계정도 있지만, 인스타그램 계정 개설자의 현생에서의 직업이나 전문성도 모르는 채 구독한 계정도 있습니다. 그런데 저를 포함한 수만 명의 사람이 그 사람의 계정을 구독하고 있습니다. 이들을 마이크로 셀러브리티라 부릅니다.

이들의 영향력은 굉장합니다. 그들이 어디에 가는지, 어떤 음식을 먹는지, 어떤 호텔을 선택하는지, 어느 도시로 여행 가는지에 따라 우리는 알게 모르게 영향받습니다. 우리가 살고 있는 현대 사회에서 공인이 아니지만 팔로어를 많이 갖고 있는 마이크로 셀러브리티의 영향력이 왜 점점 더 세지고 있을까요?

우리가 사는 시대에서 유명해지고 싶다는 욕망은 그 자체로 특별한 것이 아니라 평범해졌습니다. 스타가 아닌 사람도 유명해지고 타인의 주목을 받고 싶어 하는 시대가 된 것이지요. 예전에는 타인의 주목을 받고 싶어 하는 사람이라면 연예인으로 데뷔했지요. 우리가 살고 있는 시대는 달라졌습니다. 유명해지고 싶은 욕망이 있다면 굳이 연예인으로 데뷔하지 않아도 비디오, 블로그, 소셜 네트워크를 이용해 그 목적에 도달하는 게 가능해졌습니다. 마이크로 셀러브리티는 온라인상에서 자기의 페르소나를 표현하고, 이것을 통해 자기를 브랜드로 전화(轉化)시키는 '자기 상품화(self-commodification)'에 성공한 사람입니다.

연예인이 될 만한 유전자가 따로 있나 싶을 정도로 연예인들의 외모는 평범한 사람들과 너무 다릅니다. 연예인이 입는 옷도 평범한 사람이 입을 수 있는 옷과는 너무 다르죠. 김혜수 씨가 시상식에 멋진 드레스를 입고 나왔을 때 김혜수 씨의 드레스를 본 사람이 "나도 저 옷 입고 싶어. 저 드레스 어느 디자이너 거야, 저 드레스 어느 회사의 물건이냐"라고 궁금해하지 않습니다. 연예인인 김혜수 씨만 입을 수 있는 옷이라는 판단 때문이죠. 그렇게 가슴이 깊게 파인 드레스를 입을 용기도 없거니와 그 옷을 입고 갈 곳도 없기 때문이에요. 그저 우리는 김혜수 씨가 시상식에서 드레스 입은 모습을 보면서 "연예인은 정말 다르구나. 연예인은 '넘사벽'이구나"라고 감탄만 합니다. 저 역시 장동건 씨가 입은 턱시도가 멋있다고 해서 그 턱시도를 입어보겠다고 마음먹지 않습니다. 왜냐? 그건 장동건 씨니까 어울리는 것이지 제 체형에는 턱시도를 입으면 오히려 더 오징어가 될 것 같기 때문입니다.

그런데 인스타그램에서 제가 구독하고 있는 사람, 물론 잘생겼습니다, 하지만 그 사람의 잘생김은 제가 장동건 씨를 보고 느끼는, 기가 죽을 정도의 잘생김은 아닙니다. 잘생기고 예쁜데 어느 정도의 느낌이냐 하면, 동네 옆집에 사는 잘생긴 동생, 잘생긴 형, 예쁜 누나, 예쁜 언니, 예쁜 여동생이라는 느낌을 줄 정도의 잘생김이죠. 그러니까 친근합니다. 저 사람은 잘생겼지만 연예인 장동건은 아니니까 저 사람이 입은 옷을 입으면 저도 최소한 80퍼센트 정도는 저 사람의 멋짐에 도달할 수 있으리라 자연스레 생각하게 되죠. 슬며시 마이크로 셀러브리티가 저의 '준거 집단(reference group)'이 되는 것입니다.

몇 년 전 돌리 파튼(Dolly Parton)이라는 가수로부터 시작한 재미난 놀이가 있는데요, 시작한 사람인 돌리 파튼의 이름을 따서 #dollypartonchanllenge로 널리 인터넷에서 유행했던 놀이지요. 돌리 파튼은 SNS의 특성에 맞는 자기 연출 사진을 제시했어요. 링크드인, 페이스북, 인스타그램, 틴더는 각각 사용 목적이 조금 다릅니다. 링크드인은 직업상의 인맥이 필요한 사람, 직업적 커리어를 쌓을 목적을 가진 사람들이 주로 이용합니다. 그래서 링크드인에 올리는 사진은 전문성을 풍겨야 합니다.

페이스북은 자신이 얼마나 잘 지내고 있는지를 전시하는 SNS이고, 인스타그램이나 틴더에 비해 사용자 연령층이 높은 편입니다. 돌리 파튼이 페이스북용으로 올린 사진을 보면 링크드인의 사진과는 많이 다릅니다. 인스타그램은 페이스북보다 사용자 연령층이 젊고 계정에 실명을 사용하지 않는 경우가 대부분입니다. 인스타그램은 오로지 사진으로 승부를 거는 곳이니 타인의 주목을 받으려면 식상한 포즈를 취한 사진이 아니라 기발하고 눈길을 끄는 사진을 올려야 주목받습니다. 혹시라도 적극적으로 '자기 상품화'를 해서 마이크로 셀럽의 지위에 오를 욕심이 있다면 올리는 사진의 품질에 더 주의해야겠지요? 틴더는 데이트 앱인데요, 다른 SNS와 달리 연애와 섹스에 중점을 둡니다. 그러니 틴더에서는 섹스 어필하는 사진이 중요합니다.

돌리 파튼의 사진 놀이에서 흥미를 느낀 사람들이 이 놀이를 돌리 파튼 챌린지라 부르면서 따라 하기 시작하며 이 놀이는 엄청난 유행이 되었지요. 이른바 인터넷 '밈(meme)'으로 부상한 것입니다. 밈은 일종의 유행 현상입니다. 어떤 현상이 밈이 되면 "친구 따라 강남 가듯" 많은 사람들이 이것을 따라 하지요. 앞서 설명드렸던 조지 허버트 미드의 '일반화된 타자' 개념을 다시 생각해볼까요? SNS는 모두가 모두의 '일반화된 타자'가 될 가능성을 열어놓습니다. 한편으로 우리는 스타의 자리를 이어받은 셀러브리티와 마이크로 셀러브리티로부터 영향을 받아 "친구 따라 강남" 가기도 하지만, 밈처럼 평범한 사람들끼리의 상호 영향력에 의해, 그것이 밈이니까 따라 하기도 합니다. 밈을 통해 평범한 사람들이 서로에게 '의미 있는 타자'가 되는 것이지요.

밈은 일종의 은어입니다. 특정한 밈을 이해하고 있느냐 아니냐는 그 사람이 어떤 집단에 속하는지를 드러내는 표식이기도 합니다. 버니 샌더스(Bernard 'Bernie' Sanders) 밈을 살펴볼까요? 조 바이든 미국 대통령 취임식에 미국의 상원의원 버니 샌더스가 참석했습니다. 취임식에 참석한 인사들이 격식을 갖춘 정장을 입었는데 버니 샌더스는 캐주얼한 옷에 손뜨개 장갑을 끼고 참석한 것이 사진을 통해 알려졌지요. 버니 샌더스가 '쿨'하다고 생각한 사람들이 버니 샌더스의 사진을 합성하는 놀이를 시작했는데요, 이 사진 합성 놀이는 곧 밈이 되어 인터넷에서 대유행을 했습니다. 그렇지만 밈은 일반적 유행과는 조금 다른 면이 있다고 말씀드렸지요. 버니 샌더스를 밈으로 삼는다는 것은 적어도 그 사람이 트럼프 지지자가 아니라는 것, 진보적 성향을 띤 사람이라는 의미가 됩니다. 유행은 그것을 따르는 사람과 따르지 않는 사람으로만 구별되지만 밈은 밈의 뜻을 이해하고 따르는 내집단과 대체 그게 무슨 의미인지도 모르고 밈이 존재하는지도 모르는 외부 집단으로 구별되게 만

찰스 에베츠가 1932년에 촬영한 〈마천루에서의 점심〉과
버니 샌더스 사진을 합성해 만든 밈.

들죠. 밈은 인싸의 증명서나 마찬가지입니다. 인싸가 되고 싶은 사
람은 밈 따라 강남 가야죠.

우리가 SNS를 하는 시간이 길면 길수록, 인스타그램을 하는 시간
이 길면 길수록, 트위터를 하는 시간이 길면 길수록, 페이스북을 하
는 시간이 길면 길수록 우리는 "친구 따라 강남" 갈 확률이 그만큼
높아지지요. 옛날 사람들은 텔레비전만 봤습니다. 그 때문에 옛날
사람들도 텔레비전을 보면서 스타로부터 영향을 받고 스타에 의해

"친구 따라 강남 가기"도 했지만, 이제 우리는 텔레비전도 보고 유튜브도 보고 인스타그램도 하고 트위터도 하고 페이스북도 합니다. 우리가 영향을 받는 SNS의 종류는 날이 갈수록 늘어납니다. 텔레비전에서 놓친 내용이 SNS에 등장하고, SNS에서 새로운 밈이 등장하면 텔레비전이 이것을 보도합니다. 우리는 하나의 내용이 여러 매체에 다양한 방식으로 사용되는 크로스 미디어(cross media)의 시대를 살고 있기에 하루에도 여러 차례 강남을 가게 되지요.

사람은 고립되어 살 수는 없습니다. 고립도 위험이지만, 고립되지 않기 위해 무작정 "친구 따라 강남 가는" 것도 만족스럽지는 않지요. "친구 따라 강남 가기"로부터 완전히 벗어나는 것은 불가능할 수 있어요. SNS를 안 하고 살 수는 없으니까요. 그래도 저는 수시로 제게 질문을 던지려고 해요. 제가 한 선택의 주인공이 제 욕망인지 아니면 셀러브리티인지 혹은 밈인지를요. 친구 따라 강남 가더라도 최소한 왜 가는지는 알고 가야 하니까요.

사촌이 땅을 사면 배가 아프다

09

운수의 여신과 사람들의 눈에 나서
나 홀로 버림받은 신세를 한탄해요.
소용없이 울부짖어 귀먹은 하늘을 치고
내 꼴을 돌아보고 운명을 저주하며
장래가 창창하길 간절하게 원해요.
그처럼 잘나고 그처럼 친구 많고
이 재간, 저 활동을 부러워하며
좋은 걸 누리면서 불만이 가득할 때
당신을 떠올리면 나의 처지는
동틀 때 잠을 깬 종달새처럼
침울한 땅을 박차고 하늘 문에서 노래해요.*

여러분도 그런 경험 있으신지 모르겠습니다만, 저는 오랜만에 열린 동창 모임에 갔다가 집으로 돌아가는 길이 씁쓸할 때가 있어요. 대학교를 졸업하고 한참이 지났으니 그사이 어떤 친구는 돈을 많이 벌었고, 높은 자리에 올라간 친구도 있습니다. 그런데 그 친구의 옛

• 윌리엄 셰익스피어, 「소네트 29번」, 『셰익스피어 전집』 이상섭 옮김, 민음사, 2016, 1760쪽.

날 모습을 알고 있기 때문에 머릿속에서는 살짝 지질했던 옛 모습과 높은 지위에 올라간 모습이 매치가 안 되어 혼자 피식피식 웃기도 하지요. 그러다 그 친구의 재산과 제 재산을 비교해보고는 뜬금없이 밀려오는 패배감에 술 생각이 나기도 합니다. 제가 가난하다는 생각은 하지 않고 살았는데, 동창 모임에서 누군가 수십억을 벌었다는 말을 들은 그날은 유독 몰락한 느낌을 떨칠 수 없었어요.

이 비참한 느낌의 기원은 그 망할 '비교' 때문입니다. 비교가 이 사달을 만들어낸 거죠. 우리는 살면서 의도하지 않아도 수없이 비교하고 비교되고 비교당하는 순간을 겪습니다. 곰곰이 생각해보면 아무 상관 없는 사람과 나를 비교하지는 않습니다.

비교의 기준이 되는 건 같은 일을 하고 있거나 근접 거리에 있는 사람입니다. 비교의 대상은 저 멀리 있지 않고 가까이 있습니다. 우리는 자신과 비슷한 영역에 있는 사람과 자신을 비교합니다. 예를 들면 저는 사회학자이기에 재벌이 아니라 다른 사회학자와 저를 비교합니다. 사회학자 중 후대에 가장 강력한 영향력을 끼친 사회학자를 꼽아달라고 요청하면 많은 사람이 주저하지 않고 칼 마르크스라고 말합니다. 칼 마르크스는 정말 세계를 뒤흔들어놓은 사상적 기초를 제공한 사람이니까요. 칼 마르크스 이후로 사회주의 운동이 본격화됐고, 실제로 칼 마르크스가 제시했던 사상에 따라 사회주의 국가가 만들어지기도 했었습니다. 학문적 영향력뿐만 아니라 실질적 영향력 때문에 심지어 어떤 사회학자는 칼 마르크스 이후의 사회학자는 마르크스를 여전히 옹호하는 쪽과 마르크스를 비판하는 쪽, 두 종류로 나뉠 뿐이라고 말합니다.

감히 저와 마르크스를 비교해보겠습니다. 마르크스는 많은 책을 남겼습니다. 마르크스가 그 책들을 몇 살에 썼는지를 따져보지요. 마르크스의『경제학 철학 수고』는 학자들에 의해 굉장히 다양하게 해석되고,『경제학 철학 수고』해석에 따라 마르크스 해석 전체의 방향이 바뀔 만큼 매우 중요한 책입니다. 그런데 이 책을 마르크스는 겨우 스물다섯 살에 집필했습니다.『철학의 빈곤』은 스물일곱 살에 썼고요. 그 유명한『공산당 선언』을 쓴 게 서른 살입니다. 마르크스가 스물다섯 살에 쓴『경제학 철학 수고』, 스물일곱 살에 쓴 『철학의 빈곤』, 서른 살에 쓴『공산당 선언』을 몇 살에 읽었는지를 생각해보니 저는 마르크스보다 훨씬 더 나이가 많았던 대학원 시절에 읽었네요. 마르크스는 그 유명한 책『자본론』을 이미 현재의 저보다 나이가 어린 마흔아홉 살에 썼습니다. 이렇게 비교를 해보면 저한테 돌아오는 감정이 있습니다. '나는 정말 초라하다. 도대체 나는 뭐냐.' 우울감이 밀려오죠. 절망스럽습니다.

이런 절망감을 어떻게 이겨낼 수 있을까요? 간단합니다. 그냥 마르크스는 천재였음을 인정하고 나는 천재가 아니라고 자평하는 거죠. 마르크스를 천재로 칭송하는 속마음은 그를 위대한 천재로 격상시켜 예외적인 사람으로 만들어야 그나마 제가 덜 초라해지기 때문이에요. 아무리 그렇게 정신 승리 해봐도 마르크스는 마흔아홉 살에 『자본론』이라는 엄청난 책을 써서 지금까지도 세계를 뒤흔들어놓고 있는데, 내가 쓴 책은 『자본론』 근처에도 못 가니 사회학자로서 이룬 게 대체 무엇인가 생각하다 보면 마음속에서는 우울함의 쓰나미가 일어나죠.

한때 한국에서 가장 많이 팔렸던 책 중 하나가 우울증을 앓는 사람의 에세이였습니다. 특정 시기 한 사회의 베스트셀러는 당대의 특성을 잘 드러냅니다. 베스트셀러는 이유가 있어서 잘 팔린다고 하지요. 그 잘 팔릴 만한 이유가 베스트셀러가 반영하고 있는 시대의 분위기라 할 수 있습니다. 우울증을 다룬 책이 한국에서 가장 많이 팔린 책이 되었다는 건 그만큼 한국에 우울한 사람이 많다는 방증이 아닐까 싶습니다.

'화병(火病)'은 한국인에게서만 나타나는 아주 독특한 신경증이라고 하지요. 우리만 남 잘되는 꼴을 못 보는 사람이라 유독 질투가 심하고, 그 질투가 급기야 마음의 병을 만드는 걸까요? 혹 우리가 살고 있는 시대 자체가 그런 것 아닐까요? 이런 궁금증을 갖고 흥미로운 통계를 들여다보도록 하겠습니다.

2004년에 구글은 흥미로운 계획을 발표했습니다. 구글은 야심 찬 계획을 세웠는데요, 전 세계에서 출판된 책을 디지털화하여 데이터베이스에 저장하겠다는 거죠. 전설적인 알렉산드리아 도서관을 웹상에 만들겠다는 것인데요, 이 계획은 지금도 구글북스(Google Books)라는 이름으로 진행 중입니다. 구글북스는 저작권 문제와 관련해서는 논쟁적이지만 논쟁에서 어떤 입장을 취하는지와 상관없이 매우 흥미로운 빅 데이터를 제시합니다. 어떤 이는 구글북스는 빅 데이터이자 롱 데이터라고 해석하는데요, 그 이유는 "한 인간의 삶의 길이보다 길고, 심지어 모든 국가의 생애보다 더 긴 기간에 걸쳐 우리 문명이 어떻게 변화했는지를 담은 초상화"*를 제공하기 때문입니다.

이 세상에는 몇 종류의 책이 있을까요? 헤아릴 수 없이 많은 책이 있기에 어떤 부지런한 독서가도 그 책을 다 읽을 수는 없지요. 하지만 로봇은 그 많은 책을 모두 스캔할 수 있습니다. 로봇은 구글북스의 데이터베이스에 저장된 모든 책을 읽어냅니다. 우리는 봇이 읽어내서 생성된 구글북스의 데이터베이스를 통해 특정 단어가 특정 시기에 사용되는 빈도를 알아낼 수 있습니다. 사람이 해내지 못하는 것을 책 읽는 봇이 해내는 것이죠. 구글은 봇이 책을 스캔한 결과를 엔그램 뷰어(Ngram Viewer)로 제시합니다. 엔그램 뷰어는 긴 시간 동안 특정한 단어, 특정한 아이디어가 얼마나 자주 언급되

• 에레즈 에이든·장 바티스트 미셸, 『빅 데이터 인문학』, 김재중 옮김, 사계절, 2015, 29쪽.

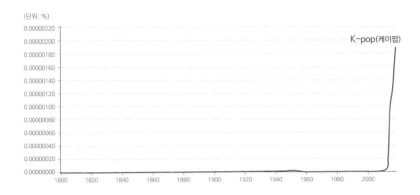

는지를 도표로 보여줍니다. 누구나 books.google.com/ngrams에서 이 데이터에 접근 가능합니다.* '케이팝'의 사용 빈도를 엔그램에서 찾아볼까요? 흥미롭네요. 21세기 초반까지만 하더라도 세상에 없던 단어 '케이팝'은 2010년 이후로 90도에 가까운 수직 상승을 하며 사용 빈도가 급증합니다. 이처럼 엔그램은 오랜 시간에 걸친 사회의 문화적 추이를 살펴볼 수 있도록 돕는 흥미로운 빅 데이터입니다.

'우울증(depression)'이라는 단어가 사용되는 추이를 살펴볼까요? 그래프를 보시면 우울증이라는 단어의 사용 빈도는 꾸준하게 상승 곡선을 그리고 있습니다. 중간에 한 번 낙타 등처럼 굉장히 많이 위로 올라갔다가 다시 한번 내려오는 그래프의 추이를 보실 수 있을 겁

• 에레즈 에이든·장 바티스트 미셸, 『빅 데이터 인문학』, 34쪽.

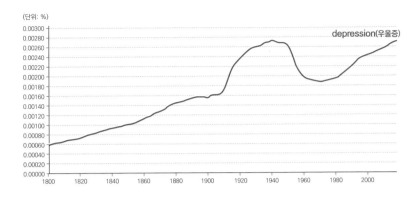

니다. 낙타 등처럼 올라가던 시기가 1930년대입니다. 대공황 시기

죠. 그 시기에 경제적 불황이라는 의미로 디프레션이 사용됐던 것

이 빈도로 측정되면서 1930년대에 사용 빈도가 낙타 등처럼 올라

갔던 것이고요. 1930년대라는 예외적인 시기를 제외하고 1800년

이래 전반적 추이를 보면 우울증이라는 단어의 사용 빈도는 꾸준히

상승하고 있습니다.

특정 시대에는 그 시대의 징후를 보여주는 질병이 있습니다. 매

우 권위적이었던 19세기 말 독일 사회는 억압적 규범과 가치 체계

를 강요하여 권위에 무조건 복종하는 인간을 양산했는데, 그 시대

적 분위기의 질병적 징후는 남성의 경우 강박 노이로제, 여성의 경

우는 히스테리였다고 합니다. 노이로제와 히스테리라는 이상 징

후보다 현재의 시대 분위기를 가장 잘 보여주는 징후는 무엇일까

요? 성인의 우울증과 공포증, 아동의 ADHD와 자폐증이 그것입니

다. 1993년만 해도 독일에서 처방된 우울증 치료제인 리탈린의 양은 34킬로그램에 불과했는데 2010년이 되자 1.8톤에 이르렀다고 하네요. 불과 20년 만에 50배 이상 증가했고 항우울제 사용도 10년 만에 113퍼센트나 증가했습니다.*

현대의 키워드가 되어버린 우울증이 "사촌이 땅을 사면 배가 아프다"라는 속담과 어떻게 연결되는지 한번 살펴보겠습니다. "사촌이 땅을 사면 배가 아프다"에서 말하는 사촌이 누구인지 생각해보죠. 사촌은 직계 가족은 아닙니다. 직계 가족은 통상 같은 집에 삽니다. 직계 가족은 동거하기 때문에 서로에 대해 속속들이 잘 알고 있습니다. 식구와 달리 사촌은 직계 가족만큼 자주 보지는 못합니다. 그리고 식구처럼 속사정을 잘 알고 있는 게 아니라 짐작만 할 수 있는 사이죠. 그렇다고 나와 아주 상관없는 남이라고 하기에도 모호한 사람이 사촌입니다.

앞서 말씀드렸듯이 우리는 자신과 무관한 사람과는 자신을 비교하지 않습니다. 삼성가의 이재용과 저를 비교하지 않는 것처럼요. 속

• 파울 페르하에허, 『우리는 어떻게 괴물이 되어가는가』, 장혜경 옮김, 반비, 2015, 209쪽.

담 속 사촌 격인 사람이 자신과 비교하기에 딱 적합합니다. 속담은 예전 시대에 만들어진 것이니까 예전 사람을 배 아프게 만들었던 사촌을 현대적 감각으로 바꿔볼까요? 옛날과 달리 사촌 사이의 관계가 달라졌으니까요.

우리가 살고 있는 현대 사회에서 땅을 사서 나를 배 아프게 만드는 사촌에 해당되는 사람은 앞서 "친구 따라 강남 간다"에서 설명드렸던 '유사 사회성' 관계에 놓여 있는 사람이 아닌가 싶습니다. 현대인과 '유사 사회성'에 놓인 두 종류의 사람이 있는데요, 그 한 가지 형태가 우리를 "친구 따라 강남" 가게 만드는 셀러브리티이고 또 다른 형태가 SNS를 통해 관계를 맺는 사이입니다. 우리가 흔히 '페친'이라 줄여 부르는, 페이스북에서 친구 관계를 맺는 사람, 인스타그램에서 피드를 구독하고 있는 사람이죠. SNS에서 '유사 사회성' 관계에 있는 그 사람들은 누구인가요? 여러분은 그 사람을 속속들이 잘 알고 계신가요? 저를 예로 들어보겠습니다. 제 페이스북 친구는 5,000명 한도까지 꽉 차 있습니다. 5,000명의 사람과 제가 현생의 친구일 리 없지요. 페이스북 친구 중 어떤 사람은 본래 알고 있는 현생의 친구입니다. 현생의 친구이면서 동시에 페이스북 친구인 사람은 페이스북이 없어도 연락할 방법이 있습니다. 전화를 걸기도 하고 카카오톡으로 메시지를 보낼 수도 있지요. 전화번호도 알고 있고, 어디 사는지, 직업이 무엇인지, 요즘 어떻게 지내는

지까지 서로 알고 있으니까요. 그런데 제 페이스북 친구의 절대다수는 현생의 친구가 아니라 SNS상에서만 교류하는 사람입니다. 이 경우에 해당되는 페이스북 친구를 실제로 만난 적은 없고, 아마 앞으로도 우연한 기회가 아닌 이상 약속을 잡고 만나지 않을 것입니다. 제가 아는 건 페친의 이름뿐입니다. 직업도 모르고 개인적 형편도 자세히 알지 못합니다. 그런데 마치 예전에 평상시에는 교류가 없다가 집안 제사 때 어쩌다 한 번 봤는데 땅을 샀다는 소식을 전해서 나를 배 아프게 하는 사촌처럼 띄엄띄엄 아는 사이임에도 불구하고 SNS로 그 사람의 근황을 매일 접하게 됩니다. 저는 이런 사람이 우리에게 현대 사회에서 배를 아프게 하는 사촌 역할을 하지 않나 싶습니다.

그런 경향은 인스타그램에서 더 강하게 나타나지요. 인스타그램에서 우리는 해시태그 검색으로 다른 사람의 피드에 접근하게 됩니다. 특정 해시태그를 구독하면 그 해시태그를 걸고 무엇인가를 피드에 올린 사람, 누군지 모르지만 내가 구독한 해시태그를 걸어서 사진을 올린 사람의 모습을 인스타그램을 통해 보게 되는 거죠. 예를 들어 '#일상스타그램'이라고 하는 해시태그를 구독하고 '#일상스타그램'으로 피드에 올라온 사진을 살펴봤습니다. 누군지 모르는 사람입니다.

그런데요, '#일상스타그램'으로 올라온, 일상을 찍은 사진들이 장난

이 아닙니다. 나만 빼놓고 다 잘 먹고 잘사는 것 같습니다. 라면을 끓여 찬밥 말아 먹으며 인스타그램을 보고 있는데 남들은 1년에 한 번 먹을까 말까 한 특별한 음식을 매일 먹고 사는 것 같습니다. 그들의 일상이 화보네요. 어쩌면 다 저렇게 잘생기고 예쁘고, 게다가 몸매까지 출중할까요? 저는 그냥 오징어 같습니다. 자괴감이 밀려옵니다. 인스타그램을 통해 현대의 사촌과 나를 비교하면 내가 부족한 사람인 것 같고, 남들 다 누리는 삶의 질을 누리고 있지 못한 것 같은 상실감에서 벗어나지 못합니다.

저는 감히 배우 현빈과 저를 비교하지 않습니다. 현빈의 얼굴과 제 얼굴을 비교하고 저는 우울감에 빠지지 않습니다. 그는 비교 대상이 아니기 때문이지요. 그야말로 현빈은 넘사벽, 그러니까 저와 완전히 종류가 다른 사람이라고 분류할 수밖에 없을 정도로 너무 완벽한 외모를 가진 배우이기 때문입니다. 저는 배우 현빈 씨의 얼굴을 보고 "와, 잘생겼다", 송중기 씨의 눈을 보고 "아니, 사람 눈이 저렇게 사슴을 닮을 수도 있는 거야?"라고 감탄하고, 제가 만약 현빈이나 송중기의 외모라면 제 인생이 어떻게 되었을까 잠시 백일몽에 빠지기도 하지만, 이내 현실감을 되찾습니다. 현빈과 송중기는 저쪽 세상 사람이니까요.

SNS에 피드로 올라오는 어떤 잘생긴 사람의 얼굴을 보게 되면 제 느낌은 조금 다릅니다. 왜냐? 그때 제가 피드에서 확인했던 그 사람은 현빈 씨나 누군지 모르는 연예인이 아니라 그 어떤 사람이기 때문입니다. 누군가 여행 간 휴양지에서 너무나 맛있는 음식을 먹는 사진을 찍어 올렸습니다. 저는 사회적 체면이 있으니까 "정말 좋겠네요, 부럽습니다"라고 댓글은 달지만, 표현하지 못한 제 속마음은 "배가 아픕니다". 이런 반응은 인간으로서 지극 당연한 겁니다. 단지 우리가 사회적 관계 때문에 그걸 바깥으로 드러내지 않을 뿐이지 사촌에 해당되는 사람이 땅을 사면 '왜 저 사람한테만 저런 일이 일어나고 나한테는 일어나지 않을까'를 생각할 수밖에 없습니다. 우리로 하여금 우울감에 빠지게 만드는 가장 큰 이유를 사회학 용어로 설명해보자면 '빈곤' 때문입니다.

'빈곤? 어? 나는 빈곤하지 않은데? 나는 기아 상태에 있는 사람이 아닌데?'라고 생각하시겠지요? 남들만큼 그렇게 잘 먹고 잘사는 건 아니지만 굶주리지는 않는데 내가 배 아픈 이유가 빈곤과 관련 있다고 하는 해석을 도저히 받아들일 수 없다고 생각하실지도 모르겠습니다만, 빈곤은 사회의 성격에 따라 그 정의도 달라집니다. 경제 발전이 궤도에 오르지 못한 사회에서 문제가 되는 빈곤은 절대 빈곤입니다. 생존하려면 필요한 기본 영양소를 섭취해야 하는데요, 생존에 필요한 최소 영양소를 섭취하지 못할 정도로 가난하다면 절대 빈곤에 처해 있는 것입니다. 저발전 상태인 사회는 절대 빈곤에 시달립니다. 기아선상에 놓인 사람이 적지 않고, 제대로 먹지 못해서 영양실조에 걸리고 유아 사망률도 높지요. 절대 빈곤에서 벗어나지 못한 사회는 절대 빈곤으로부터의 탈출을 목표로 삼습니다. 한국 사회도 사람들이 생물학적으로 생존하기 위해 필요한 요소를 부족함이 없도록 공급할 수 있는 방법을 모색하던 시대가 있었습니다. 1950년대, 1960년대, 1970년대까지만 하더라도 절대 빈곤이 굉장히 큰 사회문제였고, 절대 빈곤에 시달리는 사람이 적지 않은 규모로 있었지요.

물론 절대 빈곤의 문제로 어려움을 겪는 사람이 지금 완전히 사라졌다고 말할 수는 없으나, 1980년대와 1990년대를 거치면서 중산층 이상의 사람들은 절대 빈곤으로부터 벗어났습니다. 상당수의 사람들이 절대 빈곤에서 벗어났다면 한국 사람은 전반적으로 행복해져야 하는데요, 실상은 그렇지 않습니다. 왜 우리는 행복하다는 느낌을 받기는커녕 "사촌이 땅을 사면 배가 아픈" 일이 더 많이 발생하고, 우울증이 시대의 키워드가 되고, 우울증을 소재로 한 책이 베스트셀러가 되는 사회에 살고 있는 것일까요.

우리가 '상대적 빈곤'이라는 새로운 형태의 빈곤과 마주하고 있기 때문입니다. 절대적 빈곤은 생존하기 위해 필요한 최소의 식량을 확보했는지 여부의 상태입니다. 반면 '상대적 빈곤'은 욕망에 의한 빈곤입니다. '견물생심'이라는 표현이 있습니다. 남들이 사는 구체적인 모습을 보지 않을 때는 나도 충분히 잘살고 있다고 생각합니

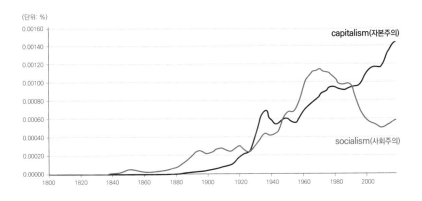

(단위: %)

capitalism(자본주의)

socialism(사회주의)

다. 그러다 남이 어떻게 사는지, 다른 사람의 저녁 식탁에 어떤 반찬이 올라오는지 알게 됐습니다. 그랬더니 김치찌개만 올라와 있는 우리 집 식탁이 초라하게 느껴지며 박탈감이 솟구치네요. '상대적 빈곤'감이 생기기 시작하는 겁니다. SNS가 등장하기 전에는 사람들은 타인이 어떻게 사는지 잘 알지 못했습니다. 알 방법이 없었으니까요. 그런데 요즘은 사촌이 땅을 샀는지, 아파트를 샀는지, 빌딩을 샀는지를 매일매일 알고 싶지 않아도 알게 됩니다. 그러다 보니 우리는 매일매일 뭔가 이루지 못한 느낌, 내 손에 뭔가를 쥐고 있는데도 항상 나한테는 뭔가 없다는 느낌에서 헤어나지 못합니다.

구글의 엔그램에서 상대적 빈곤과 관련된 롱 데이터 그리고 빅 데이터를 살펴볼까요? 자본주의와 사회주의라는 단어가 어떤 빈도로 사용되었는지 검색해봤습니다. 그림을 봐주세요. 파란색으로 표시된 그래프가 '사회주의'라는 단어가 사용된 빈도이고요, 검정색 그래프는 '자본주의'라는 단어의 빈도입니다. 자본주의보다는 사회주의라는 단어가 더 많이 사용되다가, 1990년부터 그 추이가 역전되더니 갈수록 사회주의라는 단어보다는 자본주의라는 단어가 더 많이 사용되네요.

자본주의는 우리가 살고 있는 현실이고 사회주의는 현실 말고 좀 더 나아진 것, 혹은 자본주의와는 다른 것이라는 뜻으로 사용된다면, 1990년 이전까지는 사람들이 자본주의 이외의 것에 대한 관심이 높았다는 뜻입니다. 현실 사회주의가 붕괴된 후에 사회주의라는 단어의 사용 빈도는 급감하고, 자본주의라는 단어의 사용 빈도는 급상승하네요. 1990년대 이후 나타나는 자본주의와 사회주의라는 단어의 빈도 차이는 사람들이 자본주의를 넘어선 것에 대한 희망을 포기하고 자본주의를 변할 수 없는 현실로 받아들이는 경향이 강해졌다고 해석할 수 있습니다. 자본주의적 삶의 방식이 필연이라고 여기는 것이지요. 현실은 변할 것 같지 않은데 우리는 태어날 때부터 수조 원을 가진 재산가의 자녀가 아닙니다. 본래 금수저로 태어난 사람과 흙수저로 태어난 사람은 별개의 세계에 살고 있었습니다. 서로 다른 신분에 속한 사람은 각자의 세계에 살고 있었고 서로 교류할 일이 없었습니다. 그런 흔적은 현재에도 상당수 남아 있지요. 신분제 사회의 흔적이 유독 많이 남아 있는 영국의 경우 어떤 신분 출신인지에 따라 언어도 다르고 옷차림도 다르고 생활양식도 다르니까요. 공립학교에서는 축구를 하지만 사립학교에서는 폴로나 럭비를 하죠. 신분제 사회 때 만들어진, 같은 하늘 아래 신분에 따라 나뉜 여러 세계의 전통은 신분제 사회가 사라진 후에는 계급이 그 분리의 기준이 되었습니다. 같은 하늘 아래 갈라진 세계는 결코 마주칠 필요도, 그럴 가능성도 없었지요.

단지 국적만 같을 뿐 입는 옷도, 먹는 음식도, 생활 습관도 서로 다른 계급에 속한 사람은 다른 계급의 사람에게 자신의 사는 모습을 보여주지 않았습니다. 그러나 SNS 시대가 되면서 우리는 다른 계급의 사람, 특히 상층 계급에 속한 사람의 일상을 알 수 있는 세상에 살고 있습니다. 부자와 부자가 아닌 사람이 같은 회사의 스마트폰을 쓰고, 동일한 SNS를 사용합니다. 두 세계의 높이는 결코 평평해지지 않았는데, 두 세계가 매일 마주치는 거죠. 한국 부자 순위 19위인 정용진 신세계 부회장도 중산층에 속한 혹은 신세계 그룹에 고용되어 있는 임금 노동자와 동일한 스마트폰으로 동일한 SNS인 트위터와 인스타그램을 합니다. 그 덕분에 우리는 정용진 부회장의 일상을 알게 됩니다. 삼성전자 이재용 부회장의 딸을 제가 만날 가능성은 제로입니다. 그런데 SNS의 '#이재용딸'은 이재용 부회장의 딸이 어떤 옷을 입는지 알고 싶지 않았고 알 필요도 없는 저에게 정보를 전해주네요.

차라리 모르면 속이라도 편할 텐데요, 1년에 수십억을 손쉽게 버는 연예인들이 어떤 집에 사는지, 어떤 옷을 입는지, 얼마짜리 집을 샀는지, 부동산을 팔아서 어느 정도의 수익을 올렸는지 굳이 몰랐으면 좋았을 소식을 피할 수 없는 시대에 살고 있습니다. 우연히 그들의 일상을 목격하게 되면 큰 불만이 없었던 자신의 집이 집구석처럼 보이고, 이 정도면 충분하다고 생각했던 살림살이 형편도 궁색해 보입니다. 모두가 노력만 하면 성공할 수 있다고 사회는 말하고 있는데, 아무리 노력해도 재벌가와 셀러브리티처럼 화려한 삶을 살 수 없을 것임을 매일 확인하는 사람은 굴욕감과 죄의식과 수치심이 뒤범벅된 심정에 놓이게 됩니다.

그래서 엔그램에서 저는 대조적인 뜻을 지닌 '고 투 헬(go to hell)'과 '고 투 헤븐(go to heaven)'의 사용 빈도를 검색해봤습니다. '고 투 헤븐'은 상대방에게 축복을 빌어주는 것입니다. 상대방이 좀 더 나아지기를 기대하며 "천당에 가라"고 축원하는 거죠. '고 투 헬'은 그 반대로 "지옥에나 떨어져라"라고 상대방의 불행을 비는 것입니다. 엔그램은 사회주의와 자본주의의 골든 크로스처럼 '고 투 헤븐'과 '고 투 헬' 사이에도 극적인 교차점이 있음을 보여주네요. 1900년대만 하더라도 사람들은 남들이 잘 안 되기를 기대하는 '고 투 헬'보다는 축원을 빌어주는 '고 투 헤븐'을 더 많이 사용했었네요. 지난 세기 초반에 골든 크로스가 생기더니 '고 투 헬'과 '고 투 헤븐' 사이의 격차는 21세기에 접어들면서 더 벌어지고 있습니다. "사촌이 땅

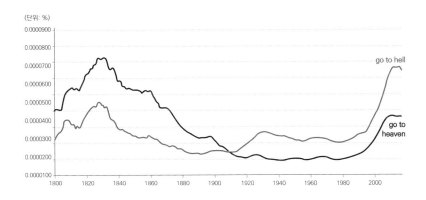

을 사면”, “배가 아팠는데” 사람들은 점점 “사촌이 땅을 사면” 남몰래 적극적으로 그 사람이 망하기를 진심으로 빌고 있습니다. SNS에서 가장 인기 있는 이야기는 뭘까요? “발 없는 말이 천 리 간다”에서 우리가 해석해보았던 타인에 대한 험담, 사회학 용어로는 ‘가십’, 일상 용어로는 ‘뒷담화’이지요. ‘가십’은 가십을 듣는 사람으로부터 “그거 쌤통이다”, “내 그 인간 그럴 줄 알았다”는 반응을 이끌어내야 성공적입니다. ‘가십’은 기본적으로 ‘고 투 헤븐’이 아니라 ‘고 투 헬’의 정서이지요. 타인의 불행을 보고 연민의 감정을 느끼기는커녕 쾌감을 느끼는 ‘샤덴프로이데(Schadenfreude)’는 21세기의 정서가 되었습니다. 엔그램 뷰어를 살펴볼까요? ‘샤덴프로이데’는 21세기의 단어라고 해도 과언이 아닐 정도로 2000년 이후 폭발적으로 사용 빈도가 높아집니다.

현생의 친구가 겪는 불행을 보고 ‘샤덴프로이데’를 느낀다면 너무

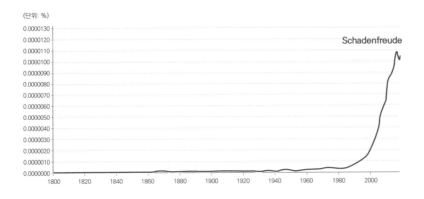

(단위: %)

Schadenfreude

악마 같습니다. 하지만 '상대적 빈곤'으로 인한 박탈감이 '고 투 헬'의 심정으로 표출될 때 죄의식을 느끼지 않으면서도 '샤덴프로이데'를 즐길 수 있는 기회를 만인의 연인, 만인의 공인, 만인의 유명인 셀러브리티가 제공합니다. 셀러브리티는 자신이 이러한 사회적 기능을 수행하기를 원하지 않지만, 셀러브리티가 아닌 대중은 '샤덴프로이데'를 위해 셀러브리티를 필요로 합니다.

화려한 결혼식, 화제가 되었던 드레스, 영화 같은 신혼여행, 궁전이라 해도 과언이 아닌 신혼집을 SNS로 공개하며 만인의 관심과 축복을 받았던 셀러브리티는 채 1년도 지나지 않아 '사기 결혼', '숨겨진 연인' 등등의 온갖 가십거리와 함께 파경의 전말까지도 속속들이 대중에게 공개됩니다. 전반부에서 셀러브리티의 일상에서 박탈감을 느꼈던 대중은 셀러브리티의 공개적으로 전시되는 고통을 보면서 자기 삶은 그나마 낫다고 위안을 얻습니다. 셀러브리티의 고통이 담긴 가십에서 사람들은 쾌감을 느낍니다. 이래서 세상에서 할 필요 없는 걱정이 연예인 돈 걱정이라고 하지만, 동시에 연예인은 정말 말 그대로 극한 직업입니다.

━━━

사촌이 땅을 사면 배가 아픕니다. 우리에게는 "현대의 사촌"이 너무 많습니다. 우리는 어떻게 살아야 할까요? 학자들이 제시하는 방법은 단 한 가지입니다. 때로는 자기 자신을 인위적으로 '투명 인간'으로 만들라고 합니다. 남과 자기를 너무 비교하지 말라는 거죠. 절대 빈곤에서 벗어나는 건 사회 정책적으로 해결할 수 있습니다. 국가가 책임지고 절대 빈곤에 놓여 있는 사람에게 절대 빈곤을 극복할 수 있도록 최저 임금을 인상하고, 국가가 살뜰히 이들을 돌보는 사회 정책을 수립하고 시행할 수 있습니다. 국가는 마땅히 그래야 합니다. 그런데 상대적 빈곤은 절대 빈곤처럼 경제 정책만으로는 해결할 수 없습니다.

우리에게는 때로 투명 인간이 되려는 노력이 필요합니다. 흔히들 말하는 '디지털 디톡스', 'SNS 디톡스' 말입니다. 사촌이 땅을 사서 배가 너무 아프고, 배 아픈 것에 머물지 않고 마음까지 아프기 시작해 우울감에서 헤어나올 수 없고, 그 우울감을 '샤덴프로이데'로 겨우 바꿔가면서 삶을 살아가고 있는 자신을 발견한다면 사회학은 '디지털 디톡스'를 처방합니다. 단 하루만이라도 해보세요. 명상에 버금가는 마음의 평화를 얻으실 겁니다.

개천에서 용 난다

10

너희들이 대통령감이라는

희망은 버려라.

하지만 뼈 빠지게 노력할 생각은 해라.

너희들이 부엌에 나타나는 걸 사람들이 참아주기 원한다면

너희들은 정말 정신 차리고, 지금과 다르게 행동해야 할 것이다.

너희들은 ABC를 배워야 한다.

ABC는 바로

너희가 결국 약자라는 것이다.*

용은 상상 속의 동물이지요. 동양의 상징체계에서 용은 임금을 상
징하는 동물입니다. 태조 이성계의 어진(御眞)을 같이 살펴볼까요?
왕이 붉은색 옷을 입고 있는데 중앙에 용이 새겨져 있습니다. 좌우
어깨에도, 왕이 앉아 있는 의자에도 용 조각이 보입니다. 임금과
관련된 단어에는 용(龍) 자가 들어가 있는 게 많아요. 임금이 입고
있는 옷을 곤룡포라 하고, 임금의 얼굴을 용안(龍顏)이라 하고, 임금
의 눈물은 용루(龍淚)라 합니다. 이렇듯 용은 고귀한 신분을 상징하

• 베르톨트 브레히트, 「도시인을 위한 독본」, 『브레히트 선집 5』, 연극과인간, 2015, 143쪽.

는 상상의 동물이기에 "용 난다"는 '고귀한 신분이 되다', '출세하다'
와 같은 뜻으로 풀어볼 수 있습니다.

용은 거대한 동물입니다. 개천은 강이나 바다와 비교해보면 아주
작지요. 개천은 거대하고 고귀한 용이 살기에는 어울리지 않는 곳
입니다. 용이 광대한 바다에서 솟아오르면 용에 어울릴 텐데, 용이
강보다도 작은 개천에서 나올 리 없습니다. "개천에서 용 난다"는
속담은 용이 나올 수 없는 열악한 조건임에도 불구하고 용에 해당
되는 걸출한 인물이 개천 같은 곳에서 등장했음을 의미합니다.

위 사진을 함께 보실까요? 돌아가신 저희 부모님 사진인데요, 부모
님의 아들인 저는 사회학 박사이고 대학교 교수입니다. 아들이 박
사이자 대학교수이니 저희 부모님도 많이 배우신 분이실까요? 부
모님은 최종 학력이 어떠셨을까요? 저는 대학교를 졸업했고 석사

도 마쳤고 박사까지 마쳐서, 현재 인간의 교육 제도에서 인간이 받을 수 있는 최고의 학위까지 다 받았는데요, 제 아버지의 경우 요즘 학력으로 환산하면 초등학교 졸업이시고, 어머니는 초등학교 중퇴입니다. 초등학교를 겨우 졸업한 남자와 초등학교도 졸업하지 못한 여자가 결혼해 그 사이에서 아들이 나왔는데, 그 아들은 초등학교도 졸업하고, 중학교·고등학교·대학교도 졸업하고 더 나아가 석사 학위, 박사 학위를 받고 결국은 대학교수에까지 올랐으니 학력만을 기준으로 봤을 때 불과 한 세대 만에 매우 급격한 수직 이동이 벌어졌습니다.

제 이야기를 들으시는 제 또래 분들은 제 부모님과 저 사이에서 발견되는 학력의 수직 이동이 특별한 경우는 아니라고 생각하실 거예요. 제 또래의 부모님 중 대학 교육을 마치신 분은 아주 드물었습니다. 자녀를 대학에 보냈지만 정작 당신들은 대학교 학력에 훨씬 못 미치는 학력인 경우가 보편적이었지요. 저는 경기도 파주군 광탄면이라는 아주 작은 시골 마을 출신입니다. 작은 마을에서 태어나 자란 아이가 서울에 있는 대학에 가서 대학교수가 되었으니, 조금 과장되게 표현하자면 저 또한 "개천에서 난 용"이라 할 수 있습니다. 제가 유일하게 "개천에서 용" 나온 사례일까요? 그렇지 않습니다. 옛날 신문을 펼쳐보면 도처에 "개천에서 난 용"의 사연을 찾아볼 수 있습니다. 예나 지금이나 대학 입시는 장안의 화제였는데요, 지금은 수시와 정시 등으로 입시 제도가 복잡해져서 학력고사 전국 수석이니, 서울대학교 수석 입학이니 이런 용어들이 낯설지만요, 대학 예비고사 혹은 학력고사 점수만으로 대학에 지원하고 학력고사 점수로 합격 여부를 가리던 시절에는 "개천에서 난 용"이 매해 등장했습니다.

1974년 12월 28일 자 《경향신문》 기사입니다. 당시 대학 입학 예비고사에서 전국 수석을 한 송기호 학생의 사연입니다. 조금 길지만 "개천에서 난 용"의 스토리니 함께 읽어보겠습니다.

대학 입학 예비고사에서 최고 득점의 영예를 차지한 송기호 군(18·대전)의 영광은 가난과 신병으로 실의에 빠졌던 불우한 이웃을 내 식구처럼 돌본 각계 인사들의 온정에 힘입어 역경을 딛고 일어선 인간 승리였다. 송군의 영광은 이웃 돕기 운동이 전국에 번지고 있는 요즘 불우한 이웃을 조금씩만 도와주면 함께 기쁨을 나눌 수 있다는 좋은 교훈이 되고 있는 것이다.

송군은 편모슬하에서 자라난 2대 독자, 송군이 첫돌을 맞았을 때 아버지는 병사했다. 30세 때 청상과부가 된 송군의 어머니 조양임 여사(47)는 외아들과 딸 영희 양(17) 등 어린 남매를 혼자의 힘으로 키워야 했다.

조씨는 개가를 권하는 주위의 권유를 뿌리치고 남매를 위해 피눈물 나는 고생을 해야 했다. 건설 사업장에 나가 벽돌을 나르고 청소부 노릇도 했다.

송군은 철이 들면서부터 온갖 고생을 하는 어머니의 은혜가 뼛속 깊이 스며

들기 시작했다. 송군은 어머니의 은혜에 보답하는 길은 오직 공부를 열심히 해 훌륭한 사람이 되는 것뿐이라고 생각했다. 평소 학급에서 중간 성적밖에 올리지 못하던 송군의 학업 실력이 이때(대전중학 3학년)부터 두드러지게 향상되기 시작했다. 돈이 없어 남들과 같이 학관에 나가거나 참고서한 권 사보지 못했던 송군은 급우들의 책을 빌려 밤잠을 자지 않고 책과 씨름을 했다.

이 같은 송군의 노력으로 책벌레란 별명이 안겨졌다. 10만 원짜리 단칸 전셋방에서 낮에 노동을 한 어머니가 잠들고 나면 공부했다. 2등으로 중학교를 졸업한 송군은 대전고교에 진학하면서 지금까지 줄곧 전교 수석을 차지했다. 중학교 때까지는 어머니와 여동생이 대전 돈모 공장에 나가 막벌이로 벌어들이는 월 2만여 원의 수입으로 겨우 학비를 댔으나 고등학교에 진학한 후 부쩍 늘어난 학비를 충당할 길이 없어졌다.

더욱이 영양 상태가 나쁜 데다 수면까지 충분하지 못했던 송군은 고등학교 2학년 때 폐까지 나빠졌다. 어머니와 나이 어린 여동생이 치료비까지 조달하는 것을 보다 못해 송군은 학업을 포기하기로 했다.

이 같은 송군의 딱한 처지를 안 학교 교장 김작중 씨(54)가 송군 돕기에 앞장을 섰고 급우들도 부모들을 설득, 송군 돕기에 나섰다. 대전고교 23회 졸업생인 김규태 씨(김풍실업 사장)와 송군과 같은 반인 전병태 군(18)의 아버지 전철수 씨(46)가 매일 1만 원씩을 송군에게 보내기 시작했다. 충남대 의대 부속 병원 신경외과 조 박사와 한일의원 원장 김양식 씨(40)는 송군의 신병 치료에 나서 1년 만에 완치시키는 등 온정의 물결이 일기 시작했다. 송군의 담임 선생 조태민 씨(41)와 급우들이 송군에게 도시락을 번갈아 싸다 주며 수재의 건강 회복을 도왔다.

예비고사 원서 제출 비용이 없는 송군에게 5천 원의 서류 제출비를 대준 것은 급우 이종철 군(18)의 아버지 이연배 씨(50)였다.

예비고사 수석 합격의 소식을 전해 들은 송군은 오늘의 영광을 교훈으로 삼아 고생하신 어머니와 누이동생 그리고 나를 도와주신 많은 분들의 온정에 보답하기 위해 대학교수가 되어 사회에 봉사하겠다고 굳게 다짐했다.

읽어보신 소감 어떠신가요? "개천에서 용 난다"라는 속담이 송기호 군의 사정을 표현하기 위해 만들어진 것이 아닐까 하는 생각이 들 정도로 "개천에서 나온 용" 그 자체 아닌가요? 비단 송기호 군뿐만 아니라 1990년대 초반까지만 하더라도 대학 입학시험에서 좋은 성적을 올린 사람의 부모가 교육 수준이 높지 않고 경제적으로도 넉넉하지 않은 경우가 상당히 많았습니다.

1990년대 초반의 베스트셀러 『공부가 가장 쉬웠어요』는 막노동꾼 출신으로 서울대학교 인문계에 수석 합격한 장승수 씨가 쓴 책입니다. 왜 책 제목이 '공부가 가장 쉬웠어요'이냐면, 이분은 막노동을 하면서 대학교 입학시험을 준비했다고 합니다. 막노동을 하면서 대학교 입학시험을 준비했는데도 누구나 가고 싶어 하는 서울

대학교에, 그것도 인문계 수석으로 합격했는데, 노동에 비하면 공부는 오히려 쉬웠다는 메시지를 책에 담았고 시대적인 공감을 사서 초대형 베스트셀러가 되었습니다. 이 책을 읽고 많은 사람들이 고개를 끄덕였죠. 역시 용은 개천에서 나온다고요. 1990년대 초반까지만 하더라도 부잣집 아이들은 공부를 못한다는 속설이 있었고, 공부를 잘하는 집 아이들은 오히려 집안이 가난한 경우가 많아서 우리 사회는 개천에서 용이 끊임없이 나오는 역동적인 사회라는 생각을 상식으로 품고 있었습니다.

옛날 신문을 찾아보면 정말 무수히 많은, 개천 용에 해당되는 사례들을 만날 수 있습니다. 제가 대학교에 입학했을 때 입학 동기들은 전국 팔도에서 서울로 유학 왔고, 유학 오기 위해 소 팔고 염소 팔아 경비를 마련했다는 친구부터 인문계 고등학교가 반경 10킬로미터 내에 없어 10킬로미터를 걸어 다니면서 고등학교를 다닌 끝에 서울에 있는 대학에 진학한 사연도 드물지 않았습니다. 비단 서울대학교뿐만 아니라 서울에 있는 대학은 전국 각지에서 "개천에서 나온 용"이 모인 집합소와 다를 바 없었죠.

요즘도 용은 개천에서 나올까요? 아쉽게도 그사이에 한국은 용이

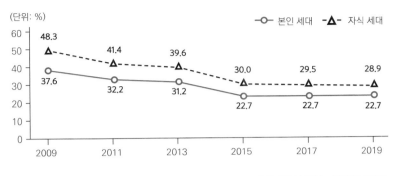

계층 이동 가능성 '높다' 응답

(단위: %)

○─ 본인 세대   ▲ 자식 세대

48.3

41.4

39.6

30.0

29.5

28.9

37.6

32.2

31.2

22.7

22.7

22.7

2009   2011   2013   2015   2017   2019

출처: 「사회 조사」, 통계청, 2019.

개천에서 나오지 않는 사회로 바뀐 것 같습니다. 많은 분들이 한국 사회는 이미 개천에서 용이 나올 수 없는 국면에 접어들었다고 합니다. 개천에서 용이 나오면, 즉 부모의 사회 경제적 지위보다 자녀의 사회 경제적 지위가 높으면 '사회적 유동성(social fluidity)'이 높은 사회이고, 반면 부모의 사회경제적 지위가 자녀의 사회경제적 지위를 사실상 결정하면 '사회적 경직성(social rigidity)'이 높은 사회라고 합니다.

통계청이 실시하는 '사회 조사'에서 계층 이동 가능성을 묻는 설문에 대한 응답 추이를 보면 2009년의 경우 자녀 세대의 계층 이동이 가능하다는 응답은 48.3퍼센트였는데, 이 응답은 지속적으로 하락해서 2019년 28.9퍼센트로 떨어집니다. 자녀 세대의 계층 이동 가능성과 자신의 계층 이동 가능성을 비교하면 늘 자신의 계층 이동 가능성은 낮아도 자녀의 계층 이동은 가능하다는 인식이 일반적이었습니다. 2009년에는 자신의 계층 이동 가능성과 자녀의 계층 이동 가능성이 10.7퍼센트 격차를 보여주었는데요, 2019년에는 그 격차가 6.2퍼센트로 줄어듭니다. 즉 자신도, 그리고 자녀도 계층 이동이 가능하다는 믿음이 약화되고 있는 것이죠.

제가 대학에 진학할 때만 하더라도 대학 진학하는 사람의 부모는 대부분 대학 졸업자가 아니었는데요, 지금은 이른바 상위권 대학에 진학하는 학생의 부모 직업을 조사해보면, 상위에 랭크되어 있는 학교일수록 입학생 부모의 직업은 전문직 비율이 상당히 높습니다. 헌법의 규정에 따르면, 모든 인간은 평등합니다. 그 사람이 재산을 얼마를 갖고 있든 상관없이 모든 사람은 1인 1투표권을 가지고 있습니다. 일정한 연령만 넘기면 그 사람이 돈이 많은지 적은지와 상관없이 국회의원에도 대통령에도 출마할 수 있습니다. 적어도 헌법상 규정으로는 모든 사람이 평등합니다. 우리는 이것을 정치적 평등이라고 이름 붙일 수 있겠지요. 그리고 또 다른 말로 법률적 평등, 형식적 평등이라고 말할 수 있겠지요.

형식적 평등, 정치적 평등, 법률적 평등은 실질적으로 지켜질까요? 형식적 평등은 문서상으로만 존재하고 실제 사회 관행에서는 지켜지고 있지 않음을 증명하는 사례가 너무 많습니다. 돈이 많은 사람이 죄를 지으면 그 사람은 지은 죄만큼 제대로 처벌받지 않고, 돈이 없는 사람이 죄를 지으면 그 사람은 실제로 지은 죄보다 때로는 더 무거운, 심지어 가혹한 처벌을 받기도 합니다. 굶주림 때문에 달걀 한 판을 훔친 사람이 받는 형량과, 공금을 횡령하거나 세금을 포탈해 많은 사람에게 심각한 악영향을 끼친 사람이 받는 형량을 비교해보면 형식적 평등은 절대 실질적 평등을 보장하지 않는다는 것을 깨달을 수 있지요. 만인이 평등하다는 규정은 이미 헌법에 들어 있으니까, 실질적인 불평등 관행을 들여다보는 것으로 관심을 향해볼까요?

형식적 평등과 실질적 불평등을 이해하기 위해 빙산에 비유해보겠습니다. 바다 표면 위로 빙산이 보이지만 그다지 크지 않습니다. 수면 밑으로 내려가볼까요? 수면 위로 보이는 빙산의 크기는 작았는데 눈에 보이지 않는 수면 밑으로 내려갔더니 빙산의 규모가 어마어마하네요. 수면 위로 보이는 작은 빙산이 형식적 평등이고, 눈에 보이는 것보다 훨씬 더 큰 크기인 수면 아래의 빙산이 실질적 불평등의 크기라면 어떻게 될까요?

대학교에 진학할 때 절차상으로는 누구나 현실적으로 평등한 조건에서 경쟁을 벌입니다. 가난하다고 시험 응시 기회를 박탈당하지 않습니다. 그 사람이 돈이 많다고 해서 가난한 사람들보다 시험 볼 기회를 더 많이 부여받지도 않지요. 가난한 사람이든 부자든 시험을 볼 수 있는 기회는 동일하게 한 번입니다. 그러니까 우리가 각

자 최선을 다하고 있는 경쟁 공간은 비록 형식적이라도 어떤 불평
등도 없는 공정한 공간인 것처럼 보입니다.

수면 밑으로 내려가보겠습니다. 수면 밑으로 내려가봤더니 경쟁
에 참여하고 있는 사람들의 속사정과 배경이 제각각입니다. 어떤
사람의 부모는 경제적 여유가 상당합니다. 그 사람은 경쟁에만 올
인할 수 있도록 부모가 모든 자원과 돈을 지원해줍니다. 이 사람은
가능한 시간의 모두를 경쟁 준비에 할애할 수 있지요. 그와 경쟁하
는 다른 사람의 뒷배경을 보니 그 사람은 집이 가난합니다. 부모는
학원비를 내줄 경제적 여력이 없습니다. 이런 상황이니 이 사람은
아르바이트를 해서 학원비를 벌어야 합니다. 부모가 돈이 있어서
전적으로 지원해줄 수 있는 사람과 비교해보면 돈을 벌기 위한 시
간, 즉 학원비를 버는 동안은 공부에 매진할 수 없지요. 그 시간만
큼은 공부하는 시간에서 빼야 합니다.

누가 유리할까요? 그 둘이 똑같은 지적 능력과 똑같은 의지를 가
지고 있다면 누가 시험에서 더 좋은 성적을 올릴 수 있을까요? 당
연히 시험 준비에 더 많은 시간을 할애할 수 있는 사람이 더 좋은
성적을 올릴 가능성이 높습니다. 그래서 우리는 형식적 평등만 보
면 안 되고, 눈에 보이지 않는 실질적 불평등에 주목해야 하는 것
이지요.

부모가 부유할수록 그리고 부모가 고학력일수록 그들의 자녀가 높은 학력을 지니고 우월한 학업 성취를 이룰 가능성이 점점 높아지고 있음이 각종 조사를 통해 밝혀지고 있습니다. 물론 어느 경우에나 예외는 있지만 특이한 예외적 사례를 제외하고 일반적으로 이 경향은 강화되고 있습니다. 부모의 사회경제적 지위(origin)와 자녀의 사회경제적 지위(destination) 사이에 아무런 상관관계가 없으면 계층 간 사회 이동성이 높고, 부모가 누구인지에 따라 자녀의 인생도 결정되는 '경로 의존성(Path dependency)'이 약한, 즉 개천에서 용이 많이 나오는 상황이고, 이 둘 사이의 상관관계가 높을수록 사회 이동성이 낮고 개천에서 용이 절대 나올 수 없는 사회입니다. 부모의 사회경제적 지위와 자녀의 사회경제적 지위 사이의 상관관계가 낮다면 실질적 평등이 이루어진 사회이고, 상관관계가 매우 강하게 나타난다면 그 사회의 평등은 형식적 평등에 불과하다고 평가 내릴 수도 있겠지요.

부모의 사회경제적 지위를 기준으로 생각해볼까요? 개천에서 용 나던 시절, 부모의 사회경제적 지위는 부모의 근면 성실함에 의해 결정됩니다. 즉 저희 부모님처럼 개천에서 용 나던 시절의 부모는 그들의 부모, 즉 저희 조부모로부터 물려받은 재산 없는 "개천" 출신이 대부분이었어요. 개천에서 용 나던 시절에 부모의 소득은 일해서 번 노동 소득이 주였지요.

최근 강화되고 있는 경향을 보면 부모의 사회경제적 배경의 근간이 노동 소득이 아니라 노동 소득 이외의 다른 소득으로 옮겨가고 있습니다. 노동 소득이 사회경제적 배경의 주된 요인일 때는 요, 개인의 근면 성실함이 사회경제적 배경의 원천이 됩니다. 하지만 자본 소득이 노동 소득보다 결정적인 요인이 되면 한번 형성된 부의 불평등은 점점 더 심화됩니다.

프랑스의 경제학자 토마 피케티(Thomas Piketty)가 지속적으로 강조한 것이 바로 이 점이지요. 피케티 주장의 핵심을 같이 읽어볼게요.

내가 r 〉 g라는 부등식으로 표현할 이 근본적인 불평등은 이 책에서 결정적인 역할을 할 것이다. (여기서 r은 연평균 자본 수익률을 뜻하며, 자본에서 얻는 이윤, 배당금, 이자, 임대료, 기타 소득을 자본 총액에 대한 비율로 나타낸 것이다. 그리고 g는 경제성장률, 즉 소득이나 생산의 연간 증가율을 의미한다.*

피케티의 주장을 압축하면 자본 소득이 노동 소득보다 더 많을 경우, 상속 재산이 많은 사람이 열심히 일해 소득을 늘리는 사람보다 더 빨리 부자가 된다는 점입니다. 피케티는 이런 결론을 내립니다.

물려받은 재산을 가진 사람들은 자본에서 얻는 소득의 일부만 저축해도 전체 경제보다 더 빠른 속도로 자본을 늘릴 수 있다. 이런 상황에서는 거의 필연적으로 상속 재산이 노동으로 평생 동안 쌓은 부를 압도할 것이고 자본의 집중도는 극히 높은 수준에 이를 것이다.**

시쳇말로 근면 성실이 돈을 버는 사회가 아니라 상속받은 돈으로 "돈이 돈을 버는" 사회는 소득 불평등이 갈수록 심화됩니다. 계층 간의 소득 불평등이 증가하면 자녀 세대와 부모 세대 사이의 소득을 비교한 세대 간 소득 탄력성(Intergenerational Earnings Elasticity)이 높을 수밖에 없지요. 한마디로 불평등이 계층 이동에 의해 상쇄되기는커녕 소득의 대물림을 통해 오히려 강화된다는 것입니다. 피케티는 이로부터 참으로 의미 있는 결론을 내렸습니다. "그 부가 완전히 도둑질의 결과인 경우는 드물며 절대적으로 능력에 의한 경우도 마찬가지로 드물다"***는 것입니다.

옥스팜의 『불평등 보고서 2019』****에 따르면 소득 불평등은 완화되기는커녕 가속화되고 있습니다. 기존의 부자는 더 부자가 되어

• 토마 피케티, 『21세기 자본』, 장경덕 외 옮김, 글항아리, 2014, 39쪽.
•• 토마 피케티, 『21세기 자본』, 39쪽.
••• 토마 피케티, 『21세기 자본』, 529쪽.
•••• https://www.oxfam.or.kr/public-good-or-private-wealth/

가고 있습니다. 2016년 3월에서 2017년 3월 사이에 이틀에 한 명씩 새로운 억만장자가 탄생할 정도로 부자의 수는 역사상 가장 높은 증가세를 보이며 늘어나고 있습니다. 2018년 새롭게 발생한 부의 82퍼센트는 상위 1퍼센트에 귀속되었고, 하위 50퍼센트의 부는 증가하지 않았습니다. 옥스팜 보고서는 소수에 집중된 과대한 부가 많은 이들의 저임금 노동을 통해 축적되었다는 충격적인 사실을 알려줍니다.

부자는 자본 투자와 각종 배당금으로 이미 가득한 금고에 돈을 더 보탭니다. 2016년 패션 기업 자라는 세계적인 부호 아만시오 오르테가(Amancio Ortega)에게 주식 배당금으로 13억 유로를 배정했고요, 2018년 에이치앤엠 창업자의 아들 스테판 페르손(Stefan Persson)은 6억 5,800만 유로의 배당금을 받았습니다. 그는 《포브스》가 선정하는 세계 갑부의 순위에 당연히 들어 있죠.

"개천에서 용 난다"는 능력주의(meritocracy)가 원칙으로 통용되는 사회에 대한 설명이라고 할 수 있습니다. 형식적 평등이 지켜진다는 전제하에서 어떤 사람이 돈을 굉장히 많이 벌었거나 높은 지위에 올랐거나 좋은 학교에 진학했다고 합시다. 그 사람의 노력으로 얻은 능력 이외의 다른 요소가 그 결과에 아무런 영향을 끼치지 않았다면 그 사람이 얻은 부와 권력은 그 자체로 정당화될 수 있다고 보는 것이 능력주의입니다. 능력주의라는 단어의 유래 자체가 노력이나 성과라는 뜻(merit)과 권력(kratos)의 합성어이니까요.

능력주의 자체는 악이 아니지요. 능력주의가 있어야 개천에서 용이 나기도 하니까요. 사회의 특정 국면에서 능력주의는 긍정적인 결과를 불러오기도 합니다. 부나 권력, 학력 등 누구나 원하지만 사회적으로 한정된 자원이기에 불가피하게 불균등하게 배분될 수밖에 없는 자원이 전통이나 연줄, 연공서열에 따라 배분되던 사회에서 능력주의는 비록 출신 배경은 든든하지 않아도 실력은 있는 사람에게 날개를 달아주는 원칙이지요. 개천 용이 날도록 능력주의가 날개를 달아주는 격이니까요. 그러나 긍정적인 효과를 발휘하던 능력주의도 계층 불평등 현상과 함께 고착화되면 새로운 불평등의 조건으로 전환됩니다. 기회의 평등과 결합하여 엘리트 충원을 다양한 계층에 개방했던 능력주의가 사회 이동을 촉진하기는커녕 억제하는 요인이 되는 상황*이 도래하는 것이지요.

부모의 사회경제적 지위(origin)가 곧바로 자녀의 사회경제적 지위(destination)로 직결되는 경우(O-D 모델)도 있습니다. 부모의 막대한 부가 상속을 통해 곧바로 자녀에게 이전되어, 부모의 부가 자녀의 부를 결정짓는 경우입니다. 부는 이렇게 부모의 사회경제적 지위(Origin)로부터 자녀의 사회경제적 지위로 직통으로 이어질 수 있

• 대니얼 마코비츠, 『엘리트 세습』, 서정아 옮김, 세종서적, 2020, 21쪽.

지만, 부모가 직업을 통해 얻은 사회경제적 지위는 '능력주의'가 원칙인 사회에서는 자녀에게 손실 없이 이전될 수 있는 방법이 없습니다.

부모가 변호사, 의사, 대학교수라고 가정해보지요. 대학교수 부모가 자녀에게 경제적 부를 고스란히 물려줄 수는 있습니다. 상속세만 제대로 지불하면 경제적 부의 대물림은 불법이 아닙니다. 그런데 변호사, 의사, 대학교수라는 직업으로 인한 사회적 지위는 자녀에게 선물할 수 없습니다. 직업은 세습이 아니라 능력주의 모델에 따라 충원되니까요. 자녀가 부모의 부뿐만 아니라 사회적 지위와 위신까지 모두 빠짐없이 계승하려면 자녀도 '능력주의'에 따라 부모와 동일한 직업을 부여하는 엘리트 선발 코스를 통과해야 합니다. O-D(부모의 사회경제적 지위-자녀의 사회경제적 지위) 모델이 E-D(교육-자녀의 사회경제적 지위) 모델로 변형되는 거죠. 그래서 "능력주의 시대 엘리트들은 갈수록 자녀 교육에 재산뿐 아니라 기량과 에너지를 쏟아붓는 추세"*를 피할 수 없습니다. 상층 엘리트가 자신의 부와 사회경제적 지위를 자녀에게 물려주기 위해 E-D 모델 코스를 선택하고 자녀 교육에 온갖 자원을 투자하면 중산층 이하의 계층에서는 상층 엘리트가 선택한 E-D 모델을 따라 할 수 없습니다. "노동

• 대니얼 마코비츠, 『엘리트 세습』 23쪽.

시장이 갈수록 특별한 교육과 값비싼 훈련을 받은 인력을 우대하는 추세로 변화하는 가운데 일류 대학 학위가 없는 중산층 근로 인력은 노동 시장 전반에서 차별"*을 받게 됩니다.

시험 자체는 엘리트 자녀에게 특별하게 유리하지 않습니다. 시험은 형식적으로 평등한 기회가 주어지기에 형식적으로는 공정해 보입니다. 하지만 시험이라는 경쟁에 참가하고 있는 사람의 사회적 조건은 극심하게 불평등합니다. 그 불평등은 뿌리가 아주 깊어서, 즉 할아버지가 부자였기 때문에 아버지가 부자였고, 아버지가 부자였기 때문에 자녀가 E-D 모델에 따라 공부에 매진할 수 있는 환경을 만들어준다면 '능력주의'는 빛 좋은 개살구에 불과합니다. 아니, 사회적 불평등을 오히려 정당화시켜주는 도구로 전락되기도 하지요.

어떤 사람이 대학교 입학시험에서 좋은 성적을 올려 의사, 변호사가 될 수 있는 메디컬 스쿨과 로스쿨에 진학했다고 합시다. 높은 성적을 올린 원인에 그 사람의 학업 능력 이외의 다른 요소가 전혀 끼어들지 않아야 능력주의죠. 기회의 형식적 평등이라는 측면에서만 보면 능력주의로 설명이 되지만, 수면 밑에 있는 불평등의 공간을 염두에 둔다면 결과만 따져 공정/불공정을 논의하기에는 부족

• 대니얼 마코비츠, 『엘리트 세습』 22쪽.

한 점이 많습니다.

저는 여기서 또 다른 속담을 한번 생각해보려고 합니다. "곳간에서 인심 난다"라는 속담이 있습니다. 누구나 사람을 사람으로 만들어주는 마음, 타인의 딱한 처지를 헤아릴 수 있는 마음이라는 뜻의 '인심(人心)'을 베풀면서 살고 싶어 하죠. 누구나 다 세상 사람들을 넉넉하게 대하고 인간성을 지키고 더욱더 풍요로운 인간성을 유지하면서 삶을 살고 싶습니다. "곳간에서 인심 난다"라는 속담은 사람이 인간성을 지킬 수 있도록 돕는 무조건적 전제가 무엇인지를 알려줍니다. 인심이 생길 수 있는 전제가 곳간으로 표현되는 경제적 여유입니다. 곳간은 먹을 것이 모여 있는 창고죠. 사람은 어느 정도 먹을 것이 충분하고 자기가 어느 정도 굶주릴 걱정을 하지 않아도 될 정도로 가난의 상태에서 벗어나야 인심을 지킬 수 있고 인심을 베풀 수 있다는 뜻입니다.

사회적 불평등이 심해서 실질적으로는 공정한 경쟁이 불가능함에도 '능력주의'를 내세워 불공정한 경쟁의 결과에 승복하라는 요구가 강해지면 사람들은 경쟁의 결과를 인정하지 않게 됩니다. 경쟁의 결과로 인한 사회적 자원의 불균등한 분배가 정당하다고 인정하지 않으면, 분노가 형성되고 혐오가 만연하게 됩니다. 한때 한국사회에서 굉장히 인기를 끌었던 『정의란 무엇인가』를 쓴 마이클 샌델(Michael J. Sandel, 1953~)이 이런 이야기를 했습니다. "경제적 불평등은 시민적 덕성을 부식시킬 수도 있다"고 말입니다. 한 사회의 경제적 불평등이 지나치게 심하면, '인심'은 지켜질 수 없다는 뜻입니다.

한국 사회에서 부자는 왜 존중받지 못하는지, 엘리트가 왜 공공의 적처럼 취급되는지 이런 점을 아쉬워하는 목소리도 있습니다. 왜 한국에서 부자는 존경받지 못하는 것일까요? 그 밑바탕에는 부가 만들어지는 과정 속에 개입된 불공정성에 대한 인식이 담겨 있기 때문이죠. 만약 그 사람의 부가 '능력주의'의 해석처럼 그 사람의 능력만으로 형성된 부라면, 그 사람이 가지고 있는 부는 그 사람의 능력의 크기를 표현해주는 것이므로 그 사람은 당연히 존중받아야만 합니다. 그 사람이 부자라는 건 그 사람의 능력이 그만큼 뛰어나다는 뜻이죠. 만약 그 사람이 일군 부의 크기가 그 사람의 능력으로 설명되지 않고 부모로 설명되거나 그 사람이 가지고 있는 특권으로 설명된다면 그 사람이 얻은 부는 존경의 대상이 될 수 없습니다. 마이클 샌델도 이런 사회를 우려해 "사회가 병들게 되면 개인도 병들 수밖에 없다"고 말했습니다. 그래서 개천에서 용이 나올 수 있느냐 없느냐의 문제는 우리 사회가 머리를 맞대고 심각하게 함께 고민해야 하는 '정의'에 대한 질문과도 깊은 연관이 있습니다.

정치학자 존 롤스(John Rawls, 1921~2002)를 빼놓고 정의에 관해 이야기할 수는 없겠지요. 롤스는 사람으로 살아가는 데 필요한 기본재를 제공하는 사회가 공정한 사회라고 주장합니다. 인간으로서 살아가려면 인간으로서 생존하는 데 필요한 기본재가 있지요. 먹는 것, 입는 것, 아플 때 치료받을 수 있는 의료, 그리고 자신을 계발할 수 있는 기회를 맞이하는 교육 등이 기본재입니다.

롤스는 모든 사람에게 이런 기본재가 제공되는 사회가 정의로운 사회, 그리고 공정한 사회라고 생각했습니다. 이런 사회가 유지되어야만 개천에서 용이 끊임없이 나타날 수 있고, 개천에서 용이 끊임없이 나타나야 비록 개천과 같은 상황에 놓여 있는 사람도 꿈과 희망을 잃지 않고 세상을 살아갈 수 있기 때문에 공정한 사회의 실현은 이런 맥락에서 매우 중요합니다.

저는 잘 알려진 롤스의 정의론보다 한 걸음 더 나아가서 아마르티아 센(Amartya Kumar Sen, 1933~)이라는 인도 경제학자의 이야기를 전할까 합니다. 아마르티아 센은 개인적으로 굉장히 존경하는 학자입니다. 그리고 제게 영향을 준 책 중 빼놓을 수 없는 것이 아마르티아 센의 『자유로서의 발전』*입니다. 아마르티아 센은 정의의 문제를 롤스보다 더욱 전진시킵니다.

롤스는 정의를 지키기 위해서는 사회를 구성하고 있는 모든 사람에게 필수적인 재화가 공급되어야 한다고 주장했다고 말씀드렸었지요. 아마르티아 센은 그보다 한 발 더 나아갑니다. 정의가 지켜지기 위해서는 모든 사람들에게 필수재가 공급되는 것만으로는 부족하고, 모든 이에게 역량, 즉 무엇인가를 할 수 있는 능력이 동등하게 주어져야 한다는 것입니다.

예를 들어볼게요. 우리가 도시 안에 살고 있는데요, 모든 사람에게 이동에 사용할 수 있는 자전거가 필수품이라 가정해보지요. 롤스가 생각하는 정의는 모든 사람에게 자전거가 한 대씩 제공되는 것, 그러니까 필수재인 자전거가 모든 사람에게 보급되는 것입니다. 아마르티아 센은 그보다 한 발 더 나아가서, 자전거가 보급되어야 하지만 그 자전거가 동일한 자전거여서는 안 된다는군요. 사람에 따라 출발점이 다르기 때문이랍니다. 어떤 사람은 신체적 능력이 약합니다. 노인이 그렇습니다. 또 어떤 사람은 장애인입니다. 자전거가 사회적 필수재라고 해서 건강한 성인 남성과 노인과 장애인에게 동일한 자전거를 한 대씩 공급하면 정의로운 사회일까요? 아마르티아 센의 질문은 이것입니다.

우리가 보다 정의롭기 위해서는 모든 이의 역량(capability)이 동일해

• 아마르티아 센, 『자유로서의 발전』, 김원기 옮김, 갈라파고스, 2013.

지는 것이 중요하기 때문에, 노인에게는 그냥 자전거가 아니라 예를 들면 전기 자전거를, 장애인에게는 페달을 발로 밟아야 하는 보통 자전거가 아니라 신체적 장애가 문제 되지 않는 특수한 자전거를 보급해주는 것, 그것이 아마르티아 센이 생각하는 정의로운 사회입니다.

물론 개천에서 용이 나는 걸 원하지 않는다면 정의의 문제를 고민하지 않아도 됩니다. 그런데 만약에 개천에서 용이 끊임없이 나오는 사회가 더 정의롭고, 개천에서 용이 나오는 사회가 더 건강한 사회라고 믿는다면 우리는 그런 사회를 이루기 위해 노력해야 되겠죠.

그런 맥락에서 또 제가 좋아하는 소설가 주제 사라마구(José de Sousa Saramago, 1922~2010)의 당부를 전할까 합니다. 주제 사라마구는 역발상이라고 할 수 있는 신선한 이야기를 우리에게 전합니다.

저는 종종 뒤로의 발전이라 불렸던 것을 제안하고자 합니다. 이는 모순처럼 보이지요. 발전은 오직 앞으로만 나아갈 수 있기 때문이지요. 뒤로 발전한다는 것은 매우 간단하게 다음과 같은 것을 의미합니다. 우리가 이미 도달한 수준에서 우리는 편안하게 살 수 있습니다. 부자가 아닌 중산층이 도달하는 정도에서도요. 뒤로 발전하기는 여기서 멈추고 뒤에 남겨진 수십억의 사람들을 향하자라는 말입니다.*

우리에게 필요한 건 뒤로 발전하기라니? 이게 도대체 무슨 말인가 싶으실 텐데요. 주제 사라마구는 어느 정도 발전한 나라에서 중산층 이상의 부를 누리고 있는 사람이라면 앞으로 발전할 생각만 하는 것이 아니라 뒤를 돌아봐야 한다는 말입니다. 뒤처진 사람을 보자는 거죠. 만약 우리가 중산층 이상의 부모를 두었기에 현재 중산층 이상의 부를 누리고 있다면 돈 있는 부모를 두지 못한, 개천에서 태어났다는 이유로 우리와 동등한 역량을 확보하지 못한 사람에 주목해야 한다는 말입니다.

개천에서 용 나는 시대는 끝났다며 팔짱만 끼고 있지 말고 다시 개천에서 용이 날 수 있도록 모든 사람에게 역량이 균등하게 제공되어야 한다는 아마르티아 센의 희망에 귀를 기울이는 사회가 정의로운 사회입니다. 주제 사라마구의 바람처럼 앞으로만 발전하는 것이 아니라 뒤로 발전하기라는 역설적인 지혜가 현실화될 수 있는 사회는 언젠가는 실질적인 불평등을 약화시킬 수 있는 방법을 찾아내겠지요. 개천 출신 사회학자가 "개천에서 용 난다"라는 속담을 통해 우리 사회를 이렇게 되짚어봤습니다.

• 주제 사라마구 인터뷰, 『작가란 무엇인가』, 권승혁 외 옮김, 다른, 2019, 862쪽.

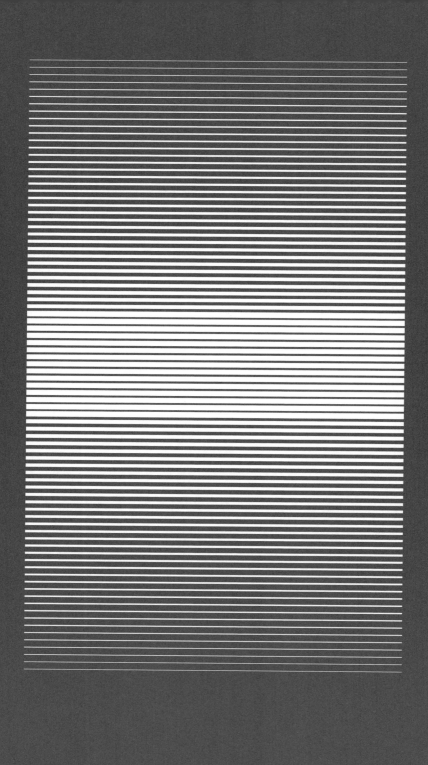

미꾸라지 한 마리가
온 웅덩이를 흐려놓는다

11

만사는 결국 정해진 대로 이루어지고 마는 법.

불에 구운 제물과 헌주(獻酒)로도,

문물과 불기가 닿지 않은 제물로도,

죄지은 자는 신의 가혹한 노여움을 풀지 못하리라.•

───────

세상을 홀로 살아가지 않기에 우리는 동시대인으로부터 이런저런 영향을 받습니다. 지구를 지키는 데 보탬이 되겠다고 분리수거를 철저하게 해도 옆집 사람이 분리수거를 제대로 하지 않으면 그 노력은 물거품이 됩니다. 인간이 사는 사회를 웅덩이에 비교해보죠. 그 웅덩이에 살고 있는 대다수의 미꾸라지는 선합니다. 이들은 공동체의 규칙을 지키고, 때로 공동의 선을 위해 개인적 손해나 불편도 기꺼이 감당합니다. 하지만 그 웅덩이에는 자신만의 이득을 추구하는 사람, 자신의 목적 달성을 위해 거짓말을 일삼는 사람, 대놓고 규칙을 어기는 사람, 규칙의 빈틈을 이용해 자기 잇속을 챙기는 사람도 있습니다. 물론 양적으로만 보자면 흙탕물을 일으키는 미꾸라지보다는 흙탕물을 일으키지 않는 미꾸라지가 더 많습니다.

───────

• 아이스퀼로스, 『아이스퀼로스 비극 전집』, 천병희 옮김, 숲, 2008, 31~32쪽.

그럼에도 "한 마리의 미꾸라지"가 일으킨 흙탕물을 맑은 물을 지키려는 미꾸라지도 마시게 됩니다. 함께 거주함의 역설이라고나 할까요. 제가 이번에 사회를 들여다보기 위해 뽑은 속담은 이 역설을 표현한 "미꾸라지 한 마리가 온 웅덩이를 흐려놓는다"입니다.

아주 잘 알려진 '죄수의 딜레마'로 시작해보겠습니다. 두 명의 죄수가 있습니다. 둘이 공범으로 범죄를 저질렀고 체포되어 각각 3년 형을 받을 예정입니다. 검사가 A와 B를 따로 부릅니다. 그리고 이런 제안을 합니다. 지금까지 밝혀지지 않은 여죄가 있다면 털어봐라. 그 대가로 3년 형을 감해주겠다. 만약 상대방만 죄를 털어놓으면 당신은 6년 형을 살게 될 것이다. 이런 제안을 받고 죄수는 감옥으로 돌아가 이것저것 생각해봅니다. A와 B 모두에게 좋은 선택은 둘 다 여죄를 털어놓지 않고 예정대로 각 3년씩 감옥에 있는 것입니다. A는 모두에게 가장 좋은 상황이 무엇인지 잘 알기에 검사의 제안을 거절하려 합니다. 그런데 갑자기 A의 머릿속에 배신당할지 모른다는 두려움이 스칩니다. 'B가 나를 배신하고 죄를 털어놓으면 어떻게 되지?'라는 생각을 하는 순간 A의 머리카락이 쭈뼛 섭니다. 이 경우 B는 3년 형을 면제받고 자신은 6년 형을 살게 되니까요. 배신당했을 때 자신에게 벌어질 수 있는 최악의 상황을 생각하자 A의 태도는 바뀝니다. 나 혼자만 손해 볼 수는 없다는 결심, 흔히 쓰는 시쳇말로 "장기판의 졸이 될 수 없다"고 다짐합니다.

타인에게 배신당해 졸이 되는 개인적 최악을 피하기 위해 A는 기왕 배신당할 거라면 내가 먼저 배신하는 게 덜 억울하리라는 생각에 배신을 선택합니다. B 역시 동일한 사고 회로를 거친 후 배신을 선택하지요. 결국 A와 B가 모두 배신을 선택하고 A도 6년 형, B도 6년 형을 받습니다. 각자 공동의 최선이 아니라 각자의 최선을 선택했더니 결과적으로 공동의 최악의 상황으로 귀결되는 딜레마가 만들어지는 것이죠. '죄수의 딜레마'는 협력하면 둘 다 이득임에도 상호 배반을 선택하는 매우 흔한 문제적 상황을 추상적으로 모형화한 것입니다. A와 B가 공동의 최선이 무엇인지 알고 있음에도 공동의 최선을 선택하지 않고 공동의 최악을 서로에게 강요하게 되는 것은 이 둘 사이에 신뢰가 없기 때문입니다. 상호 불신이 모두에게 최악의 결과를 낳은 원인인 것이죠. '죄수의 딜레마' 상황은 우리가 살고 있는 사회 곳곳에서 그 사례를 찾아볼 수 있습니다.

사교육을 예로 들어보겠습니다. 유독 몇 나라에서만 사교육이 극성을 부린다고 하니, 공교육 이외의 사교육으로 인한 재정적·시간적 부담은 인간의 보편적 문제라기보다 몇몇 나라의 특수한 문제입니다. 한국의 과도한 사교육은 가정 경제에 큰 부담이 되고 있습니다. 사교육 때문에 걱정인 사람이 많습니다. 돈이 너무 많이 들어가니까요. 번 돈의 대부분을 아이들 대학 보내는 사교육비에 다 털어넣습니다. 통계청이 발표한 '2019년 초중고 사교육비 조사 결과'에 따르면, 2019년 사교육비 총액은 약 21조 원으로 전년보다 7.8퍼센트나 증가했다고 합니다.

사교육비가 워낙 부담되다 보니 사교육 문제를 해결하자는 사회적 목소리가 높습니다. 이 문제를 논의하기 위해 전국 회의가 열렸다고 상상해보지요. '사교육 없이 교육은 불가능한가?'라는 주제로 토론회가 열렸습니다. 한 사회학자가 참석자에게 현재 우리가 처한 사교육 상황이 마치 죄수의 딜레마와 유사하다고 설명합니다. 각자의 최선을 추구하다 보니 사교육비 경쟁이 붙어 모든 사람이 최악의 상황을 모두에게 강요하고 있다는 설명을 듣고 모든 사람이 고개를 끄덕입니다. '죄수의 딜레마' 상황에서 벗어나는 가장 좋은 방법으로 사회학자는 모든 사람이 사교육을 받지 않는 단순한 방법을 제시합니다. 이론적으로는 최선의 방법임이 분명합니다. 모두 사교육을 받거나 사교육을 받지 않거나 결과는 마찬가지입니다. 어차피 등수는 가려집니다. 사교육이 성적 위주의 서열을 없앨 수는 없지요. 참석자가 모두 동의했습니다. 이제 공동의 이익 방향으로 사회가 움직일 것처럼 보였습니다. 모두가 사교육을 안 받기로 하고 참석자들은 기쁜 마음으로 집으로 돌아갑니다.

모두 행복합니다. 사교육비로 쓰던 돈을 집안 살림에 쓸 수 있다고 생각하니 갑자기 실질 소득이 몇 배나 늘어난 기분입니다. 그러다 한 사람이 생각합니다. '모두 사교육을 안 받는데 우리 집 아이만 사교육을 받으면 서울대학교에 보낼 수 있지 않을까?'라고요. 모두가 사교육을 안 받는 것이 공동의 최선임에 동의했던 사람이 사적인 이익의 유혹에 빠지는 순간, 이 유혹은 들불처럼 번져나갑니다. 그리고 다시 '죄수의 딜레마' 상황이 반복됩니다. 서로에게 최악을 강요하는 최악의 시나리오가 다시 쓰이는 것이지요. A가 사교육비에 50만 원을 쓰면 B는 70만 원을 쓰고, B가 70만 원을 쓰면 C는 경쟁에서 이기려고 100만 원을 씁니다. 이런 악마의 회로가 다시 작동되기 시작하면 천장까지 솟구친 사교육비는 결코 내려오지 않습니다.

이런 '죄수의 딜레마' 상황, 참 어이없습니다. 비이성적이고 비합리적입니다. 모두가 '죄수의 딜레마' 상황에서 허덕이게 되거든요. 부모는 돈 대느라 힘들고 아이는 공부하느라 죽을 노릇입니다. 이 악순환을 대체 언제까지 되풀이해야 할까요? 왜 인간은 이런 개미지옥에서 벗어나지 못하는 것일까요? 보다 나은 세상을 꿈꾸는 사회학은 벗어나지 못하는 개미지옥에서 탈출할 방법을 고민합니다. 서로가 서로에게 최악의 시나리오를 쓰게 하는 이 '죄수의 딜레마' 상황에서 벗어날 수 있는 방법은 사회학이 외면할 수 없는 절실한 사회문제입니다.

'죄수의 딜레마'가 우리가 처한 현실이라면, 이 현실에서 벗어난 상황을 시나리오로 그려봅시다. 사회학은 '죄수의 딜레마'와는 다른 협력에 기반을 둔 상황을 '사슴 사냥의 딜레마'라는 이름으로 제시합니다. 배신 여부가 중요한 '죄수의 딜레마'와 달리 '사슴 사냥의 딜레마'에서는 '협력' 여부가 결정적인 키워드입니다. '사슴 사냥의 딜레마' 상황을 설명드릴게요. A와 B 두 명이 있습니다. 먹고사는 문제를 해결하기 위해 A와 B는 사슴을 사냥할 수도, 토끼를 사냥할 수도 있습니다. 그런데 토끼는 혼자서도 사냥할 수 있지만, 사슴은 덩치가 커서 혼자서는 잡을 수 없고 A와 B가 협력할 경우에만 사냥에 성공할 수 있습니다. A와 B에게는 두 가지 선택이 제시되어 있습니다. A와 B는 단독으로 토끼를 잡을 수도 있고 협력하여 사슴을 잡을 수도 있습니다.

토끼를 잡아서 기대할 수 있는 이익의 크기가 1이라고 했을 때 사슴을 잡으면 그 이익은 4로 늘어납니다. 만약 A가 단독으로 토끼를 잡으면 A에게는 1만큼의 이익이 돌아가지만 A가 B와 협력해서 사슴을 잡고 4라는 이익을 공정하게 배분하면 A와 B 각각 2라는 이익을 실현할 수 있습니다. 각자 토끼를 잡았을 때 기대할 수 있는 이익의 2배나 됩니다. 그런데 분명 협력이 모두에게 최선의 상황임에도 왠지 A와 B는 협력하지 않습니다. 이론적으로 분명한 최상을 A와 B는 왜 외면할까요? 무슨 일이 있었던 걸까요?

협력해서 사슴을 잡는 게 서로에게 가장 좋은 것임에도 불구하고 실제로 협력이 발생하지 않는 이유는 여러 가지가 있을 수 있습니다. 어떤 경우에는 각자 세상살이를 통해 겪었던 쓴맛이 원인일 수도 있지요. A는 협력을 해서 사슴을 잡았던 경험이 있습니다. 협력이 자신을 위해서나 타인을 위해서나 모두의 공동체를 위해 최선이라고 생각했기 때문이지요. 사슴을 잡았는데 그 결실의 배분 과정에서 예상하지 못했던 일이 발생했습니다.

사슴을 잡고 나니 B가 달라졌습니다. A와 B 사이에 직급의 차이로 인한 권력관계가 있다고 가정해보지요. 공정한 분배가 이뤄져야 하는 시점에서 B는 억지를 부립니다. "내가 사슴을 잡는 데 결정적인 기여를 했으니 나는 4 중에서 3.5를 가져가야 한다"고 주장하며 A에게 0.5를 주고는 그것으로 만족하고 꺼지라고 합니다. 힘이 없는 A는 억울했지만 그냥 참을 수밖에 없었습니다. 주위에 이 억울함을 호소했는데 A의 사연에 귀 기울여주고 B를 심판하는 목소리는 들리지 않네요. A는 결심합니다. 다시는 당하지 않겠다고요. A는 협력했고 사슴을 잡았기 때문에 토끼를 잡았을 때보다 2배의 이득을 기대했는데 토끼를 혼자 잡았을 때의 절반 정도 이익만 돌아왔습니다. 자신의 협력이 B의 입에 부당 이익을 털어넣는 수단으로 전락했음을 깨달은 A는 다시는 협력하지 않겠다고 결심합니다.

이런 쓰라린 과거 경험이 있는 사람에게 누군가 "협력해서 사슴을 같이 잡아보지 않겠습니까?"라고 제안하면 그는 갈등합니다. 과거의 쓰라린 경험이 그 사람으로 하여금 사슴을 잡는 데 기꺼이 협력하겠다고 결심하지 못하도록 만들죠. "또 지난번처럼 바보같이 당하면 어떡하지?"라는 망설임 끝에 그 사람은 차라리 단독 플레이로 토끼를 잡아 소소하게 돈을 벌고 말지, 사슴 잡아서 다른 놈 입에 털어주는 짓은 안 하겠다고 결심하죠.

이런 부정적 경험이 쌓이면 한 사회에서 협력은 결코 일어나지 않습니다. 아무도 협력하지 않고 각자 토끼만 잡으면서 공동의 최선에서 멀어집니다. '죄수의 딜레마' 시나리오가 지배적인 사회보다는 모두가 협력해서 더 큰 이익을 만들고 그것을 각자 공정하게 배분받는 사회가 훨씬 더 좋은 사회인데, 훨씬 더 좋은 사회가 무엇인지 알고 있으면서도 서로가 서로를 그야말로 지옥 구덩이로 밀어넣는 '죄수의 딜레마' 시나리오가 반복되는 이유와 '죄수의 딜레마'라는 개미지옥에서 벗어날 수 있는 방법을 사회학은 진지하게 고민합니다.

여러분에게 재미있는 사고 실험을 설명드리고 싶어요. 로버트 액설로드(Robert Marshall Axelrod) 교수 팀이 주관한 전략 시뮬레이션 게임입니다. 현재 우리는 '죄수의 딜레마'가 지배적인 상황에 놓여 있습니다. 이 상황에서 인간은 어떤 행동 전략을 취해야 가장 현명할까요? 이 질문에 대한 답을 찾기 위해 액설로드 교수 팀은 전 세계의 전략 시뮬레이션 전문가에게 각자 전략 시뮬레이션을 디자인하고 '컴퓨터 죄수의 딜레마 토너먼트 대회(Computer Prisoner's Dilemma Tournament)'라는 이름의 전략 시뮬레이션 경쟁에 참여해달라고 요청했습니다.

매 경기에서 얻은 총점을 합산해 가장 많은 점수를 획득한 전략 시뮬레이션을 우승자로 선정하기 위해 '죄수의 딜레마' 시나리오와 '사슴 사냥의 딜레마' 시나리오를 섞어 점수 배분을 했습니다. A와 B는 협력하거나 배반하거나 두 가지 중 하나를 선택합니다. 상호 협력에 성공하면 협력한 각 팀에는 각각 3점씩 배분됩니다. 배반의 유혹에 빠져 상대 팀을 배반하면 5점을 얻을 수 있고, 배반당하면 0점을 얻습니다. 상호 배반하면 각 1점씩 돌아갑니다.

토너먼트 대회는 두 번에 걸쳐 진행되었습니다. 1차 대회 참가 팀의 열네 개 프로그램과 무작위 규칙 프로그램 하나를 참가자가 돌아가면서 한 차례씩 대전을 벌이는 라운드 로빈(Round Robin) 방식으로 진행한 결과 '눈에는 눈 이에는 이'라는 뜻의 '팃포탯(Tit for Tat)' 팀이 1차 대회에서 우승을 했습니다. 우승 팀의 전략이 너무 단순해서 혹시 참가 팀이 너무 적어 생긴 편향이 아닐지를 우려해 액설로드 교수 팀은 2차 대회를 열었는데요, 2차 대회는 1차 대회보다 훨씬 더 큰 규모였습니다. 6개 국가에서 62개 팀이 참가했습니다.

	A의 협력	A의 배반
B의 협력	3, 3	0, 5
B의 배반	5, 0	1, 1

대회에 참가한 팀의 면모를 살펴볼까요? 액설로드 교수 팀에 따르면, "참가자들 대부분은 컴퓨터를 취미로 하는 사람들이었지만, 첫 번째 경기 때 참가했던 분야 외에 진화생물학, 물리학, 컴퓨터 과학 분야의 교수들"도 있었고요, "1차 대회 때와 마찬가지로 상당히 복잡한 프로그램도 제출"되었고, 1차 대회의 우승 전략인 '팃포탯'을 향상시킨 프로그램도 있었는데 1차 대회 우승자인 토론토대학교의 아나톨 라포포트(Anatol Rapoport) 교수는 1차 대회 우승자인 '팃포탯'을 그대로 출전시켰습니다.*

총 200경기를 진행하고 가장 많은 점수를 얻은 팀을 우승자로 정하기로 했습니다. 2차 대회에서도 역시 협력을 베이스로 하는 '팃포탯'이 우승했습니다. 의외의 결과지요. 왜냐하면 협력하지 않고 배신하면 5점이라는 고득점을 얻을 수 있는 경기 운영 방식이니까요. 물론 상호 배신하면 1점이라는, 협력해서 얻을 수 있는 점수보다 낮은 점수를 받습니다. 단기간에 가장 높은 고득점을 올리는 가

• 로버트 액설로드, 『협력의 진화』, 이경식 옮김, 시스테마, 2009, 12쪽.

장 좋은 방법은 그야말로 전광석화 같은 속도로 배신을 때려버리는 거죠. 다른 팀들을 계속 배신해가면서 5점씩 얻는 겁니다. 그리고 200경기를 치른 결과, 1차 대회처럼 '팃포탯'이 가장 높은 점수를 얻어 우승했습니다. 우승을 차지한 '팃포탯' 팀 이외에도 2차 대회에서 상위권을 차지한 팀의 전략은 공통점이 있었는데요, 이들은 모두 협력을 기본 베이스로 삼고 있었습니다.

협력했던 팀들은 처음에는 하위권을 맴돌았습니다. 배신을 당했으니까요. 그러나 게임이 진행될수록 협력을 지향하는 팀은 상대편의 협력을 꾸준히 이끌어내 자신도 3점, 자신과 협력한 팀에도 3점을 안겨주며 초반 부진을 만회하고, 결국은 우승합니다. 액설로드 교수 팀은 '팃포탯'의 전략이 갖고 있는 의미를 분석하기 시작합니다. 왜냐하면 '팃포탯'의 전략에는 흙탕물을 일으키는 미꾸라지 한 마리, 즉 협력하지 않고 배신을 일삼은 행위자를 어떻게 대해야 현명한지에 관한 실마리가 숨어 있으니까요.

'팃포탯'의 전략은 단순합니다. 기본은 협력입니다. 그리고 그 협력에 전제가 붙지요. 협력하면 협력하고, 배신하면 응징한다는 것이죠. '팃포탯' 팀은 마냥 착하기만 한 팀이 아니네요. '팃포탯'은 협력이라는 선의를 지향하지만, 마냥 물러 터져서 미꾸라지 한 마리에 의해 당하는 것을 참지 않습니다. 미꾸라지라는 배신자는 끝까지 응징한다는 원칙을 가지고 있습니다

아, 그렇다고 '팃포탯'을 쌈닭으로 생각하지는 마세요. '팃포탯'은 협력을 지향하는 평화주의자이니까요. '팃포탯'은 영악하지 않습니다. '팃포탯'의 장점은 전략의 단순성에 있습니다. 협력이 전략의 핵심입니다. 그리고 이 단순한 전략을 공개합니다. 도박에서 승리할 수 있는 핵심 전술이라고 말하는, 속내를 드러내지 않는 '포커페이스(Pokerface)' 유지와는 전혀 다른 방향을 지향합니다.

도박에서는 이기기 위해 자신의 손에 쥐고 있는 패를 상대방에게 보여주면 안 되죠. 그래서 겉 표정으로는 속내를 알 수 없는, 겉과 속이 완벽하게 따로 노는 게이머의 얼굴을 '포커페이스'라고 합니다. 보통 사람들은 죄수의 딜레마 상황에서 포커페이스 유지가 최선의 처세술이라 생각합니다. 협상을 잘하려면 포커페이스를 유지해야 하죠. 물건 흥정할 때도 포커페이스 유지는 필수입니다. 그런데 '팃포탯' 팀은 포커페이스를 사용하지 않습니다. 그 팀은 협력이라는 기본 방향을 알리고, 그 공언을 실제로 지킵니다. '팃포탯'은 거짓된 말로 타인을 현혹시키고 교란시키는 '영악'한 잔머리를 구사하지 않고, 목적을 위해서라면 어떤 수단이든 동원할 수 있는 '권모술수'를 부리지도 않습니다. 이들은 신의를 지키는 신사입니다.

이 팀은 배신도 당합니다. '팃포탯'의 협력 제안이 거짓이라고 생각한 팀은 협력 제안을 진심이 아닌 권모술수라고 오판한 것이지요. 인생에서 배신의 쓰라린 맛을 많이 본 사람이 상대방을 믿지 못하는 것처럼요. 죄수의 딜레마 상황이 익숙한 사람은 '내가 협력이라는 달콤한 말에 한두 번 속아봤냐? 차라리 내가 먼저 배신하고 5점을 얻을 거야'라고 생각하며 협력 제안을 거부하고 배신을 선택할 수도 있습니다.

'팃포탯'은 이런 사정을 알고 있기에 관용을 베풀기도 합니다. 협력하자는 제안을 지키지 않고 익숙한 '죄수의 딜레마'의 관행 때문에 배신한 팀에 다시 한 번의 협력 기회를 주지요. 하지만 관용을 베풀었음에도 계속 배신의 시나리오를 고집한다면 '눈에는 눈, 이에는 이' 전략답게 배신한 팀에는 배신으로 응수합니다. 왜냐하면 배신한 팀에 배신이라는 응수를 두지 않으면 착해서 당하기만 하는 사람이 되니까요. 한 번의 배신이라는 행동이 무시무시한 사회적 결과를 가져다줄 수 있음을 알고 있기에 '팃포탯'은 연쇄적으로 벌어지는 배신의 후폭풍을 예방하려 합니다. 한 사람의 배신은 또 다른 배신을 부릅니다. 배신을 방치하면 한 차례의 배신이 나비 효과를 발휘해 걷잡을 수 없이 전체 판을 배신 판으로 타락시킵니다. 흙탕물을 일으킨 미꾸라지 한 마리를 적절하게 응징하지 못하면 모든 미꾸라지가 나서서 흙탕물을 일으킬 수 있습니다.

"끼리끼리 논다"라는 우리 속담 아시지요? '팃포탯'은 "끼리끼리 논다"라는 속담으로 표현된 상황, 전문 용어로 '유유상종(positive assortment)'이라는 상황을 전략적으로 잘 사용합니다. 협력을 공언하고 그 약속을 지킴으로써 자기 주변에 협력자들을 두어 협력자끼리의 '유유상종'을 유도하고, 배신을 일삼는 행위자는 그들끼리 상호 배신을 일삼는 '유유상종'을 불러일으켜 자신이 지향하는 협력적 태도의 효과를 증폭시키는 영리한 전략을 세운 것이지요. '팃포탯'은 "유유상종 연합은 협력을 빠르게 진화"*시킬 수 있음을 잘 알고 있는 것입니다. 협력 지향적인 사람은 한편으로 협력하지 않는 사람을 응징함으로써 압력을 가하면서도 동시에 협력자를 넉넉히 확보해야 하는 것이 최선임을 '팃포탯' 전략은 잘 보여줍니다. "신사적인 전략이 모여 있는 집단은 비신사적 전략이 침범하기 가장 어려운 형태의 집단"**이니까요.

먼저 배신하면 높은 점수를 얻을 수 있습니다. 상대방이 아무리 비신사적인 배신의 전략을 취하고 있다 하더라도, 비신사적인 방법을 통해 "마른하늘에 벼락 맞을 놈"이 잘 먹고 잘사는 일이 벌어지면 우리는 질투에 휩싸일 수도 있습니다. 그리고 저런 놈이 잘 먹고 잘사는 꼴은 봐줄 수 없다면서, 악마에게 이기려면 악마의 수법을 써야 한다며 비신사적인 행위자의 배신을 미러링하여 그대로 써먹고 싶은 충동도 느끼지요. 만약 이렇게 되면 어떻게 될까요?

---

* 피터 터친, 『초협력사회』 이경남 옮김, 생각의힘, 2018, 165쪽.
** 로버트 액설로드, 『협력의 진화』 141쪽.

모두가 비신사적이 되는 흑화(黑化)의 과정을 피할 수 없을 것입니다. '팃포탯'은 질투의 유혹을 이겨내고 자신의 신사다움을 유지하면서도 살아내려 합니다. 액설로드 교수 팀의 해석이 아주 새롭고 놀라운데요. 한번 보실까요?

사람들은 당장 눈에 보이는 비교 기준에 의존하는 경향이 있다. 이 기준은 보통 상대방이 거둔 성공이다. 이런 비교는 질투로 이어지게 마련이다. 그리고 질투는 상대방이 거둔 성과를 어떻게든 깎아내리려는 시도로 이어진다. 결국 배반을 하는 수밖에 없다. 하지만 배반은 더 많은 배반을 부르고, 서로 처벌을 받는 결과를 부를 뿐이다. 질투는 스스로 파괴한다.*

'팃포탯'이 성인군자여서 흙탕물을 일으키는 미꾸라지 한 마리의 초기 성과를 부러워하지 않은 것일까요? 아닙니다. '팃포탯'은 인생은 단기전이 아니라 장기전임을 믿었습니다. 단타로 배신 때리는 것이 현명해 보일 수도 있지요. '팃포탯' 팀은 매 경기에서 상대방보다 좋은 점수를 얻지 못했습니다. 협력이 기본이기에 최고점인 배신의 점수 5점을 얻을 수 없었으니까요. '팃포탯'의 최고 점수는 상대방으로부터 협력을 이끌어냈을 때의 3점입니다. "팃포탯이

• 로버트 액설로드, 『협력의 진화』, 137쪽.

우승을 한 것은 상대방을 무찔러서가 아니라 함께 좋은 점수를 얻을 수 있는 행동을 상대방으로부터 이끌어냈기 때문"* 입니다. '팃포탯'은 주변에 협력자를 최대한 확보하고 장기전으로 협력자들과 '유유상종'하고, 그렇게 해서 장기전에서 가장 많은 점수를 획득한 것이죠. '팃포탯'은 협력해봐야 이용만 당할 것이라고 팔짱 끼고 있는 냉소주의자와 단기간의 이익에 혹해 배신을 일삼는 무뢰한을 모두 물리치면서도 사회적 삶을 유지할 수 있는 희망을 제공한 것이지요.**

'팃포탯'은 우리에게 많은 시사점을 던져줍니다. 단기적 이득만 염두에 두면 약게 사는 게 제일 좋지요. 그런데 인생은 누구에게나 장기전입니다. 약은 꾀를 내며 술수 부리는 사람은 금방 주변에 소문이 나지요. 믿지 못할 사람, 가까이해서는 안 될 사람이라는 평판이 떠돌기 시작합니다. 그러면 그 사람은 사회자본을 잃어버립니다. 그런 사람과는 어느 누구도 사회적 관계를 유지하려고 하지 않으니까요.

액설로드 교수 팀이 제시했던 '팃포탯' 팀의 기본 원칙은 한 개인이

• 로버트 액설로드, 『협력의 진화』, 138쪽.
•• 대니얼 리그니, 『은유로서의 사회이론』, 박형신 옮김, 한울아카데미, 2018, 243쪽.

삶을 살면서 지향하는 지침이 될 수도 있고, 미꾸라지 한 마리를 처리하는 법에도 시사점이 크다고 봅니다. 매번 흙탕물을 일으키는 이 미꾸라지 한 마리를 대체 어떻게 처리해야 할까요? 우리가 같은 웅덩이 안에 살고 있는 미꾸라지라고 간주해보지요. 나는 흙탕물을 일으킬 생각이 없습니다. 맑은 물을 지킴으로써 다른 미꾸라지에게 피해 주고 싶지 않습니다. 그런데 미꾸라지 한 마리가 흙탕물을 일으켜요. 그 흙탕물은 어디로 갑니까? 결국 우리 모두가 몸담고 있는 웅덩이라는 사회를 오염시키고, 심지어 착하게 살려 했던 미꾸라지의 덕성까지 병들게 하지요.

우리는 웅덩이를 지키기 위해 흙탕물 일으키는 미꾸라지를 응징해야 합니다. 미꾸라지를 집어서 웅덩이 바깥으로 내던져야 하지요. 폭력적인 행동이 아닙니다. 우리가 공격적이기 때문도 아니고, 보복심이 있기 때문도 아닙니다. 미꾸라지를 바깥으로 내던져야 웅덩이의 맑은 물이 유지될 수 있기 때문에 그래야 합니다. 흙탕물을 일으키는 미꾸라지 한 마리는 호모 사피엔스를 진화하게 만든 가장 강력하고 결정적인 힘이었던 '협력'을 무화시키는 존재이기에 결정적으로 위험합니다. 인간은 공격성 같은 동물적 본성을 억제하고 상호 협력적인 의사소통 능력을 키우는 자기 가축화(self-domestication)를 통해 진화해왔습니다. 미꾸라지 한 마리는 이기심으로 혹은 억제하지 못한 동물적 공격심으로 인해 오래된 진화의 결

과를 무력화시킵니다.˙

만약 우리가 흙탕물 일으키는 미꾸라지를 내던지지 않는다면 흙탕물투성이인 웅덩이를 영영 벗어날 수 없습니다. 서로가 서로에게 최악의 시나리오를 강요하는 '죄수의 딜레마' 상황에서 결코 벗어날 수 없는 거죠. 정의는 이렇게 지켜질 수 있습니다. 섣부른 용서, 애매한 화해는 미꾸라지에게 면죄부를 주어 또 다른 미꾸라지를 만듭니다. 정의는 사변적인 철학적 논쟁을 위한 소재가 아니라 공동의 이익을 지키기 위해 공동의 이익 실현을 방해하는 행동을 제거해나가는 유일한 방법입니다. 흙탕물을 일으키는 미꾸라지가 참 많은 것을 생각하게 해주네요.

˙ 브라이언 헤어·버네사 우즈, 『다정한 것이 살아남는다』, 이민아 옮김, 디플롯, 2021, 31쪽.

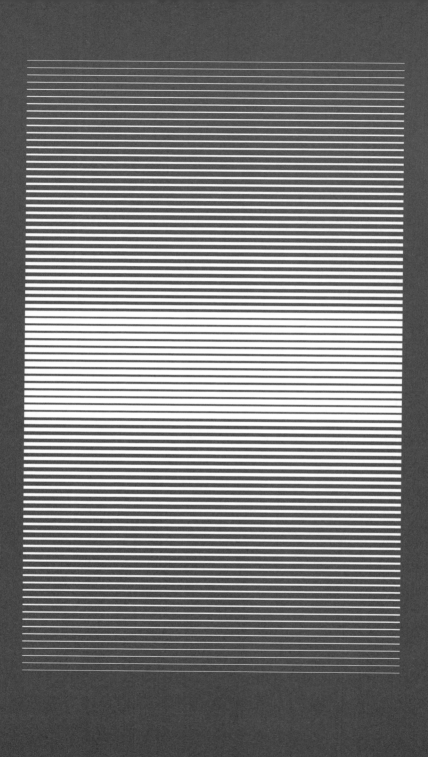

귀신 씻나락 까먹는 소리 한다

12

아뇨, 내가 말하는 그리고 내가 원하는 진실은 냉정하지 않아요.

진실은 열정적이고 때로는 아름답고 때로는 추악하죠.

당신을 행복하게 만들기도 하고 당신을 고통스럽게 만들기도.

그리고 당신을 늘 자유롭게 해줘요.

지금 당장 깨닫지 못하면 시간이 좀 지나면 알게 돼요.•

제가 준비한 도표에서부터 시작해볼까요? 인간의 지식과 앎의 관계를 그림으로 그려봤습니다. 그림을 함께 보면서 이야기를 나누지요. 인간은 무지의 상태로 태어납니다. 그러나 무지의 상태에 머물지는 않지요. 비록 무지의 상태로 태어났지만 인간은 교육을 통해 앎의 세계로 다가갑니다.

인간이 무지의 상태 그대로 머무르면 인간답다고 얘기할 수 없겠죠. 태어날 때는 무지의 상태에서 태어났다 하더라도 인생을 살면서 많은 것을 생각하고 깨치면서 궁극적으로는 무지의 상태에서 가장 멀어진 앎의 세계로 가는 것이 인간이 마땅히 걸어야 할 길입니다. 앎의 세계의 끝이 어디인지 모르지만, 무지의 상태로부터 멀

• 베른하르트 슐링크, 『여름 거짓말』, 김재혁 옮김, 시공사, 2013, 107쪽.

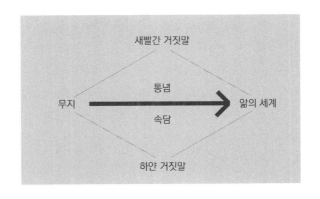

어지면 멀어질수록 좋습니다. 앎의 상태에서 얻은 지식을 우리는 진리라고 부릅니다. 그러니까 무지에서 벗어나 앎의 세계로 가까이 갈수록 우리는 진리에 다가서는 것이지요. 무지에서는 벗어났지만 아직 진리라고 부르기에는 살짝 부족한 앎의 상태가 있습니다. 사회학은 이 과도기를 통념이라 부릅니다. 속담도 통념의 한 종류일 거예요. 때로 우리는 앎의 세계로 건너가지 못하고, 통념의 상태를 벗어나지 못할 수도 있습니다. 어떤 경우에 인간은 통념에 머물고, 어떤 경우에는 통념에 머무르지 않고 무지에서 가장 멀리 있는 앎의 세계로 갈 수 있는지, 그 차이는 어디에서 기인할까요? 통념의 상태에 있는 사람은 무지의 한계로부터 벗어난 듯 보이지만 곧 새로운 훼방꾼을 만나게 되는데요, 살면서 마주치는 무수히 많은 종류의 "귀신 씻나락 까먹는 소리"가 그 훼방꾼이죠. 턱없는 소리, 진실이 아닌 소리를 "귀신 씻나락 까먹는 소리"라고 정의한다면 그 대표적인 형태는 거짓말이겠지요. 거짓말에도 종류가 있습니다.

거짓말은 '새빨간 거짓말'과 '하얀 거짓말'로 구별됩니다. 새빨간 거짓말은 자기가 원하는 목적을 위해 상대방을 이용할 속셈으로 지껄이는 거짓말입니다. 대표적인 새빨간 거짓말은 어느 해인가 대통령 선거에서 한 후보가 틈만 나면 떠들었던 "저를 뽑아주시면 여러분 모두를 부자로 만들어드리겠습니다"입니다. 말 자체는 참 좋지요. 부자로 만들어준다고 약속하니까요. "당신을 거지로 만들어드리겠습니다"는 저주이지만 "부자로 만들어드리겠습니다"는 축복처럼 들려요. 그런데 왜 이게 새빨간 거짓말이자 귀신 씻나락 까먹는 소리냐면, 아쉽게도 지구상에는 모두가 부자인 사회 시스템이 아직 없습니다. 모든 사람이 부자가 될 수 있으면 그것처럼 좋은 사회가 없겠습니다만, 모든 사람이 부자가 되는 시스템은 안타깝게도 현재 어느 나라에서도 존재하지 않습니다.

사실상 불가능한 약속을 마치 실현 가능한 것처럼 천연덕스럽게 늘어놓고 있으니 "저를 뽑아주시면 여러분 모두를 부자로 만들어드리겠습니다"는 새빨간 거짓말이고 귀신 씻나락 까먹는 소리입니다. 아마 본인도 이런 약속을 지킬 생각이 없었을지 모릅니다. 그 사람의 눈에 타인은 오로지 자신의 목적 달성을 위해 필요한 수단 그 이상 그 이하도 아닐 테니까요. 이런 형태의 새빨간 거짓말은 주변에 넘쳐납니다. 만약 우리가 이런 새빨간 거짓말을 듣고 그것이 거짓말임을 알아채면 속지 않겠지요. 그런데 그것이 거짓인 줄 모르고 말을 그대로 믿어서 그 사람이 유능하다고 판단하면 새빨간 거짓말에 속아 넘어간 것입니다.

우리가 무지의 상태에서 벗어나 통념, 속담의 상태를 거쳐 앎의 세계로까지 건너가기 위해서는 새빨간 거짓말을 물리칠 수 있는 능력이 있어야 합니다. 누가 이런 새빨간 거짓말을 늘어놓고 있으면 "귀신 씻나락 까먹는 소리 하고 있네"라고 하면서 그 말을 하는 사람을 의심할 때 비로소 앎의 세계로 넘어갈 수 있죠.

새빨간 거짓말만 있는 건 아닙니다. '하얀 거짓말'도 있지요. 이건 자기 목적을 위해 상대방을 이용하려고 하는 거짓말이 아니라, 상대방이 잘되라고 안심시키기 위해서 하는 거짓말입니다. 사춘기에 접어든 자녀가 거울을 보면서 "난 왜 이렇게 못생겼지"라며 외모 때문에 고민하는 모습을 보고 부모가 "아니야. 네가 세상에서 제일 예뻐. 네가 세상에서 제일 잘생겼어"라고 위안의 말을 건넵니다. 이 말은 사실이 아니니 거짓말입니다. 비록 거짓말이지만, 이 거짓말은 상대를 안심시키기 위해서, 즉 그 사람을 위해서 하는 겁니다.

새빨간 거짓말과는 분명히 다르죠. 의도와 목적이 다르니까요. 그러나 하얀 거짓말은 비록 그 사람을 위해 하는 거짓말이긴 하지만,

주변이 선의의 거짓말인 하얀 거짓말에 둘러싸여 있으면 현실을 제대로 못 보게 됩니다. 그래서 때로는 불편해도 '불편한 진실'과 마주할 수 있는 용기를 내야 합니다. 하얀 거짓말이 나를 위한 것이었다 하더라도 하얀 거짓말에서 벗어나야 하는 이유도 그 때문이지요.

———

'계몽'에 관한 정의 중에서 가장 많이 인용되는 칸트의 정의에 따르면, 계몽은 타인에 의존하는 미성년 상태에서 벗어나 스스로 지성을 사용하는 것입니다.* 즉 무지의 상태에서 벗어나 앎의 세계에 도달하는 것을 칸트는 계몽이라고 보았던 것이지요. 볼테르(Voltaire, 1694~1778)는 칸트의 계몽 정신을 실천한 사상가입니다. 그는 평생 이성적 사고를 지지했고, 전제 정치와 종교적 광신주의에 맞선 싸움을 마다하지 않았던 실천적인 사상가이기도 합니다. 볼테르의 『관용론』이 가장 잘 알려져 있지만 볼테르는 풍자에 매우 재능 있는 작가이기도 했어요. 볼테르의 『캉디드』는 캉디드라는 한

———

• 이마누엘 칸트, 「계몽이란 무엇인가에 대한 답변」, 『계몽이란 무엇인가』, 임홍배 옮김, 길, 2020.

인물의 인생 여정을 담은, 유머러스하면서도 동시에 날카로운 통찰이 엿보이는 책입니다.

캉디드는 진공관 같은 상태에서 자란 인물입니다. 캉디드라는 이름의 뜻 자체가 순진하다 혹은 순박하다이지요. 캉디드는 베스트팔렌에 있는 툰더 텐 트롱크 남작의 성에서 외부와 차단된 채 세상을 무조건 긍정적이고 낙관적으로 보도록 교육을 받으면서 자랐습니다. 팡글로스 교수가 캉디드의 교육을 맡았는데요, 팡글로스 교수는 캉디드에게 우리가 살고 있는 세계는 "가능한 세계 중 최선(The Best of All Possible Worlds)"의 세계라고 가르치며 자신의 신념인 낙관주의를 캉디드에게 주입합니다. 툰더 텐 트롱크 남작의 성에서는 팡글로스 교수의 가르침이 진실인 것처럼 보입니다.

남작의 딸과 캉디드가 어느 날 사랑에 빠지자 남작은 길러준 은덕도 몰라본다며 캉디드를 남작의 성에서 내쫓습니다. 캉디드는 태어나서 처음으로 툰더 텐 트롱크 남작의 성이라는 실험실적인 현실이 아니라 실제 현실로 구성된 사회와 부딪힙니다. 캉디드는 전 세계 곳곳을 다니면서 온갖 뜨거운 맛을 다 봅니다.

캉디드는 "귀신 씻나락 까먹는 소리"를 사실이라고 믿습니다. 낙관주의 교육을 받고 자란 캉디드는 세속의 세계에서 "귀신 씻나락 까먹는 소리"의 다양함을 직접 경험하고, 그 경험을 통해 무조건적인 낙관주의의 틀에서 벗어나 세상을 비판적으로 바라볼 수 있는 인물로 성장하지요. 『캉디드』는 로드 무비이자 일종의 성장 소설입니다.

착한 사람은 좋은 사람입니다. 저도 착한 사람이 되고 싶습니다. 그리고 착한 사람을 좋아합니다. 그런데 가끔 이런 생각을 해봅니다. 모든 사람이 착하다면 마냥 착해도 세상을 사는 데 큰 지장이 없지요. 그런데 불행히 세상에는 착하지 않은 사람도 굉장히 많습니다. 사기꾼도 많고요. 나쁜 사람도 많습니다. 사기꾼이 제일 좋아하는 사람은 누굴까요? 착한 사람입니다. 사기꾼이 제일 좋아하는 사람은 누굴까요? 남의 말을 그대로 다 믿는 사람입니다.

볼테르가 캉디드를 통해 이야기하려 했던 것은 아마 착한 사람이 인생의 목적이 되어서는 안 되고 한 발 더 나아가 현명한 사람이 되어야 한다는 것이 아닐까요? 현명한 사람이 되어야만 "귀신 씻나락 까먹는 소리"에 속지 않고, "귀신 씻나락 까먹는 소리"에 속지 않아야 우리는 인생에서 누군가에 의한 희생자가 되지 않고 '좋은 삶'을 살아낼 수 있기 때문이죠.

인간에게는 착하게 사는 것도 중요하지만 현명하게 사는 게 더욱 중요합니다. 세상이 점점 험악해지고 있다고들 하지요. 험악한 세상일수록 착한 사람보다는 현명한 사람이 우리의 롤 모델이 되어야 합니다. 무엇이 인간을 현명한 사람으로 만들어줄까요? 저는 사유의 능력이라 생각합니다. 누가 "귀신 씻나락 까먹는 소리"를 하고 있는데 생각할 수 있는 능력이 없는 사람은 그 말을 곧이곧대로 받아들입니다. 그리고 그 소리를 늘어놓은 사람에게 이용당할 수 있지요. 나쁜 사람에게 당하지 않는 사람이 되려면 이 사람이 내게 늘어놓는 말이 나를 이용하려는 음흉한 간계를 숨기고 있는 "귀신 씻나락 까먹는 소리"인지를 알아챌 수 있는 능력, 즉 사유의 힘이 절실히 요구됩니다.

포르투갈의 소설가 주제 사라마구의 작품 가운데 가장 잘 알려진 것 중 하나가 『눈먼 자들의 도시』라는 소설입니다. 전 세계적인 베스트셀러였고 영화로 제작될 정도로 인기를 끌었지요. 제가 좋아하는 소설 중 하나인데요. 주제 사라마구의 『눈먼 자들의 도시』는 '맹목(盲目)'을 주제로 다룹니다. 어느 날 어느 도시에서 한 남자가 운전 도중에 앞을 보지 못하게 됩니다. 이 사람은 다른 사람에게 도움을 요청했습니다. 앞이 보이지 않아 집으로 갈 수 없기 때문이지요. 어떤 사람이 갑자기 눈이 먼 이 사람을 돕습니다. 집으로 데려다주지요. 그리고 눈먼 사람의 자동차를 훔칩니다. 그래요, 세상은 이렇습니다. 선한 사람만 살고 있지 않아요.

소설 속 그 도시에서는 마치 전염병처럼 한 사람 한 사람 돌연 앞을 보지 못하게 됩니다. 도시 전체가 제대로 보지 못하는 사람으로 넘쳐나게 되지요. 줄거리를 너무 자세히 설명드릴 수는 없으니까 기본 골격은 이 정도만 알려드릴게요.

주제 사라마구는 『눈먼 자들의 도시』에서 '실명'이라는 은유를 쓴 이유를 "실명은 인간의 이성이 맹목적임을 표현하기 위해"*서라고 설명했습니다. 그리고 이어 이렇게 말합니다. "이 행성에서 수백만 명의 사람들이 굶어 죽어가는데도, 아무런 갈등 없이 저 행성의 바위 형성 과정을 조사하려고 화성으로 우주선을 보냅니다. 우리는 눈이 멀었거나 미친 거지요." 소설 속에서 사람들을 덮치는 유행병을 '백색 질병'이라고 부르는데요, 은유로 사용되는 '실명'은 눈의 기능상의 장애를 의미하는 게 아니라 눈을 뜨고도 현실을 제대로 보지 못하는 어불성설의 상황을 의미합니다.

우리는 맹목의 상태에서 벗어나 사유의 능력을 획득해야만 합니다. 사유의 능력을 얻기 위해서는 용기를 내야 합니다. 나도 다른 사람에게 하얀 거짓말을 하고, 내 주변 사람도 내게 하얀 거짓말만 해주면 편안하게 살 수 있을지 모릅니다. 우리가 하얀 거짓말 체계 속에 안주하고 있다면 세상을 있는 그대로 직시하고 있다고 자신할 수 있을까요? 때로는 하얀 거짓말이 위안을 주기에 하얀 거짓말

─────────

• 주제 사라마구 인터뷰, 『작가란 무엇인가』, 863쪽.

의 테두리를 벗어나기가 싫을 수도 있습니다. 위안은 늘 달콤하니까요. 사유가 용기를 요구하는 건 바로 이런 이유 때문이죠. 용기를 내서 세상을 제대로 보기 시작하면 세상은 우리가 좋아하는 것, 우리가 원하는 것만으로 구성되어 있지 않음이 드러납니다. 정말 눈 뜨고 볼 수 없는 참혹함이 존재하는 것도 우리가 살고 있는 세상이니까요.

무지의 상태에서 앎의 상태로 옮겨가는 동안 우리는 정말 많은 훼방꾼을 만납니다. 사회 곳곳에는 친절해 보이지만 우리를 '맹목'의 상태에서 벗어나지 못하도록 만드는 지적 기만자, 좀 더 강하게 표현하자면 협잡꾼과 사기꾼이 적지 않습니다. '맹목'의 상태에서 벗어나 사회를 있는 그대로 보았고, 있는 그대로의 사회에서 문제점을 발견했고, 우리 모두의 최선을 위해 그 문제점을 해결하려는 사람에게 어떤 협잡꾼은 이렇게 말하죠. "변화해봐야 아무 소용 없어. 그놈이 그놈이야." "세상은 원래 그런 거야." 전 영국 총리 마거릿 대처가 변화를 원하는 사람에게 경멸하듯 내던졌다는 그 유명한 말 'TINA(There Is No Alternative)'의 변형태로 우리에게 협잡을 늘어놓는 사람은 곳곳에 있습니다.

친절하게 다가와 대신 사유해주겠다고, 즐겁게 지식을 얻을 수 있게 해주겠다고, 어려운 책을 단박에 정리해주겠다고 속삭이는 기만자들은 또 오죽 많은가요. 지적 기만자들은 읽기 어렵거나 읽는

데 시간이 필요한 책을 마치 읽었다고 착각하는 직관의 오발을 저지릅니다. 지적 기만자가 인기를 끌면, 예외적인 한 사례에 불과했던 지적 기만자는 비즈니스로 성장하며 양적으로 확장되지요. 유튜브에 흘러넘치는 이른바 자칭 북튜버와 온갖 형태의 지식 소매상들이 지적 기만 시장을 레드 오션으로 만들 만큼 늘어났습니다. 지적 기만자는 탁월한 능력의 소유자인데, 사유의 능력이 아니라 기만하는 능력이 이들의 능력입니다. 사람들이 지적 기만자를 통해 자신의 지적 역량이 높아졌다고, 모르는 것을 알게 되었다고 착각하도록 믿게 만드는 뛰어난 능력의 소유자입니다. 이들은 빼어난 언변으로 무장한 연기력(performance)의 달인입니다. 지적 기만자는 공동선을 추구하는 지성의 본래 목적에서 이탈해, 인류가 축적한 지성의 성과를 자신의 수익 원천으로 전환시키는 데 탁월한 수완을 발휘합니다.

에듀테이너가 넘쳐흐르는 세상입니다. 텔레비전의 강연 프로그램은 사유의 능력보다는 연기력 있는 강사를 좋아합니다. 텔레비전과 유튜브를 통해 인기를 끄는 에듀테이너는 해당 분야의 전문가가 아니라 변화된 미디어 환경이 요구하는 임기응변에 강한 퍼포머에 불과합니다. 텔레비전과 유튜브에 인문적 지식을 쉽고 재미있게 전달한다는 콘텐츠가 아무리 늘어도 지적 기만자가 장악하고 있는 한, 유통되는 것은 사유가 아니라 얼치기 교양일 뿐입니다.

그러다 보니 "교양의 정신적인 내용과 관련한 표현들이 이제는 피상적으로 습득되고, 그저 사회가 요구하는 것만을 보여주는 표면적이고 물화된 정보 조각들로 바뀌고 있다"*는 한탄이 나올 수밖에 없지요.

우리는 TINA를 내세우는 시니컬한 방해꾼의 훼방도 넘어서고, 얼치기 교양을 내세워 결국 자기 밥벌이를 하는 데 급급한 지식 소매상 에듀테이너 퍼포머의 기만술에 안주하지 않고 "귀신 씻나락 까먹는 소리"를 넘어서 앎의 세계 저편에 도달해야 합니다. 사유의 능력으로 민간인 살해라는 실상을 '부수적 피해'**라는 말바꾸기로 감추어버리는 "귀신 씻나락 까먹는 소리"의 허구를 간파할 수 있어야 합니다. '부수적 피해'는 의도하지 않았거나 계획되지 않은 전쟁에서의 피해를 지칭하는 개념으로 사용되는데, 그 실상의 내용은 무고한 민간인 희생자입니다. 교묘한 술수죠. 단어를 바꿔치기해서 사람들로 하여금 전쟁으로 빚어진 민간인 사망이라는 참혹함을 느끼지 못하게 하려는 의도로 만들어진 "귀신 씻나락 까먹는 소리"입니다.

이주민이 일자리를 빼앗는다는 "귀신 씻나락 까먹는 소리"에는 이

• 콘라트 파울 리스만, 『몰교양 이론』, 라영균 외 옮김, 한울아카데미, 2018, 33쪽.
•• 지그문트 바우만, 『부수적 피해』, 정일준 옮김, 민음사, 2013, 12쪽.

민자가 현지에 미치는 영향은 어떤 이민자가 들어오는지에 의해 결정된다는 앎의 세계에서 들려오는 목소리로 대체되어야 합니다. 자기 돈벌이를 위해 교양을 이용하는 에듀테이너가 아니라 우리 모두의 선과 이익을 위해 말하는 목소리를 들어봅시다.

오늘날 가난한 나라에서 부유한 나라로 이주하려는 사람은 상당한 이주 비용을 감당할 여력이 있어야 하고, 이민 규제의 장벽을 통과하는 데 필요한 용기와 배짱 혹은 고학력 학위 등도 있어야 한다. 이민자 중에서 기술, 야망, 끈기, 신체 능력 등이 예외적으로 뛰어난 사람들을 많이 볼 수 있는 이유가 아마 이와 무관하지 않을 것이다.●

그리고 "귀신 씻나락 까먹는 소리"에 대해 자동차왕 헨리 포드는 아일랜드 이민자의 아들이었고, 애플 스티브 잡스의 아버지는 시리아 사람이라는 명백한 팩트로 대응해야겠지요.

우리가 앎의 세계로 진입하기 위해 넘어야 할 마지막 허들이 두 개 더 있습니다. 저는 그중 첫 번째 허들이 집단 사고의 함정이라고 생각합니다. 사람들은 자기편을 찾습니다. 자기편에서 편함을 느

● 아비지트 배너지·에스테르 뒤플로, 『힘든 시대를 위한 좋은 경제학』, 김승진 옮김, 생각의 힘, 2020, 59쪽.

끼기 때문입니다. 나와 같은 편을 구성하고 있는 사람들은 생각이 비슷합니다. 같은 편에 있는 사람들끼리만 의사소통을 하면서 눈을 뜨고도 나와 다른 편에 있는 사람, 내가 편을 먹고 있는 영역 이외에 있는 세상을 제대로 보지 않는다면 우리는 집단 사고의 함정에 빠지게 됩니다.

사람은 자기와 같은 생각을 하고 있는 사람들을 만나 서로 의사소통을 하면 재미있어합니다. 공동의 적이 있어서 공동의 적을 막 씹으면서 욕을 하면 세상에 그것처럼 재미있는 일이 없지요. 그런데 같은 생각을 하고 있는 사람들끼리만 의견을 주고받다 보면 생각이 점점 극단으로 흐를 가능성이 높아집니다.

예를 들면 이런 겁니다. 부장끼리 모여서 신입 사원에 대해 이야기합니다. 부장들은 평소 요즘 신입 사원은 내가 신입 사원이었을 때와는 많이 다르다고 혼자 마음속으로 생각하고 있었습니다. 마침 부장끼리 모일 기회가 생겼습니다. 누군가가 "요즘 신입 사원은 좀 이상한 것 같아"라고 얘기했더니 또 다른 부장이 "어? 나만 그런가 보다 생각했는데, 아니네. 맞아요! 요즘 신입 사원 진짜 이상해요!"라고 동의합니다. 또 다른 부장이 "맞아! 맞아! 요즘 신입 사원은 왜 하나같이 그런지 모르겠어"라고 말하면 어느새 사람들은 확증 편향(confirmation bias)의 함정에 빠집니다. 확증 편향에 빠진 사람은 어떤 가설에 대해 그에 부합하는 증거만 보려 하고 부합하지 않는 증거가 있는지 없는지는 확인하려 하지 않습니다. 자신에게는 편향이 절대 없다고 철석같이 믿고 있기에 자신의 생각과 믿음과 다를 수도 있는 경우를 생각해보는(think the negative) 개방성을 사유에서 밀어냅니다. 확증 편향의 함정에 빠지면 부장들 머릿속에서 요즘 신입 사원은 이해 불가능한 이상한 존재로 자리 잡지요.

반대의 경우도 마찬가지입니다. 대학 동창이 오랜만에 모였습니다. 각각의 회사에서 신입 사원이죠. 안부를 묻고 그동안 궁금한 이야기를 나누다 회사 상사 이야기가 나왔습니다. 한 명이 얘기를 꺼냈습니다. "우리 회사에 김 부장이 있는데 이해할 수가 없어." 그랬더니 또 다른 친구가 "어? 우리 회사 박 부장이 너희 회사 김 부장하고 똑같은데?"라고 이야기하면 모두 고개를 끄덕이고 있죠. 부장에 관한 이야기가 꼬리에 꼬리를 물고 진행되면 모든 회사의 부장은 세상에 있어서는 안 될, 정말 희한한 괴물과 같은 존재가 됩니다. 이게 바로 집단 사고의 함정이지요.

두 번째로 넘어야 하는 허들이 있습니다. 불만 그 자체가 나쁜 것은 아닙니다. 불만은 비판적 사유가 만들어질 수 있는 굉장히 중요한 에너지원입니다. 그런데 문제는 그 불만을 표현하는 방법입니다. 누구를 만났습니다. 누가 투덜댑니다. 투덜대는 사람의 이야기를 들어주는 데에는 한계가 있어요. 처음에는 투덜대는 소리에 맞장구를 쳐주다가도 계속 투덜대기만 하면 어느새 우리는 귀를 닫

아버리고 맙니다. 투덜대기는 다른 사람을 설득시킬 수 있는 좋은 방법이 아닙니다. 우리는 사회가 변화하기를 원합니다. 사회가 좀 더 나아지길 원합니다. 사회가 좀 더 나아지려면 다른 사람을 설득해야 합니다. 사회는 강제적인 방법으로는 나아지지 않습니다. 설득입니다. 우리가 좋은 세상을 원하고 비판적 사회를 원한다면 우리한테 필요한 건 설득할 수 있는 방법이지요.

아리스토텔레스는 설득력을 높이는 데 필요한 세 가지 요인이 있다고 했습니다. 첫 번째는 '로고스'입니다. 로고스는 논리의 힘이죠. 생활어로 말발이라고 하기도 합니다. 주변에 말발 좋은 사람들이 많습니다. 말을 정말 잘하지요. 어찌나 논리적인지 인과 관계가 분명하고요, 한 치 흐트러짐 없이 꽉 짜여 있습니다. 그런 사람의 이야기를 듣고 있노라면 말솜씨에 반하기도 합니다. 그런데요, 말만 잘한다고 상대를 설득할 수 있을까요? 늘 그렇지는 않다는 점을 우리는 생활의 경험으로 잘 알고 있습니다. "말 잘한다"와 "말만 잘한다"는 한 끗 차이지만요, "말만 잘하는 사람"은 타인을 설득할 수 없습니다.

사람을 설득하기 위해서는 또 다른 요소가 필요한데요. 그 요소를 아리스토텔레스는 '파토스'라고 표현했습니다. 생활어에서 호감이라고 표현하는 것입니다. 제가 어떤 논리적인 주장을 펼칩니다. 제가 펼치는 논리적 주장을 듣는 사람이 있습니다. 제 말을 듣고 있는 모든 사람이 늘 저에게 호감을 품고 있지는 않죠. 어떤 사람은 호감을 가지고 있지만 어떤 사람은 아무런 감정이 없을 수도 있고, 심지어 적대감을 가진 사람도 있을 수 있습니다. 제게 아무런 감정이 없는 사람, 감정이 없을 뿐만 아니라 "너 한번 말해봐라"라는 적대적인 태도로 제 이야기를 듣는 사람의 감정을 변화시켜야 설득에 성공합니다. 적대적인 감정을 갖고 있는 사람을 중립적인 감정 상태로 옮겨놓아야 하고요, 기본적 호감을 가지고 있는 사람은 그 호감을 계속 유지할 수 있게 해야만 제가 하는 로고스적 논리에 설득력이 생길 수도 있습니다. 그래서 말을 듣는 사람으로 하여금 "아, 괜찮은 사람이다. 저 사람은 왠지 호감 가네"라는 평가를 들어야만 설득력이 생기는 것이지요.

설득력을 얻을 수 있는 마지막 요소는 아리스토텔레스가 '에토스'라고 불렀던 것인데, 우리 일상 용어로 이야기하면 사람 됨됨이라고 바꿔볼 수 있습니다. '믿을 만한 사람'이라는 느낌인 거죠. 메시지보다 때로는 그 메시지를 전달하는 사람, 메신저가 누구인지에 따라 메시지가 효과를 발휘하기도 하고 효과를 발휘하지 못한다고 흔히 이야기하지요.

어떤 사람이 논리적이기만 합니다. 파토스도 없고 에토스도 없는 사람입니다. 타인으로부터 믿을 만한 사람이라는 평가를 받지 못한 사람입니다. 그런데 그 사람이 입바른 소리를 합니다. 그 메시지는 전달되지 않습니다. 사람들은 메신저, 즉 그 말을 하는 사람을 감성적으로 받아들이지 못하고 그 말을 하는 사람의 됨됨이를 믿지 못하기 때문이죠.

사유한다는 것은 바로 이런 능력들을 기르는 것과 같습니다. 똑똑하기만 한 사람, 헛똑똑이, 바른 소리만 잘하는 사람은 절대 다른 사람을 설득시킬 수 없고, 바로 그런 사람들은 우리가 닮고 싶은 인간다운 사람의 느낌을 절대 주지 못하죠. 지성적이라는 것은 학력이 높음을 의미하지도, 학교 다닐 때 공부를 잘했음을 의미하지도 않습니다. 모든 것을 이해와 분석의 대상으로 삼고 논평을 늘어놓지만 자신을 되돌아보지 못하고, 그래서 사람들로 하여금 "똥 묻은 개가 겨 묻은 개 나무란다"라는 인상을 준다면 아무리 지적인 활동을 하는 직업에 종사해도 결코 지성적이라고 말할 수 없겠지요.

우리는 현재 살고 있는 사회에서 뭔가 부족함을 느낍니다. 우리가 상상하는 바람직한 사회는 현재의 부족함, 아쉬움, 문제점이 없어진 미래입니다. 그 사회는 미래이기에 아직은 도래하지 않았습니다. 그러니까 우리가 현재에서 벗어난 사회를 생각한다는 것은 다른 말로 말하자면 현재가 아닌 사회를 상상하는 것입니다. 사유의 힘은 현재를 대상으로 하지만 미래를 생각한다면 우리에게는 사유의 힘과 더불어 상상하는 힘, 즉 상상력이 필요합니다. 사회학은 현재를 비판적으로 생각하는 힘과 바람직한 미래를 상상하는 상상력 두 가지를 모두 추구합니다. 사회학이 현재를 비판적으로 돌아보는 데에만 머무른다면 사회학자는 로고스만 있는 시니컬한 사람이 될 겁니다.

남아프리카공화국 출신 오스트레일리아의 소설가 쿳시(John Maxwell Coetzee, 1940~)의 『어느 운 나쁜 해의 일기』에 등장하는 짤막한 이야기를 전달하면서 제 이야기를 마치고 싶습니다. 일흔이 넘은 소설 속 저명한 작가 세뇨르 C는 한 출판사로부터 '강력한 의견들'이라는 제목으로 책을 집필해달라는 청탁을 받고 당대의 정치적 이슈와 관련된 에세이를 쓰기 시작합니다. 세뇨르 C가 거주하는 아파트에 안야라는 여자가 살고 있는데요, 세뇨르 C는 안야를 자신의 원고를 타자기로 옮겨 적는 타이피스트로 고용합니다. 안야는 타이핑을 하며 세뇨르 C의 원고를 누구보다 제일 먼저 읽는데, 세뇨르 C의 언어를 이해하지 못합니다. 세뇨르 C는 전문 용어, 학문적 용어로 뒤범벅된 문장으로 에세이를 쓰고 있거든요. 안야는 도대체 세뇨르 C가 하는 말이 무엇인지 알아들을 수 없었지만 꾹 참고 타이핑을 하다가 어느 날 용기를 냅니다. 그리고 이렇게 말하죠. "내가 심각하게 당신한테 당신의 의견에 대한 내 생각을 얘기해도 될까요? 나의 솔직한 생각 말이에요. 있는 그대로 말이죠."•
세뇨르 C가 허락하자 얀야는 이렇게 말합니다.

좋아요. 잔인하게 들릴지 모르지만 그런 의미는 아니고요. 문제는 말투예요. 말투 말고는 그것을 제일 잘 묘사할 단어가 떠오르지 않네요. 사람들을 정말로 질색하게 만들고, 모든 것을 다 알고 있다는 식의 말투 말이죠. 모든 게 무미건조해요. 나는 모든 답을 알고 있다. 그것이 현실이다. 이의를 달지 마라. 그래봤자 소용없다. 이런 말투가 문제라고요. 나는 당신이 실제로는 그렇지 않다는 걸 알아요. 하지만 당신의 글은 그런 느낌을 줘요. 그것이 당신이 원하는 건 아닐 거에요. 당신이 그런 걸 다 잘라냈으면 좋겠어요. 당신이 세상을 어떻게 생각하는지에 대해 써야 한다면, 더 좋은 방법을 찾아보는 게 좋겠어요.

어떠세요? 꼭 사회학자에게 생활인이 하는 말과 유사하지 않나요? 세뇨르 C는 자신에게 이렇듯 솔직하게 말해주는 얀야를 타이피스트로 고용하길 정말 잘했습니다. 세뇨르 C의 글은 점점 변합니다. 예전에는 아카데미에 갇혀 있는, 그래서 학자들끼리만 이해할 수

• J. M. 쿳시, 『어느 운 나쁜 해의 일기』, 왕은철 옮김, 민음사, 2009, 80~81쪽.

있는 언어로 말하는 사람이었던 세뇨르 C는 사람을 설득시키기 위해, 사람과 의사소통하기 위해 어떤 언어를 사용해야 하는지 깨닫게 됩니다.

세뇨르 C의 에세이는 점점 읽기 편해집니다. 그렇다고 그의 에세이가 두루뭉술하거나 분석적이지 않거나 비판적이지 않다는 뜻은 아닙니다. 세뇨르 C의 에세이는 여전히 비판적이고 좋은 미래를 상상하는 내용을 유지하고 있지만 그 문제적 말투를 고치면서 그의 에세이는 점점 더 설득력이 생깁니다. 소설 속에 등장하는 에세이의 일부를 읽어드릴게요.

전쟁에는 불가피한 것도 없다. 전쟁을 원하면 우리는 전쟁을 택할 수 있다. 똑같은 의미로 평화를 원하면 평화를 택할 수 있다. 경쟁을 원하면 경쟁을 택할 수 있다. 그 대신 동지적인 협력의 길을 택할 수도 있다.*

사람들은 전쟁은 불가피하다고 이야기합니다. 어떤 사람은 인간 본성 때문에 전쟁을 피할 수 없다고 주장하고, 어떤 사람은 자원은 한정되어 있고 한정된 자원을 둘러싼 갈등이 불가피하기에 전쟁 발발을 막을 수 없다고 해석합니다. 세뇨르 C는 아니라고 답합니

---

* J. M. 쿳시, 『어느 운 나쁜 해의 일기』, 94~95쪽.

다. 경쟁도 전쟁도 불가피한 것이 아니라 우리가 경쟁과 전쟁을 선택했기 때문이라는 것이지요. 전쟁은 불가피해서 일어나는 게 아니라, 전쟁을 선택한 정치 지도자를 유권자가 선택했기에 일어납니다. 유권자들이 만약 전쟁을 반대하는 정치 지도자를 선택하면 전쟁은 일어나지 않겠지요. 쿳시는 인간의 미래는 현재의 우리가 어떤 선택을 하는지에 따라 달라질 수 있음을 세뇨르 C의 문장을 통해 전달하고 있는 것입니다.

상상력이 부족한 사람은 현재에서 어떤 문제를 발견해도 인간의 운명이라고 체념합니다. 상상력을 억압하는 사람은 지금 현재의 시스템이 아니라 좀 더 인간다운 시스템을 상상하는 사람에게 그래봐야 소용없다고 조롱합니다. 사회학자 바우만은 무력함은 "할 수 있는 일과 원하는 일이 다르다는 의미"라고 했고, 무지함이란 "일어나길 희망하는 일이 실제로 발생한 일과 다르다는 뜻"*이라고 했습니다. 그래요, 우리는 이런 의미에서 현재는 무지하고 무력할지도 모릅니다. 하지만 상상력은 우리를 무지와 무력의 상태에서 벗어날 수 있도록 도울 것입니다. 사회학은 개인의 무능력과 무지함이 결합해서 빚어지는 체념에 개입하는 공적인 시도입니다. 우리에게 필요한 건 원하는 미래 사회를 생각하는 상상력입니다. 사

---

* 지그문트 바우만, 『부수적 피해』 246쪽.

회학은 여러분이 그런 상상력을 키우는 데 도움을 줄 수 있습니다. 사회학자는 사회학은 알지 못하지만 함께 세상을 살고 있는 여러분과 공동의 바람직한 미래를 상상하고 싶습니다.

이 책을 쓰면서 저는 세뇨르 C가 된 느낌이었습니다. 여러분은 세뇨르 C에게 일침을 가하는 안야라 생각했습니다. 안야의 언어인 속담과 세뇨르 C의 언어인 사회학이 처음 만났을 때는 도저히 들어줄 수 없는 불협화음을 빚어냈지만 『한 줄 사회학』이 점점 하모니로 변해가는 느낌이어서 즐겁게 책을 썼습니다. 여러분에게도 의미 있는 독서가 되었기를 기대합니다. 여러분이 이 책을 덮으며 "아하! 사회학이 이런 거군요!"라고 말씀해주시면 저는 "네! 사회학은 그런 겁니다"라고 인사하겠습니다. 감사합니다.

참고 문헌

김병권, 『사회적 상속』, 이음, 2020.

김하영, 『뭐든 다 배달합니다』, 메디치, 2020.

김호기, 『세상을 뒤흔든 사상: 현대의 고전을 읽는다』, 메디치, 2017.

박완서, 『꼴찌에게 보내는 갈채』, 세계사, 2002.

이광석, 『디지털의 배신』, 인물과사상사, 2020.

조귀동, 『세습 중산층 사회』, 생각의힘, 2020.

현진건, 『운수 좋은 날』, 문학과지성사, 2008.

정인관·최성수·황선재·최율, "한국의 세대간 사회이동과 교육불평등", 《경제와 사회》, 2020년 가을호.

고다르, 엘자, 『나는 셀피한다 고로 존재한다』, 선영아 옮김, 지식의날개, 2018.

고프만, 어빙, 『수용소』, 심보선 옮김, 문학과지성사, 2018.

고프만, 어빙, 『스티그마』, 윤선길·정기현 옮김, 한신대학교 출판부, 2009.

고프만, 어빙, 『상호작용 의례』, 진수미 옮김, 아카넷, 2013.

고프만, 어빙, 『자아 연출의 사회학』, 진수미 옮김, 현암사, 2016.

귀베르나우, 몬트세라트, 『소속된다는 것』, 유강은 옮김, 문예출판사, 2015.

기리다라다스, 아난드, 『엘리트 독식 사회』, 정인경 옮김, 생각의힘, 2019.

뒤르켐, 에밀, 『사회분업론』, 민문홍 옮김, 아카넷, 2012.

래브넬, 알렉산드리아 J., 『공유경제는 공유하지 않는다』, 김고명 옮김, 롤러코스터, 2020.

램버트, 크레이그, 『그림자 노동의 역습』, 이현주 옮김, 민음사, 2016.

로젝, 크리스, 『셀러브리티』, 문미리·이상록 옮김, 한울아카데미, 2019.

리그니, 대니얼, 『은유로 사회 읽기』, 박형신 옮김, 한울아카데미, 2018.

리브스, 리처드, 『20 VS 80의 사회』, 김승진 옮김, 민음사, 2019.

리스만, 콘라트 파울, 『몰교양 이론』, 라영균 외 옮김, 한울아카데미, 2018.

리스먼, 데이비드, 『고독한 군중』, 류근일 옮김, 동서문화사, 1977.

마르크스, 칼, 『자본론』, 김수행 옮김, 비봉출판사, 1989.

마코비츠, 대니얼, 『엘리트 세습』, 서정아 옮김, 세종서적, 2020.

매클루언, 허버트 마셜, 『미디어의 이해』, 김상호 옮김, 커뮤니케이션북스, 2011.

맥나미, 스티븐 J.·밀러 주니어, 로버트 K., 『능력주의는 허구다』, 김현정 옮김, 사
　　이, 2015.

미드, 조지 허버트, 『정신·자아·사회』, 나은영 옮김, 한길사, 2010.

밀그램, 스탠리, 『권위에 대한 복종』, 정태연 옮김, 에코리브르, 2009.

밀즈, C. 라이트, 『사회학적 상상력』, 강희경 옮김, 돌베개, 2004.

밀즈, C. 라이트, 『화이트 칼라』, 강희경 옮김, 돌베개, 1983.

바우만, 지그문트, 『부수적 피해』, 정일준 옮김, 민음사, 2013.

바우만, 지그문트, 『현대성과 홀로코스트』, 정일준 옮김, 새물결, 2013.

바우만, 지그문트, 『방황하는 개인들의 사회』, 홍지수 옮김, 봄아필, 2013.

바우만, 지그문트·야콥슨, 미켈·테스터, 키스, 『사회학의 쓸모』, 노명우 옮김, 서
　　해문집, 2015.

배너지, 아비지트·뒤플로, 에스테르, 『힘든 시대를 위한 좋은 경제학』, 김승진 옮김,
　　생각의힘, 2020.

보드리야르, 장, 『시뮬라시옹』, 하태환 옮김, 민음사, 2001.

부데, 하인츠, 『불안의 사회학』, 이미옥 옮김, 동녘, 2015.

브레이버맨, 해리, 『노동과 독점자본』, 이한주·강남훈 옮김, 까치, 1987.

비셀, 데이비드, 『통근하는 삶』, 박광형·전희진 옮김, 앨피, 2019.

비용뒤리, 필리프·노용, 레미, 『뉴노멀 교양수업』, 이재형 옮김, 문예출판사,
　　2020.

비젠탈, 시몬, 『모든 용서는 아름다운가』, 박중서 옮김, 뜨인돌, 2019.

사라마구, 주제, 『눈먼 자들의 도시』, 정영목 옮김, 해냄, 2002.

사에즈, 이매뉴얼·저크먼, 게이브리얼, 『그들은 왜 나보다 덜 내는가』, 노정태 옮김,
　　부키, 2021.

서르닉, 닉, 『플랫폼 자본주의』, 심성보 옮김, 킹콩북, 2020.

선스타인, 캐스 R., 『우리는 왜 극단에 끌리는가』, 이정인 옮김, 프리뷰, 2011.

세넷, 리처드,『짓기와 거주하기』, 김병화 옮김, 김영사, 2020.

세넷, 리처드,『장인』, 김홍식 옮김, 21세기북스, 2010.

센, 아마르티아,『자유로서의 발전』, 김원기 옮김, 갈라파고스, 2013.

스반, 아브람 더,『함께 산다는것』, 한신갑·이상직 옮김, 현암사, 2015.

스튜어트, 매튜,『부당 세습』, 이승연 옮김, 이음, 2019.

아담스-프라슬, 제레미아스,『플랫폼 노동은 상품이 아니다』, 이영주 옮김, 숨쉬는
　　책공장, 2020.

아렌트, 한나,『예루살렘의 아이히만』, 김선욱 옮김, 한길사, 2006.

아리기, 조반니,『장기 20세기』, 백승욱 옮김, 그린비, 2008.

아리스토텔레스,『정치학』, 천병희 옮김, 숲, 2009.

액설로드, 로버트,『협력의 진화』, 이경식 옮김, 시스테마, 2009.

에이든, 에레즈·미셸, 장 바티스트,『빅 데이터 인문학』, 김재중 옮김, 사계절,
　　2015.

엘리아스, 노버트,『사회학이란 무엇인가』, 최재현 옮김, 나남, 1987.

엘리아스, 노르베르트·존 스콧슨,『기득권자와 아웃사이더』, 박미애 옮김, 한길사,
　　2005.

올포트, 고든,『편견』, 석기용 옮김, 교양인, 2020.

윌리스, 폴,『학교와 계급 재생산』, 김찬호·김영훈 옮김, 이매진, 2004.

윌킨슨, 리처드,『평등해야 건강하다』, 김홍수영 옮김, 후마니타스, 2008.

윌킨슨, 리처드,『건강 불평등』, 손한경 옮김, 이음, 2011.

윌킨슨, 리처드·피킷, 케이트,『불평등 트라우마』, 이은경 옮김, 생각이음, 2019.

일리치, 이반,『그림자 노동』, 노승영 옮김, 사월의책, 2015.

존스, 오언,『차브』, 이세영·안병률 옮김, 북인더갭, 2014.

존스, 오언,『기득권층』, 조은혜 옮김, 북인더갭, 2017.

짐멜, 게오르그,『돈의 철학』, 김덕영 옮김, 길, 2013.

짐멜, 게오르그,『짐멜의 모더니티 읽기』, 김덕영·윤미애 옮김, 새물결, 2005.

짐바르도, 필립,『루시퍼 이펙트』, 이충호·임지원 옮김, 웅진지식하우스, 2007.

카, 니콜라스,『생각하지 않는 사람들』, 최지향 옮김, 청림출판, 2011.

카스텔, 마뉴엘, 『네트워크 사회의 도래』, 김묵한·박행웅·오은주 옮김, 한울아카
　데미, 2014.

칸트, 이마누엘, 『실용적 관점에서의 인간학』, 백종현 옮김, 아카넷, 2014.

칸트, 이마누엘, 『계몽이란 무엇인가』, 임홍배 옮김, 길, 2020.

코저, 루이스, 『사회사상사』, 신용하·박명규 옮김, 한길사, 2016.

쿳시, J. M., 『어느 운 나쁜 해의 일기』, 왕은철 옮김, 민음사, 2009.

키머러, 로빈 월, 『향모를 땋으며』, 노승영 옮김, 에이도스, 2020.

탈러, 리처드·선스타인, 캐스, 『넛지』, 안진환 옮김, 리더스북, 2009.

터너, 그레이엄, 『셀러브리티』, 권오헌·심성보·정수남 옮김, 이매진, 2018.

터친, 피터, 『초협력사회』, 이경남 옮김, 생각의힘, 2018.

터클, 셰리, 『대화를 잃어버린 사람들』, 황소연 옮김, 민음사, 2018.

테일러, 애스트라, 『민주주의는 없다』, 이재경 옮김, 반니, 2020.

퍼트넘, 로버트 D., 『나 홀로 볼링』, 정승현 옮김, 페이퍼로드, 2009.

페르하에허, 파울, 『우리는 어떻게 괴물이 되어가는가』, 장혜경 옮김, 반비, 2015.

포스트먼, 닐, 『죽도록 즐기기』, 홍윤선 옮김, 굿인포메이션, 2020.

폴라니, 칼, 『거대한 전환』, 홍기빈 옮김, 길, 2009.

프랭크, 로버트 H., 『실력과 노력으로 성공했다는 당신에게』, 정태영 옮김, 글항아리,
　2018.

피케티, 토마, 『불평등 경제』, 유영 옮김, 마로니에북스, 2014.

피케티, 토마, 『21세기 자본』, 장경덕 외 옮김, 글항아리, 2014.

하버마스, 위르겐, 『공론장의 구조 변동』, 한승완 옮김, 나남, 2001.

헤어, 브라이언·우즈, 버네사, 『다정한 것이 살아남는다』, 이민아 옮김, 디플롯,
　2021.

혹실드, 앨리 러셀, 『감정노동』, 이가람 옮김, 이매진, 2009.

홀, 에드워드, 『문화를 넘어서』, 최효선 옮김, 한길사, 2000.

EBS 클래스ⓔ 시리즈 20

한 줄 사회학

1판 1쇄 발행 2021년 10월 29일
1판 2쇄 발행 2021년 12월 20일

지은이 노명우

펴낸이 김명중 | **콘텐츠기획센터장** 류재호 | **북&렉처프로젝트팀장** 유규오
북매니저 박민주 | **북팀** 박혜숙, 여운성, 장효순, 최재진
렉처팀 이규대, 이예리, 김양희, 박한솔 | **마케팅** 김효정, 최은영
책임편집 김승규 | **디자인** 오하라 | **인쇄** 우진코니티

펴낸곳 한국교육방송공사(EBS)
출판신고 2001년 1월 8일 제2017-000193호
주소 경기도 고양시 일산동구 한류월드로 281
대표전화 1588-1580
홈페이지 www.ebs.co.kr | **이메일** ebs_books@ebs.co.kr

ISBN 978-89-547-6001-0 04300
      978-89-547-5388-3 (세트)

ⓒ 2021, 노명우